饭店经理人丛书

U0872747

你的饭店健康吗

饭店诊断

王　伟/著

透视饭店咨询诊断核心

从饭店筹建至开业，由“硬件”规划至“软件”管理，

为饭店运营提供全程指导。

旅游教育出版社

·北　京·

策划编辑：赖春梅
责任编辑：赖春梅

图书在版编目(CIP)数据

你的饭店健康吗：饭店诊断／王伟著．—北京：旅游教育出版社，2008.7
（饭店经理人丛书）

ISBN 978－7－5637－1590－9

Ⅰ.你…　Ⅱ.王…　Ⅲ.饭店—企业管理　Ⅳ.F719.2

中国版本图书馆CIP数据核字（2008）第081600号

饭店经理人丛书
你的饭店健康吗　饭店诊断
王　伟著

出版单位	旅游教育出版社
地　　址	北京市朝阳区定福庄南里1号
邮　　编	100024
发行电话	(010)65778403　65728372　65767462(传真)
本社网址	www.tepcb.com
E-mail	tepfx@163.com
印刷单位	北京科普瑞印刷有限责任公司
经销单位	新华书店
开　　本	787×960　1/16
印　　张	19.5
字　　数	307千字
版　　次	2008年7月第1版
印　　次	2008年7月第1次印刷
印　　数	1-5000册
定　　价	38.00元

（图书如有装订差错请与发行部联系）

出版说明

饭店业是中国经济社会改革开放的前沿窗口。从20世纪80年代建国饭店聘请半岛集团管理饭店以来，我国的饭店经营人员、管理人员就开始参照国际饭店经营管理的经验，来运营我国的饭店业务。

经过20余年的成长，我国的饭店业从组织形态到管理理念都发生了深刻的变化，突出表现为：企业形态由单体饭店向集团化方向发展，管理理念由模仿西方饭店管理思想向管理模式创新发展。此外，我国的一些饭店企业已经开始将触角伸展到国外，迈出了拓展国际业务的步伐，开始在国际市场上与国际知名饭店集团角力。我国的饭店经营管理者在放眼世界的同时，更为关注经营管理理念如何与我国、与本组织的文化相融合。在这一发展变革中，我国的饭店经营管理者总结出了诸多发展民族饭店业及国内饭店国际化拓展的经验。及时地展示饭店经营者、管理者的探索与尝试，总结他们的经验，对于中国饭店业的发展助莫大焉！

在我国由计划经济向市场经济过渡的转型时期，我国的饭店业正处于国际饭店管理经验本土化、国内企业发展国际化的紧要关头，在这样的历史时期，我们有必要在经济全球化、国内竞争国际化的大背景下，审视我国饭店业的发展，思考如何提高中国饭店组织的国际竞争能力。作为全国的旅游教育类专业出版社，我们有责任、有义务倾注我们的理性、热情去关注我国饭店业在经济转型期的每一步发展。在与众多饭店经理人深度访谈和大量调研的基础上，我们推出了“饭店经理人丛书”。

“饭店经理人丛书”涉及战略、品牌、企业文化、质量管理、人力资源、市场营销、财务、法律知识、收益管理、安全管理及创新力等饭店运营中的重大专题，由管理经验丰富的饭店人或研究饭店企业的专家学者执笔，力求用通俗的语言讲述中国饭店经理人自己的探索与实践经验。此丛书以服务现实为出发点，以解决饭店管理中的症结为主线，以国际上饭店管理的新趋势、新理念为参照，以提升饭店经理人的管理水平为最终目的，以向饭店经理人传输新思想为最高追求。通过对写作专题的严格选择与对写作质量的“苛求”，使得丛书具有“内容领先，实践有效”的特质。

在“饭店经理人丛书”的筹划和组织编写的过程中，我们得到了以下单位的大力支持：中国旅游饭店业协会、首旅集团、锦江集团、钟山宾馆集团、金陵饭店、开元旅业集团、北京第二外国语学院等；同时，有诸多饭店业管理者、学术研究机构的专家学者及饭店经理人给我们提出了宝贵的意见和建议，他们是中国旅游协会蒋其康副秘书长、中国旅游饭店业协会马伟萍副处长、上海市旅游协会饭店业分会赵仁荣副秘书长、北京派雷斯酒店管理公司张志军总经理、曙光控股集团江夫友董事长、浦江饭店毕纪根总经理、上海富豪环球东亚酒店郑超然副总经理、扬子饭店嵇东明总经理、香港京华酒店许慕寒总经理、浙江钱塘旅业资产经营管理公司胡晓洁总经理、杭州西软科技公司王敏敏常务副总经理等。在此，向以上给予我们帮助的单位和个人表示衷心的感谢！同时，也向未能一一列举的每一位关注我社丛书出版的朋友表示诚挚的谢意！此外，我们的作者在工作之余花费了大量的时间和精力尽心尽力地写作，将他们对饭店业的管理经验与读者诸君共享，于此，也向我们的作者致以谢忱。

“饭店经理人丛书”是一个开放的体系，我们希望有更多的饭店业经营者、管理者与专家学者加入到丛书的写作队伍，在读者、作者与我出版社的共同努力培育下，让这套饭店经理人的图书永远反映时代的脉动。

旅游教育出版社

前边的话

中国人一向喜欢走捷径，因此，才有了“武林秘籍”之风的盛行，希望在几天或更短时间里获得“功力”，甚或一夜之间达到“境界”。

这种心态带来的结果，是人群的浮躁。

饭店业也存在这样的问题。不少业者觉得这个行业很好赚钱，不求甚解就一窝蜂地投资，进去之后才知道“不那么简单”；不少管理者挺进饭店豪华大门里，受人之托，满腔热血，原本希望一举成功，但常常“混”了很多年，也摸不到真正的门道；很多大学生说，“什么？要花两年时间在饭店端盘子、叠被子才有晋升的机会？太久了！不合算！等不得”；还有一些业者，聘来总经理或营销经理，三个月不见效（赚钱），就要换人……

都是“武林秘籍”心态惹的祸。

为此，本书以饭店顾问身份，深入饭店管理咨询、诊断与评估核心，辅导咨询流程及关键技术，期待以第三方的专业立场，告诉人们应该怎样认识这个行业。

本书通过指导饭店开业与硬件规划，希望能为投资者的抉择，提供一些建设性意见。

本书提出的有关妥善处理饭店组织、服务流程、对话与控制、员工与经理成长问题的办法，旨在帮助饭店管理者发现日常业务背后的真实，建立系统思维模式，促成个人成长与饭店经营的永续发展。

本书提供饭店“卓越经理”与饭店业“优质服务管理”评估的系统解决方案，冀望以此为推动中国饭店业的进步，尽一份绵薄之力。

本书顺应一切经营者的期待，将目标归于营销绩效与财务数字，分析得失，以求事业的发展、壮大。

当然，我们更期待本书能传递出另一层面的信息：

“武林秘籍”从来不存在，走捷径的心态很危险；应回归本心，脚踏实地地做好手头的、眼下的每一个细节。

这样，我们将走出浮躁；而一旦走出来，饭店世界将为之一新，信手拈来的，将反而都是“武林秘籍”。

是为“烦恼即菩提”！

本书，就是这样一个关乎饭店及其饭店业运作的“武林秘籍”。

作者

中国厦门

2008年2月6日（除夕夜）

目 录
CONTENTS

附录　参考问卷

第一章

饭店顾问

一、饭店管理咨询业

二、饭店管理咨询的形式、内容与推进

三、饭店顾问的角色定位

一、饭店管理咨询业

谋士：为人谋划

有这样一个特别的专业阶层——谋士。他们是某一方面的专家，有知识、见解、智慧和道德，享有一定社会威望。他们大都没有行政职权，以帮助上级或所属利益集团出谋划策为己任。通过他们的努力，决策者可以少走弯路，降低失败的风险，或取得超乎预期的成效。

商周朝代“直钩钓鱼”的姜太公，春秋战国时期周游列国的孔丘、孟轲、管仲、苏秦、张仪，三国时期的“卧龙”诸葛亮、“凤雏”庞统，唐朝的魏徵，现代的新加坡资政李光耀等人，从某种意义上讲，或在他们的生命某一阶段，都属这类角色。因此，他们又被称为“世外高人”或“高人”。有人说，近百岁高龄、仍活跃在内地与港澳台的现代国学大师南怀瑾先生可能是中国的“最后一位高人”。

公司与政府制度出现之后，“高人”开始由服务于特定雇主的“个体”，转化为一个为军队、政府、公司或特定人群服务的“职能团队”，如军队的参谋、政府的议会、法院的陪审团、政府决策“智囊团”、社会理财公司、律师等等。

专业咨询公司与顾问的出现

咨询作为一个独立的行业，是在19世纪末的英国产生的。当时，在土木建筑业中成立了许多电力、煤气等公共服务机构。但是，专业技术人员很少，每家公司不可能聘请到足够的专业技术人员，于是，有些专家向几家公司提供技术支援。

后来，请他们帮助的公司日益增多，他们就组建了专门为各公司提供技术咨询的专业公司。这是今日咨询公司的鼻祖。

发展到今天，咨询公司所涉业务范围越来越广，规模越来越大，分工越来越细，其服务对象已不限于工矿企业，而是扩展到政府机关、国际机构，像联合国开发计划署、世界银行、旅游饭店等都是咨询公司的客户。

美国咨询业特别发达，估计有8000余家正式的咨询公司，但更多的是个人咨询者以及大学和研究单位所附设的机构。例如，美国密执安大学的社会研究所每年经费约1200万美元，其中绝大部分是承担政府各部门以及大公司委托的咨询费，为他们作调查，提供政策咨询、管理咨询、人事咨询等。美国有许多大学设立专门的学院，开设长期、短期的课程以培训咨询专业人员。美国的许多学会，也承担咨询业务。美国最早的咨询团体是成立于1848年的“波士顿土木工程师联谊会”。1910年“美国咨询工程师协会”成立。

英国“咨询工程师协会”成立于1913年，会员资格要求很严格。“英国咨询局”设立于1967年，以振兴英国咨询业为目标并开展海外咨询活动，会员为企业单位。

法国“咨询工程师协会”设立于1912年。后设立法国咨询协会。德国也有专业的咨询组织。

日本的咨询业发展较晚，在第二次世界大战前没有独立的咨询业，但日本后来居上，现在已在世界上享有盛名。日本的全国性咨询机构——“生产总部”，从事咨询诊断的专业人员多达3700余人。日本政府还制定了培养咨询业的政策，如设立振兴咨询事业的补助金；聘请咨询业者参加政府机构派往国外的调查团；为咨询业赴海外投资提供出口保险，规定优惠税制等。

饭店管理咨询、顾问与饭店咨询公司

饭店管理咨询，是由具有独立资格的个人或多人，在分析诊断对象饭店政策、机构、程序和管理方法之后，提出采取适当行动的建议，并协助执行这些建议的过程。

这里，“具有独立资格的个人或多人”，称为饭店顾问。

专门从事饭店管理咨询的公司，称为饭店咨询公司或饭店管理公司，大部分饭店集团也有这样的功能。

饭店管理人员遇到问题，需要帮助时，就可以向饭店咨询公司求助，由他们派出饭店顾问前来解决问题。也有一些饭店顾问是个体的。所以，饭店管理咨询是一项特殊的、具有个体性特征的服务。

发生某种情况，饭店经营者或管理层断定管理出现不良现象，需要改进，饭店顾问的工作就可以开始了。等到情况有了转机，或有了明显改善，饭店顾问的工作，也便结束了。

你有病，我知道

也有人把饭店管理咨询称为“饭店诊断”。

这种叫法，类似于求医问病。一个企业好比一个人，如果觉得不舒服，就要去医院请大夫诊断。如果病比较严重，一个大夫诊断不了，还要请各科专家会诊，也许还要采用各种仪器进行检查。最后，找出病因，对症下药。

当然，也有时是属于定期的体检，不一定感觉到有什么不舒服，每过半年、一年就到医院去系统地检查。有些毛病自己感觉不到，一照X光，才发现有问题。越早发现越容易治好。

有时求医者并没有什么病，但是健康状况不佳，医生也可以给予建议：如何锻炼身体，如何增加营养以增强体质，促进机体活力。

这种情况皆可与“饭店诊断”相对应。有的饭店是发现了明显的问题才去找咨询专家诊断的，有的饭店是为了防患于未然找咨询公司来例行检查的，有的饭店是为了增加企业机体的活力来找咨询公司为它服务的：其目的都是为了提高饭店效益。

自己不能给自己看病的四个理由

也许有人会问，饭店管理人员最了解自身的情况，为什么不自己检查一下，对症下药？

第一，饭店管理人员给自己诊断有困难。

一是涉及问题很多，如技术的、财务的、管理的、人事的等等，本饭店不可能有各方面的专家。二是本饭店的人对本单位情况虽了解，但站不高，看问题限于当前的条件，容易就事论事。

第二，外来的饭店顾问与本饭店没有牵连，客观公正。

例如，饭店顾问对对象饭店管理层评价不受现实的人事关系影响，他们做出的结论，容易被一般员工接受。

第三，饭店管理咨询是一个专门的服务项目，有一套方法。而且，大部分饭店顾问在怎么诊断、怎么治疗方面见多识广，有丰富经验。而本饭店的人做不到这一点，只能配合咨询公司工作，为顾问提供素材。

第四，饭店咨询公司是负责到底的。

这是每一个饭店顾问的基本职责和使命。在咨询业成熟的国家，一些大牌咨询公司收费非常高，但都能负责到底：客户如果按照他们的建议去做而遭受损失，咨询公司将给予赔偿。

我国也有“参股管理”或顾问的例子。

饭店管理咨询业方兴未艾

饭店花费少量的咨询费，在服务质量与经营效益上就有改观，由此而能获得更大的经济效益。这已被我国饭店业近20多年来的实践所证明。

万豪国际集团中国地区酒店业务发展副总裁林聪先生曾这样比喻：

“你把你的一家饭店委托给我们万豪国际管理，你可以委派你的中方副总经理，只要他努力，一年就可以出徒。就是说，万豪国际可以每年为你培养一个用于业务扩张的总经理，你可以借此建立起你自己的管理公司，何乐而不为？”

此外，饭店通过引进顾问制，还可以收到技术转移的成效，即咨询公司通过诊断工作，把自己所具有的技术和经验传授给客户。例如，在诊断中发现某部门对先进的设备不会维护，咨询公司的专家就介绍如何去维护。这种维护技术是难以向其他饭店管理公司购买的。有许多专利和窍门都可以通过咨询而获得，而这往往比向其他公司申请购买还要上算。

这也正是饭店管理咨询业方兴未艾的缘由。

中国饭店管理咨询业

我国的管理咨询业始于20世纪80年代初，但真正得到社会认同并发展成为一个行业，则是90年代初。今天看来，其历史虽短，但效果显著，受到各类企业、职能部门的欢迎。现在，这个行业已经逐渐成熟，并越来越趋向于精细化、品牌化。

饭店管理咨询业是其中一支“老兵”。它伴随“中外合资饭店”的兴起而出现于80年代初，为“洋为中用”的阶段。然后，“外资饭店”成为市场新宠。80年代中后期，随着饭店市场需求的全面迸发，我国饭店客房总量成倍增长。此间，一批优秀的民族品牌饭店成长起来，同时，我们也在更广泛的市场上遭遇了服务质量与经营手段等方面的“瓶颈”，因为市场对服务质量要求的提高速度更迅猛。这个环境，促使中国在90年代诞生了第一批“延伸成功饭店经验”的“管理智慧”的输出。1992年，更是出现了第一批“饭店管理公司”，宣告饭店管理咨询行业的出现。

饭店管理咨询业蓬勃发展。首先是“港派”（含新加坡等亚洲管理团队）称雄市场，之后是“美欧派”后来居上，展现了不同的风姿。

“洋品牌”与“民族品牌”

“洋品牌”与“民族品牌”之争，曾在很长一段时间里困扰我们饭店业的经营者。我们首先倡导的是“争气”,“狼来了”的警报拉响后，呼吁建设“民族品牌”的声音日益高涨，一时之间，“争一口气”的愿望模糊了现实中我们的技不如人。之后，我们的饭店业主进入了“权衡利益”的阶段，“百鸟在林不如一鸟在手”，“抓在自己手里才安全”的心态坦露无遗，以致眼界不开。再后，我们终于认清现状并开始致力于“国际形象”的提升。这个转变，导致了“洋品牌”的破门而入，并一发不可收。

“洋品牌”的引入没有消灭“民族品牌”，相反，由于中国饭店业的整体形象得到了空前提升，饭店业的整体水准得到提升，水涨船高，“民族品牌”意识也同步地得到了真正有内涵的提升。这个观点的转变，直到今天才被广泛认可。

中国饭店咨询业的“本土派”，正是在这样的背景下，在与“洋品牌”共生的基础上，历经十余年的磨砺，逐渐与“洋品牌”若即若离地成长起来。北京建国饭店、南京金陵饭店、广州白天鹅饭店是其代表。20世纪90年代中期，它们已逐步被市场认同，成为饭店管理咨询“民族品牌”诞生的标志。

90年代末到新世纪初，“国际锦江”、“首旅建国”、“粤海国际”、“如家和美”、“海航”等拥有或管理20家以上高星级饭店的饭店管理公司或集团的“民族品牌”，更超过20家，标志着我国饭店管理咨询业的形成。不过，这个时期的“民族品牌”已超越了早期“民族主义”的褊狭，而融入了“国际主义”的内涵。

自2002年起，中国旅游饭店业协会等权威机构推出的《中国饭店管理公司二十强》排名，已不再区分饭店管理公司或集团的“洋品牌”和“民族品牌”了，标志着中国的饭店及其饭店管理咨询业，基本融入了国际市场。

中国饭店管理公司二十强 *

1	锦江国际酒店管理公司	11	六洲酒店有限公司
2	香格里拉酒店集团	12	万豪国际集团
3	建国国际酒店管理有限公司	13	中旅饭店有限公司
4	雅高集团	14	希尔顿总公司
5	喜达屋酒店度假村管理有限公司	15	华天国际酒店管理公司
6	东方酒店管理有限公司	16	凯悦国际
7	新亚酒店管理有限公司	17	美国最佳西方国际集团
8	凯莱国际酒店有限公司	18	开元旅业集团
9	如家和美酒店管理有限公司	19	香港中旅酒店管理有限公司
10	康年国际酒店集团	20	豪生酒店管理有限公司

*以2002年管理的饭店客房数排序

新视野：融入国际饭店管理咨询业洪流

任何“民族品牌”都应以“世界品牌”为发展目标，所以，“洋品牌”的概念本身，也是非常狭隘的。现在，是把一滴海水（传统意识上的“民族品牌”）倒进大海（现代意义上的“世界品牌”）里的时候了。只有这样，我们才能知道什么叫品牌，才能把握品牌的方向。

饭店业发展大事记

1897年，凯宾斯基集团首家饭店在柏林营业。

1904年，阿斯托上校在纽约开办第一家圣－瑞吉斯饭店。

1927年，波士顿丽兹－卡尔顿饭店营业。

1928年，香港半岛酒店进行一期建设，半岛酒店是香港历史最为悠久的酒店。

1937年，欧内斯特－亨德森成立喜来登旅馆公司。

1946年，洲际酒店集团（Inter-Continental）设立。

1946年，旅馆业主Guertin建立了最佳西方汽车旅馆。

1949 年，希尔顿国际公司从希尔顿饭店公司中拆分出来，成为一家独立的子公司，希尔顿国际集团（Hilton International）设立。

1950 年，地中海俱乐部集团（Club Med）设立。

1951 年，锦江饭店建成。

1952 年，假日酒店集团（Holiday Inn）设立。

1957 年，第一家万豪旅馆双桥汽车旅馆（twin bridge motor hotel）在华盛顿开业。

1960 年，伊萨多－夏普（Isadore Sharp）创建了四季饭店集团。

1964 年，希尔顿国际公司在纽约上市。

1967 年，雅高集团在巴黎设立。

1967 年，美国的希尔顿国际与环球航空公司（TWA）联姻。

1970 年，美国的西方国际（WI）与联合航空公司（UA）联姻。

1971 年，香格里拉开始进军酒店业，投一亿马币在新加坡设立第一家香格里拉酒店。

1972 年，半岛集团设立。

1972 年，法国的子午线（Meridien）与法航（AF）联姻。

1980 年，雅高通过与杰克槐斯玻勒尔国际公司（JBI）的兼并，引进了索菲特品牌，并在巴黎股票交易中心上市融资。

1981 年，大都会（Grand Metropolitan）兼并洲际酒店集团。

1982 年，北京建国饭店引进第一家国际酒店集团（香港半岛集团）管理。

1983 年，雅高兼并 JBI，易名雅高集团。

1984 年，上海锦江集团、东湖集团、华亭集团、新亚集团设立。

1985 年，上海衡山集团设立。

1985 年，中国第一家内资与港资合作的白天鹅宾馆开业。

1987 年，希尔顿国际自 1967 年来第三次被收购，由前身为莱德布鲁克（Ladbrok）集团的希尔顿集团买下。

1987 年，中国国家旅游局评出首批四家四星级酒店。

1988 年 4 月 6 日，国务院办公厅发布《国务院办公厅转发国家旅游局关于建立酒店管理公司及有关政策问题请示的通知》，其中明确规定：中国的酒店管理公司在原则上享受外国酒店集团在中国享受的同等待遇（如：税收减免政策，进口指标优惠，经营自主权，信贷资金支持等）。

1989 年，香港新世界集团（New World）收购兼并华美达集团（Ramada）。

1989 年，英国巴斯有限公司（Bass）收购兼并假日集团。

1989 年，共有 30 余家国际酒店集团落户中国。

1989 年，锦江集团客房数在《HOTELS》200 家世界著名饭店集团中排名第132位。

1990年，我国国家旅游局评出首批三家五星级酒店。

1990年，雅高集团收购兼并6号汽车旅馆公司（Mobile 6）。

1992年8月，四季饭店集团整体收购了丽晶国际饭店集团（Regent International Hotel），包括它所有的管理合同、品牌名称和商标。

1992年，凯莱国际设立。

1994年，东方喜来登管理公司设立。

1995年，锦江集团在《HOTELS》200家世界著名饭店集团中排名第65位。

1995年，万豪国际集团收购了丽兹－卡尔顿饭店公司49%的股份。

1996年，天津泰达国际酒店集团设立。

1997年，南京金陵饭店集团设立。

1997年，北京东方酒店管理有限公司设立。

1998年，波士顿丽兹－卡尔顿饭店公司99%的股份归到了万豪国际集团名下。

1998年，喜达屋完成了更名、对ITT集团和威斯汀（Westin）饭店的购并三件大事。

1998年，英国巴斯有限公司（Bass）收购兼并洲际集团。

1998年，北京建国国际酒店管理有限公司设立。

1999年，北京首都旅游国际酒店集团有限公司设立。

1999年，锦江集团与上海华亭集团合并。

1999年，国家旅游局正式登记注册的本土酒店管理公司为39家。

1999年，迪拜的“七星级酒店”——阿尔伯特酒店竣工。

2002年3月，北京东方酒店管理有限公司推出网上实时预订系统。

2003年，洲际酒店集团收购兼并了美国的“蜡木酒店式公寓集团”（Candlewood Suite）。

2003年6月9日，锦江集团与上海新亚集团合并组成锦江国际集团。

2003年，首旅集团通过合并重组。

2003年9月，北京东方酒店管理有限公司推出网上采购系统。

2004年，锦江集团在《HOTELS》200家世界著名饭店集团中排名第35位、列亚洲第1位。

2004年3月，泰达集团在美国纳斯达克股票市场上市。

2004年3月，北京东方酒店管理有限公司发出组建中国互联网酒店联盟倡议。

2004年，洲际酒店集团跃居国际酒店集团三百强首位，改写了美国圣丹特集团（Cendant）连续6年位居冠军的历史。

……

二、饭店管理咨询的形式、内容与推进

饭店综合管理咨询

饭店管理咨询服务的形式很多，但大体可以三类涵盖：综合管理咨询、部门业务咨询、专项业务咨询。咨询的内容也很广，涉及饭店管理状况的分析、评价，人事、福利问题的研究，市场、财务分析，法律咨询，战略咨询，发展咨询，等等。

饭店综合管理咨询，应首先引起高度重视。

饭店管理层感到管理中有问题，但又不确定是哪一方面的毛病，便可以选择这种形式。相当于我们去医院“全面体检”，一般不限某一科。

参与咨询诊断的，将包括各方面专家。他们到饭店之后，分头进行工作，然后，再集中到一块，共同分析，找出主要矛盾、次要矛盾，提出整改的建议。

在开始的时候，可能不设定十分明确的检查事项，一切要在工作过程中逐步明确。

这种综合性的管理咨询，至少应包含以下四方面内容：

1．决策过程

饭店重要的决策如何做出？决策的参加者与层次怎样？决策的方式如何？员工参与决策的程度怎样？决策的实施过程如何？有没有监督责任？等等。

2．组织机构

饭店组织架构是否合理？如层级、权限、相互关系是否合适。是垂直组织，还是平行组织、矩阵组织？组织内信息交流渠道怎样？组织与饭店目标的适应性如何？饭店内部会议成效如何？等等。

3．管理风格

各级管理人员的组成是怎样的？成员的素质与作风如何？经理与员工的关系如何？管理层内部的团结合作状态怎样？民主还是专制？工作价值取向与人际关系取向是否合适？等等。

4．员工士气

员工的激励水平怎样？对工资待遇的满意程度如何？饭店福利状况怎样？员工心理卫生是否正常？正式群体与非正式群体的关系如何？效绩如何？规范执行怎样？等等。

部门业务咨询

这是针对某部门业务问题进行的咨询，常见的有：

1．饭店财务管理的咨询，如资金管理、成本管理、会计制度设计等。

2．市场管理的咨询，如市场细分、市场活动战略、顾客消费分析、广告与宣传、分销渠道分析等。

3．服务管理的咨询，如服务产品分析、服务组织分析、操作与定额分析、计划与库存控制、服务过程中人的因素研究等。

4．人力资源管理咨询，如人事、福利、员工满意度等。

专项业务咨询

针对某一类具体专业问题进行咨询，可能跨部门。

比如信息系统咨询。饭店的信息系统管理，是一项专门的技术问题，它涉及一线服务、财会、人事等几乎所有部门，内容可包括如何设计饭店信息系统，如何建立数据库，如何使用该系统，如何实现办公自动化等。

再如饭店发展战略咨询，其对象通常是大型饭店或饭店集团，目的是为发展某一类事业而请求专家出主意，或对某种计划、方案的可行性研究提出咨询建议。

推动饭店管理咨询的四点共识

饭店管理咨询是一个“生意”，或一种“产品”。但是，关于它的销售或购买，将因其充满“智慧”、“知识产权”等“高附加值”，而很难如在菜市场上那样讨价还价。就是说，购买者往往无法完全估量它“高附加值”的分量，也可以说，如果购买者能说清，则自己就能给自己诊病、治病，而不必请“医生”了。

当然，如果请人咨询另有目的，如想通过“外来和尚念经”达到内部机构人员“换血”目的等等，则另当别论。

为此，我们要先确立对饭店管理咨询的正确认识，建立正向的思维方式，才能保证这项工作使供求双方受益。反过来，没有共识，“公说公有理，婆说婆有理”，管理咨询将成为一场闹剧。

这个认识与思维方式，至少应包括四点：

1．正视饭店存在的问题，并在内部达成对管理咨询迫切需求的共识。这是基础。如果自己不愿“就医”，那么，即使“医生”来了也难以达成良好配合，最后可能浪费大家的时间或事倍功半。

2．认清饭店管理咨询公司的资质。目前，很多“江湖医生”的拿手好戏是“十二字诀”：“你有病，很严重；我能治，药很贵。”要持怀疑一切的态度，审慎选择。

3．战略上，完全相信，全面支持、放手委托管理咨询公司去工作，而不是半信半疑。战术上，定期或不定期地进行“对口交流”，广泛、深入沟通细节，探讨问题，不断修正管理咨询的方向、深度，关注咨询进展。

4．利用咨询诊断结果，进行“规范”与“细节”的“双层面”推动，建立“PDCA”即“制订计划”（Plan）—“执行推动”（Do）—“过程检查”（Check）—“评估处理”（Action）循环运作机制，争取“标本兼治”，规避“头痛医头，脚痛医脚”的无效做法。

饭店管理咨询是一个复杂的过程

饭店管理咨询服务的形式看似不多，但很复杂，饭店市场、管理机制、人力架构等情况千变万化，尤其针对人的因素，更难找出一套普遍适用的评价方法。所以，哪怕是一个很小的项目，都充满困难，不能掉以轻心。此外，这项工作还深受社会、文化的影响，故也很难照搬国外的成套经验。1995年，我们曾从日本聘请了一组饭店管理专家到某五星级饭店进行工作，他们采用的大多是日本通用的一些方法，令我们耳目一新，效果也相当好，但最后卡在“人力资源状况诊断”一项上，日本的一套方法几乎不起作用。

因饭店管理咨询工作的性质，除了要求饭店顾问精通饭店知识、经验丰富之外，还必须要掌握管理心理学。管理心理学可以开阔企业诊断工作者的视野。同时，对饭店服务经营活动主体——饭店的管理者和员工的诊断，又需要饭店顾问了解行为科学方面的知识。

运用管理心理学手段，我们可以明辨饭店组织中的领导行为特点、士气、人际关系等不可忽视的因素的“实相”。行为科学研究则因其能够从组织结构的合理性入手，进而抓住主要问题——考察个体与群体的行为模式，故有助于对人员选拔、任用、培训等方面问题的诊治。

三大标准“工具”

作为面向中国饭店业的饭店顾问，无论怎样知识渊博、经验丰富，都不能忽略对三大标准“工具”的把握，因为这三个“工具”正是中国饭店业的“立业根基”。

2003年版的《旅游饭店星级的划分及评定》（GB/T14308）国家标准（2006年启动修订工作），是饭店需要执行的重要国家标准。该标准作为“硬件标准”，对我国饭店业的硬件水平与国际先进水平接轨，发挥了积极的引导和规范作用。

2006年，我国出台并实施的《星级饭店访查规范》行业标准（LB/T 006-2006），作为饭店服务与管理的“软件标准”，在饭店规范管理体系建设、强化管理能力、提升整体管理水平和服务质量方面，发挥了重要作用。

以上两部标准都是自上而下、自外而内推动的“有一定强制性”的标准，应成为今天中国饭店顾问必备的“第一指南”。

2002年，中国旅游饭店业协会颁布的《中国旅游饭店行业规范》，是一部自内而外的自律性文件，也可供顾问参考。

其他辅助性指导资料还包括《绿色饭店行业标准》、《服务与管理细节标准》等，可一并参考。

不少饭店顾问因种种原因，习惯于“超越”这些基础，而径直进入他们认为正确的“高深莫测”的领域，但最后的效果往往并不好，其实问题就在于没有“脚踏实地”。

三、饭店顾问的角色定位

三类顾问

无论是别人认识饭店顾问还是饭店顾问认识自己，都要懂得这三类分法：

1．防患于未然的顾问。

2．专注于细节的顾问。

3．革新与革命的顾问。

三类之中，没有重要与不重要的分别，缺少任何一类都会有问题。有时候，甚至大家都以为不重要的那个反而很重要。

魏文侯问名医扁鹊：你家兄弟三人都精于医道，到底哪一个最强呢？扁鹊道：大哥第一,二哥第二，我最差。文王又问：不对呀，你的名声最响亮啊！

扁鹊说：大哥治病，治在病情尚未形成之前，病状尚不明显之际，一般人甚至不以为病，或认为他小题大做，所以，没有什么名望，只我们家人心知肚明：大哥的本领最强。二哥则善于治初起之病，大都在头疼脑热腰酸腿软之间的细节上，很多人不以为意，觉得自己挺一挺就过去了，所以，没人重视他，或觉得他不成气候，顶多当个乡野郎中。我治病跟他们的不同，在于我治后期，病症明显，甚至病入膏肓，大家最重视，也最能看到我的手段，如肤外施药，穿针放血，都是大张旗鼓的手术，以至于我能蜚声国内外。

顾问的心态与眼界

顾问要有独特的眼界，长远的观点，要修炼一种平和的心态。这是因为一些长远的观点，不是说一说就能被接受的，甚至遭遇反击，往往要经历事实的检验之后才能令人“如梦初醒”。这就需要顾问以一个平和的心态来对待他人的质疑、诘责。而往往服务对象经此一痛，他的一个项目的管理顾问，就可能转变为终身顾问。

春秋时期，范蠡戮力辅佐越王勾践复兴越国，成功之后，被封为上将军。然而，范蠡知道越王为人，只宜同患难，不宜共享受，于是他毅然放弃高官厚禄，泛舟齐国，隐姓埋名，躬耕海畔，成为百万富翁，名声大噪。

这是他的识人的远见，又是他的本事所在。凡顾问，都应培养自己识人的眼光。

之后，齐国人聘请他做宰相，他预知在错综复杂的大国关系中，这样做“不祥”，就散尽其财，一走了之。这回，他选择了落脚在交通要塞陶地，很快又聚起了大量财富，号称陶朱公。

这还是他的心态：适可而止。也是他的眼界：选择适合发展的地点、环境，做适合于自己的事业。

这期间发生了一件事：他的二儿子因为杀人，被楚国囚禁。他决定救出儿子：杀人者死，我没有异议，但他应体面地死。他决定派小儿子带上一牛车的黄金去探视，并处理相关问题。但大儿子坚决要救弟弟，横竖要去，甚至以死相逼，父亲只好答应。

没多久,大儿子就带回了弟弟的死讯,大家都很悲伤。范蠡笑了笑,说:我知道会这样。不是哥哥不爱弟弟,而是有所不忍。不忍什么？不忍散财。大儿子跟我颠沛流离，知道谋生的艰难，所以，关键时候常常不忍。小儿子不同，他坐拥千金，不把钱当钱，因此，我才想派他去散财救人……

范蠡的心态与眼界，是做顾问事业的心态与眼界。

顾问要有勇有谋

顾问，应该是一些有想法，更有办法的人，就是要敢说敢做，并且有勇有谋——不简单地为服务对象的要求所困扰，而坚持自己的服务目标，并能达成。

古时，有一位和尚，听说山寺附近的一个村庄遭强盗的洗劫，就决定解救村民，以报答他们平日的照顾。结果，和尚被强盗抓起来。

强盗要砍他的头。他说，别！你们杀我可以，但一定让我吃饱啊！你们知道，和尚死后是没人管的，我会变成孤魂野鬼啊。

强盗觉得，反正要杀，给他吃也无所谓。就拿来鸡鸭鱼肉让他吃。和尚毫不在意，狼吞虎咽，吃光了。强盗高兴起来，说：我们是强盗，你和尚吃荤腥，也不是什么好和尚。

和尚接下来又提出要求：现在我不会当饿死鬼了。但死后还是没人拜祭啊。所以，拿纸笔墨来，我自己拜祭自己。强盗们觉得挺好玩，就如了他的愿。

和尚自己写祭文，自己读给自己听，然后跟强盗说：好了，现在你们可以杀我了。强盗说：不杀了。你挺好玩！和尚说：不行，除非你们再答应我一个条件。强盗说：没问题，什么条件？和尚说：你们都做我的徒弟。

结果，强盗们都拜他为师，一个村庄的灾祸也由此得到平息。

饭店顾问与饭店业者互动的十点原则

1. 饭店业主、管理层强烈地邀请专家去开展工作的愿望与行动，是饭店管理顾问开展工作并取得成功的保障。要允许饭店顾问直面组织、服务经营、服务生产等诸方面的各种问题，包括“丑陋”与“渺小”的一面，不要藏丑，不要怕露拙，尤其是“渺小”的问题——看似不值一提，却最容易成为“鞋子里的一粒沙子”。

很多时候，挡住我们前进脚步的不是崇山峻岭，而正是鞋子里的那粒“沙子”。

2. 帮助饭店顾问获得完美咨询效果的最佳途径，是饭店内部力量承担起坚强后盾的职责。在此过程中，饭店业主、管理层要让业务部门、行政部门骨干人员参与进来，要一一明确他们各自的协作任务，否则，饭店顾问的工作难以落实。

另外，建议总经理直接负责内部协调，如果不能，也至少应有一位副总经理担当此责。

3. 饭店顾问必须取得基层管理人员的支持，特别在时间分配方面。当然，关键在上级安排，但饭店顾问也应该注意尽量不影响直接服务与经营，否则，将引发抱怨，难以开展工作。

4. 饭店顾问与饭店管理层一道，通过培训或动员会等形式，让每一位员工都了解自己的工作以及咨询的目的，从而理解我们在咨询过程中发现问题，有益于大家的共同进步这一事实。这可以保证我们在把问题按部门分下去进行讨论时更有针对性。

此外，员工参与评价，还会促发其工作、参与管理、支持改革的积极性。

5．饭店受外界条件（地理环境、地方经济状况、政府决策、业主或股东决策等）限制很多，饭店顾问不能过分寄托于外界条件的改变。因此，在设立咨询目标时，双方要充分认识到这些限制性条件，不要将目标冀望于外界条件的改变，这才能保证咨询对象在可能的范围内做出成绩。

6．饭店顾问开展咨询诊断必须有一套具体办法、计划，切忌做没有“知识产权”含量的一般性调查，尤戒迟迟拿不出分析结果和诊断意见的“有破无立”的行为，那将令饭店业主失望，饭店顾问的工作也将毫无价值。

7．采用问卷方式时，最好将接受咨询者集中于一处，当场逐题回答，不要放任自流。后者往往收不到调查的效果。

8．言谈举止既要有专业意识、专家态度，又要把握处事技巧，如涉及到管理者岗位、职务等敏感问题，最好交由主管部门处理。再如，应把引导方向放在改进工作，帮助管理者了解自己，也了解别人对自己的看法等方面，目的在于“提高”而非“处理”。

9．开始时便要令双方明确，要从长考虑，不能急于求成，因为欲速则不达。要立即看到服务经营指标的改善或市场营销状况的变化是不现实的。这一点要提前与咨询服务对象沟通好。

10．在既定的结果目标之外，更关注通过咨询过程本身，促成组织内部的人力资源发挥更大的效能、团队氛围更为融洽。同时，帮助饭店管理者与职能部门人员掌握一些行为科学知识与方法，在日常工作中有意识地加以应用，以此来改进管理绩效。因为任何既定目标的推进，都需要这个“过程力量”的主导。

饭店顾问：我不是“闯入者”

对饭店管理者及他的团队而言，“外来的”饭店顾问毕竟是一个现实的、完全陌生的“闯入者”。他会有哪些贡献，大家并不了解，甚至对他的目的也可能持怀疑态度。因此，作为饭店顾问，必须先明确自己将要扮演的角色以及所持立场，以为整个咨询工作奠定基础。

此外，对整个咨询工作开展所采取的方式与工作重点，顾问也应该深思熟虑。这里最为关键的问题，是要彻底澄清我们双方的立场——

作为顾问，我们接受委托，是为了提高对方饭店全体成员的利益与经营绩效，而非代表任何一方面来从事所谓的“整顿”工作。饭店顾问要把这一个立场清楚地表达给饭店方的有关人员，以求在立场和方式两方面，得到饭店团队，尤其是其最高管理部门的全力支持与认可。

这样的互动，还能发挥“舆论监督”作用，保障饭店管理部门不会将诊断结果用在不合适的方面。所以，对大多数员工而言，也是一个保护。

或许是多余的话，但却是每一个饭店顾问的使命和职业道德所在。

饭店顾问应善于转移风险

提供管理咨询服务，难免会对饭店组织内部的人员产生一些影响，所以，顾问面临人身攻击或遭遇汹涌的暗流，都在所难免。不过，优秀的顾问应善于将这些风险转移给饭店最高管理部门。

具体的办法，就是要在施行咨询计划之前，向最高管理部门说明咨询的操作方式、预期目的、过程中可能出现的问题、咨询结果可能造成的影响等，经其认可后，方可组织实施诊断。

也有一些饭店的管理咨询业务，是受其最高管理者以外的机构所委托，如饭店管理公司本部、饭店董事会等。在这种情况下，风险和挑战将同时取决于我们能否获得饭店最高管理部门的理解和支持。做不到这一点，饭店管理者很可能怀疑：

此次咨询工作，究竟是为整个饭店着想的“提升”？还是立足于委托单位的立场来进行“另有目的”的“检查”？

如果因咨询工作的开展而造成饭店组织内部的误解和隔阂，甚至被利用为内部权力斗争的工具，就严重违背了我们进行饭店管理咨询的本意，为权力斗争服务也是我们的职业道德所摈弃的。

饭店顾问的个人态度

这个态度，应该是和蔼可亲的、自信的，既包括察言观色，以捕捉多方信息，也包括以身作则，以不埋没金玉良言的价值；而绝不可以“公事公办”与“完成任务”的面孔出现。

这是因为咨询过程本身具有强烈的“个人引导性”，换言之，很多关键业务都是通过过程引导来实现的，而不一定是后续的推动。而这里，态度决定了大家能否接受你。如果大家不接受你是“自己人”，而只是“闯入者”，咨询服务将举步维艰。

尤其在咨询服务开始之初，饭店顾问应机智而和颜悦色地向饭店各级有关人员说明此次咨询的目的，且保证对各种意见与资料来源保密，以期获得全体饭店员工的支持与合作。更为重要的，是要确保态度的明朗而非阴郁，唯此，饭店人员提供资料、信息时，才能够畅所欲言，无所保留。

当然，饭店顾问在接受询问的时候，也必须做到这点。

可能存在的四种误解

尽管我们做了种种努力，完全消除饭店成员的误解，比登天还难——几乎不可能。我认为，这是我们过去许多饭店顾问的一些不合适的行为造成的“后遗症”。

这些误解，大致可分四种：

1．顾问是来评估工作成绩的

就是说，员工可能误认为各种晤谈、访问、问卷等的目的仅在调查每个单位或个人的工作成绩如何，以作为上级奖励的参考。

2．顾问是来从事内部整顿的

认为饭店顾问是奉上级命令来进行严厉整顿的，目的是挑选出“冗员”。事实上，许多部门经理认为，为裁减“冗员”作铺垫是饭店顾问的一项主要功能。

这种想法是错误的。

在详细的咨询诊断以后，一位有经验的饭店顾问固然能很明确地看出各个员工能力与效率的高下，甚至可以指出哪些人是不必要的。但是，为了长远的考虑，顾问不可将这些发现视为主要成果，报告给他的服务对象。因为这样一来，虽然在短期内可以提高饭店工作的效率，但在长期中，却造成整个饭店对外来顾问的抗拒心理——大家为了确保职位，拒绝提供任何情报，甚至提供错误的情报将咨询者导入歧途，因而，这家饭店可能从此之后永远无法接受外来顾问的协助与指导。

这种做法在长期上来说，是得不偿失的。

3．顾问就是“顾而不问”，只会干扰工作而没有什么作用

很多饭店经理认为，在以人为核心的饭店里，一切都可能因人而异，没有一个模板可套用的。因此，搞咨询太复杂，结果将只是干扰工作，加上配合咨询只是“临时性工作”，于大事、长远之事，无甚补益。

饭店顾问必须致力于消除这种误解，除了邀请总经理公开表示对这一次咨询工作的重视与支持外，尚须靠顾问本身的修养与技巧，来取得对方的信任与合作。

4．员工将饭店顾问视为“联盟对象”

这是指被访谈的员工，可能会认为这位饭店顾问也许将来对公司的政策影响甚大，因此极力争取其好感，并且在所提供的情报上，“略为调整”，促使顾问能根据这些资料和观点，做出比较有利于此一员工或此一部门的结论和建议。

以上四种误解，对正常的咨询诊断服务会造成或大或小的干扰。所以，在咨询工作开展之初，顾问就必须避免将会产生类似混淆的做法，同时也要借助明确的沟通手段，使组织中的各级部门有关人员，对饭店顾问这一角色与立场，

有一个正确认识。

饭店顾问的“超然”

饭店顾问应该投入工作，但不可以将自己等同于“饭店人”，即要以一种超然的态度，去了解各部门人员的心态。

这是因为在饭店里，每个部门因为所处的地位不同，或前台或客房或销售或后勤，对事物的看法均会有所区别，对问题的重点也会有不同认识。比如，财务部较重视控制与手续，公关营业部常将一切问题归罪于“饭店的其他人缺乏推销观念”等等。我们不必加人讨论或表示“认同”、“不认同”，要置身事外，才能深切地了解各部门情况，才能在最后整合各种意见时，发现种种“背后的力量”。饭店顾问要有洞察力，才不会为各种矛盾的言辞和资料所迷惑，进而找到可供遵循的规则。

有时候，各个部门的人，都企图用自己的角度来说服、影响饭店顾问，想使之相信，问题的真相便是如他所说的一样。此时，我们必须有能力从这些意见与资料中，筛选出有意义的信息，并且冷静地判断每一件事的客观性与真实性。

这才是正确的。

饭店顾问的“中庸之道”

中庸之道，也不失为饭店顾问的明智选择，即既不失严峻，亦不会让他人欺之以方。若过分严峻，会带给员工一种压迫感，甚至误会他们是由上级派下来“压迫”员工的，而不是为了提高员工工作效率。这会造成员工抗拒。

反过来说，太宽厚也有不利之处。因为在每个机构里都会有些员工对访谈和提供资料抱敷衍应付的态度，如果不积极地向他们追问，访谈结果往往只是一些外交辞令，顾问将对问题所在不得要领。

更有一些人，由于误认饭店顾问是来评估成绩的，所以，在谈到他本身的业务范围或工作贡献时，难免夸大其词。如果不请他提出更具体的证明而一概听信，则结论必然偏差很大。这就要求我们对访谈者的言辞有所保留的接收，同时更要追问或要求他提供进一步的资料。

PDCA循环模式的三个要点

PDCA 循环模式是一切工作的基本循环模式，既有体系、有规范，又有细节。而这一切，又必须从制订计划开始，即在进行咨询之前，必须先有一个全盘构想，以确保我们的努力方向能和咨询目标相一致。这里，至少应把握三个要点：

1．咨询重点的选择

对每一个饭店来说，它的经营方式都不一样，有的问题偏重在销售方面，有的问题集中于服务部门，有些企业虽然业绩良好，但在内部组织与控制制度方面却弊病丛生。因此，在进行诊断之前或诊断之初，要对诊断对象的全貌有一个初步的了解，以掌握问题重心。

历史的经验已经告诉我们，虽然各饭店问题千差万别，但总有一些脉络可循，如新开业或新合并的饭店（部门），最大的问题多在团队建立及服务行为规范的确定上。在成长很快的饭店里，最常见的现象是缺乏制度及控制，或以经营小饭店的手法来从事大饭店管理。对国有饭店或历史悠久的饭店而言，最大的问题常在于工作效率低下以及缺乏应变的弹性。总之，对整个组织问题有大致的了解，是制订咨询计划的一个极为必要的步骤。

2. 咨询层次的选择

也就是说，咨询的深度究竟只及于可量化的层面，抑或要触及职业操守、态度等定性问题。

3. 收集信息方式的确定

一般情况下，除了对次级资料（现成的书面资料，二手资料）的收集分析外，还有三种收集信息的主要途径，即访问、座谈与问卷。三种方式各有利弊，有时候若能配合使用，则更能发挥综合效用。

访问或访谈

访问或访谈是饭店管理咨询最常使用的方式。

饭店顾问依次对每一位主管及若干员工进行深入的访问。这种方式的优点是深入，在交谈中，顾问凭借其对组织问题的洞察力，可发现一些饭店内潜在的根本问题。访问或访谈的缺点是耗时太多，而且，不是每一个人都有能力执行访问或访谈任务。

为了弥补访问方式之不足，一种变通的方式是召开座谈会，每次参与人数为 8 ～ 15 人，针对一个特定主题进行讨论。

一般而言，座谈会的方式对基层员工，以人事制度及福利措施为主题，效果最佳。因为基层员工，如年轻的女服务员等，在一对一的访问中，面对着饭店顾问，往往忸怩不安而无法畅所欲言。而在座谈会里，人多气壮，意见与资料就能相当充分地提供出来。而且，对基层人员而言，他们平日未必关心饭店的种种管理方式，在群体互相激励，互相引证补充的情况下，会提出比较具体的看法。而人事制度与福利措施，又是基层服务人员感受最深，也是最关心的，因此，由他们来谈这些，最为合适。

层级愈低者，愈合适用座谈会的方式，中级以上的主管，也许由于日常激励的机会较多，在座谈会中反而不易触及深入的问题。

问卷

问卷的格式有许多种，有些已经是相当定型的。

问卷内容，多半是针对饭店内部的种种做法——如组织结构、授权、领导、薪酬等各方面，以一种结构化的问卷调查方式来探询各级员工的意见。

问卷调查可以用普查的方式进行，也可以用各种抽样的方法；可以用现成的问卷，也可以根据咨询的目的与重点自行设计。

使用问卷调查的时机，通常在开始咨询之初。它的最大作用是可以在极短的时间内，收集到客观而全面的资料，并且，可以利用电脑分析，很快指出问题的重点。

有时，根据当期问卷调查的结果决定下一步咨询重点与诊断方式，也是一种比较客观而科学的办法。

但是，问卷调查也有一些明显的不足。首先，问卷的长度限制大大减低了它的细致程度。饭店组织问题错综复杂，所包含的因素很多，而问卷的问题涉及难以做到点面兼顾。再加上一些有关管理制度的术语，不同的人未必有相同的理解，因此，会影响答卷效果。

同时，问卷内容很难深入，无法诊断出组织或制度中较复杂的问题。因此，问卷通常只能作为初期诊断之用，或视为进一步深入诊断的基础，而无法获取结论性结果。

顾问团队自身的分工与合作

在咨询计划设计与后期执行过程中，还要注意饭店顾问团队本身的分工和协调问题。

因为有时咨询对象饭店规模大，部门多，或顾问团队同时在服务管理、财务管理等方面进行咨询，此时，诸位顾问就不得不加以合理分工。

分工的方式，可以依部门分——各个部门由不同的人分头负责，也可以依问题的性质分。无论如何分工，各组之间的协调工作非常重要，必须定期（有时是一日一次，有时甚至一日数次）召集各小组成员交流所获得的资料，彼此验证，再综合各方意见与发现后，决定下一步工作的重点。

确立我们自身的立场，并对整体计划有了完整的构想以后，就可以进行更为具体的诊断工作了。

第二章 饭店管理咨询流程

一、基础资料的收集

二、确定咨询范围、深度及参与程度

三、饭店员工的抗拒与合作

四、饭店咨询诊断工作的完成

五、咨询成果应用——以调查反馈法为例

一、基础资料的收集

饭店的事实资料将影响咨询进程

饭店事实资料，是指有关饭店经营与管理的数据、记录、说明等，它们与态度、价值观等没有关系，且本身具有可客观观察的特征，并能衡量。这些事实资料可分成两类；

1．纯粹的书面报告或记录。

2．通过书面或口头说明获得的事实。

在咨询过程中，大部分分析与推断，都须建立在这些事实资料基础之上。

任何饭店都会保留一些记录或报告，而且饭店规模愈大，这些书面的资料就愈多。通常，我们可以由书面资料的多少，来判定一家饭店在制度上规范化的程度。但也有些饭店，开房业务量虽然已经不小，但在书面资料上却相当贫乏——没有开会记录，很少有任何统计数字——这在管理上究竟是否算不健全固然可以争鸣探讨，但至少对咨询工作会产生不利影响。

饭店年报

饭店一般都有内刊年报，有的还会针对其业务印发精美的报告或简介，这些都可统称为年报。

通过年报，我们可以了解饭店的历史和演变、业务范围、组织形态与规模、地理环境以及总经理的经营思想等。这些都可以帮助我们形成对饭店的整体印象。

财务报表

饭店财务报表是很有价值的情报来源。我们从财务报表中可以推算出饭店的获利能力、负债情况、资金来源及去向、固定资产的比例和折旧的情形，包括这些事项在历年中的变化趋势。

财务报表除了能让我们进一步了解饭店的经营潜力外，还能帮助我们掌握饭店组织问题的重点。赚钱的饭店与不赚钱的饭店相比，其员工在接受访谈时，心态就截然不同——后者表现出更高的防卫性，而且往往顾虑到他们职位的安全而不太愿意坦诚地提供资料。反之，在一家成长得快，获利又高的饭店，由于员工大都觉得自己在本饭店有发展前途，因此，向心力强，对内部的各种问题，也就比较愿意提出来讨论。

各类统计数据

饭店统计表也是一样，在正式访谈之前，若能先将各种统计数字、表单等拿来浏览一遍，可帮助我们对饭店的整体情况进行了解，并可由统计工作的重点，来推测饭店高级管理部门所最关心的是什么，是人？是服务质量？还是成本？

有时候，我们也可以请教有关人员，这些统计数字的用途何在？它们帮助谁做出了哪些决策？通过这些问题的答案，我们可以推断饭店运作决策的过程与决策的质量。

工作说明书

这是与饭店运行密切相关的书面资料，我们可以由工作说明书来了解每位成员的主要职责范围，以及和其他人的相互关系。

除了可以由这里来判断分工与职责划分的合理性之外，也可以根据工作说明书的资料，确定个别访谈的进度及重点。

有时候，饭店员工对本身工作的了解与工作说明书上的要求并不一致，也表示在这一方面存有潜在的问题。

饭店政策及程序手册

政策及程序手册，即指上级规定各级人员在提供各类服务或决策时，必须遵循的指导原则和操作细则等的书面文件。

我们可以通过这些手册的有无，以及规定的详细程度，来推断饭店组织正式化的程度，以及各级员工在决策上的弹性和自主程度。

如果一家饭店的政策及程序手册规定得非常细致，而且条文繁多，就可以想见，这家饭店作为一个组织，其“制度化”的水准必然相对较高，一切行事有规可循，员工不必也不能作太多的自主判断。反之，制度化程度低的饭店，政策及程序手册可能根本没有，决策的原则与服务的程序，大约都存在员工的脑海里，此时，固然可以保有相当程度的弹性，但也容易产生混淆与争执。

在政策及程序手册以及类似的饭店文件中，我们还可以窥见上层管理部门的若干想法，以及对人性的一些假设。

例如，某饭店的政策手册中有一条：“对于客人的私人赠品，其价值在 X 元以上者，不可收取；在 Y 元至 X 元之间者，可以收取，但需向部门主管报告；在 Y 元以下者，可以收取，不必报告。”

这可谓是一则相当详细、具体，而且“制度化”的条文。我们可以由这条规定，推测到它背后的假设：“客人与服务人员存有私人情谊是正常的，但此一情谊若以 X 元以上之赠品表达，则可能有非分之图了。”并进而了解饭店管理当局的管理哲学，以及他们对员工人性及心态的认识。

历年档案

饭店历年所存的档案资料，是饭店顾问了解饭店情况时极有价值的资料来源。这些档案除了往来公事记录之外，还包括各种会议记录、每日通报等书面资料。

在进行访谈之前，如果能系统地将饭店历年档案全部翻阅一遍，可以了解到许多由访谈、座谈或问卷调查所不能获得的信息，因而档案资料可以作为其他诊断方式的信息基础。

我们可以由档案中了解饭店组织的正式化程度。

有些饭店，档案堆积如山，而其中大部分都是非常例行性的业务，且对一些微不足道的问题也大做文章，这便是饭店运行中“形重于质”的表征。

其次，由档案中可以发现饭店日常的业务内容是哪些，每一项业务占用大家时间的百分比大致是多少，以及各级主管最关心和最感兴趣的事情是哪些。

我们有了这一层了解后，在拟订及修正咨询计划时，对重点的掌握就能更切合实际了。

在档案中，也能判断出一个饭店组织的真正授权程度。虽然在许多饭店，有分层负责明细表一类的文件，说明了哪些事项应由哪些层级负责决定。但研究这一规定，远不如翻阅档案来得有效。在许多档案材料上可以明白地看出决策权力的归属。这些观察，能帮助我们获得有关组织授权程度的整体印象。

饭店权力关系，是一般局外人不易了解的。这也可以由历年档案中略窥一二。哪些人意见特别多，哪些人意见最受上级重视与支持，哪些人意见经常彼此相左，谁和谁总是立场一致……

如果档案比较全面，饭店顾问可以由此了解目前各个主管经理的升迁路线、专长背景、人事关系等。

了解这些资料，虽然对咨询诊断的成果没有直接影响，但是对诊断过程推进，却有极大的帮助。

会议记录

由各种会议记录中，我们可以发现饭店里的不同人对各种决策参与的程度，以及大家对问题解决究竟是虚应故事，互相推诿，还是认真坦诚地面对问题，群策群力地解决问题。

在会议中是不是只有少数人发言？对大部分的问题是如何解决的？是否常有议而不决或“研究办理”的情形？诸如此类的问题，都可以由会议记录中推导出结论。

饭店的社会关系资料

- 饭店同行之间发生了怎样的关联？
- 是否有一些固定的服务用品供应商？
- 是否有一些固定的销售商？
- 是否有一些固定的直接客户？

……

如果一家饭店的供应商或客户相当集中，表示其对外依赖程度高，内部问题也必然有“特色”。

同时，也有必要知道：

- 此饭店共有哪些关系饭店？
- 是否投资了哪些子饭店？或者本身就是另外一家饭店的子公司？

……

在关系饭店之间，饭店组织问题往往有其关联性，而且彼此之间的经营，也将有某种方式的合作关系，并进而形成一些特殊的竞争利益与限制，因此，在咨询时，不可不对此加以注意。

对国有饭店而言，与此类似的是上级主管机关，以及各主管单位的主管。由于主管单位不只一处，因此，顾问要先了解这些有关单位目前最关心的事是什么，对本饭店所赋予的任务与期望又是哪些。

通常，民营或外资饭店的目标比较单纯，易于掌握，而国有饭店则往往除了利润目标之外，还存在着其他目标。想要进一步确定这些目标，就必须从有关的主管机关着手。

所谓“问题”，其实就是未能达到某些饭店目标的“原因”。所以，饭店顾问若能掌握这些目标以及制定这些目标的源头，在发掘问题时，会顺利得多。

饭店发展的历史与现状

每一家现存的饭店都有一段过去，它的种种特质，也都是从过去的岁月中慢慢累积沉淀下来的。因此，在咨询过程中，有必要去了解它过去发展的历史，并且，我们总会在历史溯源中寻找到目前种种问题的“蛛丝马迹”。

有些饭店是若干年前几家饭店合并而形成的，这可能解释了为什么公司内部有一些心态分歧现象。

同样，有些饭店最近刚刚经历过所有权转移，或者过去是国有，现在转为民营或合资等。这些历史事件，都可能解释了一些饭店现有的特色或问题。

总之，如果我们不了解饭店的历史，或许永远也无法知道某些问题的成因。

在过去的历史中，有一项是值得我们格外注意的，那就是在经营历程上，饭店是否发生过某些特别严重的问题。比如，是否在公关销售、技术、员工、组织、财务等方面遭遇过一些危机，这些危机后来是怎么解决的，等等。

如果能够知道这些危机的性质、时间以及解决的方法，也许会对饭店当前的种种措施和管理方式，有更深入的了解。如果知道当年危机发生时，饭店如何应变与处理，也可以间接地推测到饭店的应变能力以及它的决策程序。

饭店的经营优势

每家能长期存续与成长的饭店，在经营上必然具备某些特殊的竞争“武器”或竞争“特色”。这些竞争“武器”，可能是服务质量高，可能是服务种类，也可能是售价、推销、广告等等。

在进行咨询时，我们先要了解：

- 究竟这家饭店目前是否有足够的竞争“特色”？
- 这些竞争“特色”是否因竞争者的进步而不再显得特殊？
- 饭店内的所有成员是否都了解这些竞争“特色”的存在？
- 饭店的组织架构是否有助于这些竞争“武器”作用的发挥？

注意：与竞争“特色”和竞争“武器”有关的一切活动，都是饭店的“核心业务”。因此，我们在咨询时间分配上，应格外加强对这方面的探讨。其实，很多潜在的问题，都可能关乎大家对竞争“特色”的认识、内部沟通以及组织架构能否有效配合等事项。

饭店相对规模

饭店规模，是关乎饭店组织架构设计的极重要的参数。大型饭店与小型饭店相比，无论在分工、授权、控制等各方面的表现，都应该有显著的不同。

当然，我们在此处所强调的是相对规模，也就是它与同行业中其他饭店相比，是比较大或比较小，排名是多少等。

因为一个饭店内成员的心态及种种政策与做法，都与相对规模有关，而与资产或营业额的绝对数字关系较少。

若同行业中其他竞争者规模都很大，则本饭店虽然在规模上也不小，但在心理感觉上，则仍然是边缘饭店。反之，无论实际规模怎样，只要在行业中市场占有率第一，则在各方面都会产生“保持第一”的想法。因此，对相对规模的了解，可以帮助我们认识饭店现象的一些背景因素。

相对规模的观念，除了要和同行业中的竞争者相比之外，也应该与饭店所在地的其他饭店相比。换句话说，就是要决定本饭店在地方上究竟是相对的“大”，还是相对的“小”。

在观光业不发达的乡镇，可能一家普通规模的饭店也能成为首屈一指的大饭店，此时，地方人士对它的期望，以及饭店各级员工心理上的自我认知都会不同。在人事措施上面，也难免会有追求示范作用的压力。

反之，在大饭店林立的北京、上海地区，情况就正好相反，员工必然会把自己饭店的条件和更大、更强的饭店相比较，并为管理者带来一些特殊的困扰，包括市场问题，尤其是人力资源方面问题都将由此发生，造成诸如跳槽率的增加等困惑。

二、确定咨询范围、深度及参与程度

直面多种选择

在咨询活动中，我们将时时面临多种选择。其中，最重要的选择有三：

1．咨询范围，如涵盖哪些业务。

2．咨询深度，指的是局限于“做事”、“硬件”层面，还是关联到“做人”、“用心”的层面。

3．参与程度，即邀请什么人一道合作，如问卷发放到哪个层级等等。

同时，要做好面对各种阻力的心理准备。

任何一家饭店的运作发生问题，其成因都是多方面的，这就要求我们在研究这些问题时，必须从不同问题层面着手。

这些层面，包括经营运作、组织架构、规范流程、群体行动、人际关系、个人行为、心理状态等等。

不过，这里所选择的层面之“分”，为的是最终的“合”，因为没有任何业绩能靠单一因素完成；同样，也没有任何问题是不可分解的，所以，在“分”上的着眼点，要落在一个个细节上，在“合”上的着眼点，要落在整个体系上，最后得出“合二为一”的咨询结论。体系是战略，细节是战术，要在战略上藐视问题，在战术上重视问题。

经营运作

经营运作层面的咨询重点，应放在饭店经营模式上，如：

- 营销体系健全否？
- 内外公共关系体系恰当否？
- 广告宣传到位否？
- 在塑造形象上的投入充分否？

● 现场的服务安排合理否？

……

对饭店经营运作层面的诊断，顾问一般不刻意或深入探讨“人”或“组织”等软环节问题。不过，任何层面的咨询与后续改善，都不可能规避“人”和“组织”的问题，因为饭店本身就是关于人的经营。

饭店顾问要尽量将软环节方面的具体问题的处理、调整空间，留给饭店自己。

组织架构

组织架构层面的咨询重点，应放在分工方式、部门划分及其相互关系等上面。假设当前饭店中的问题，主要是由于组织架构安排不当所致，那么，咨询的重心就要放在收集与组织架构有关的资料上。

这个层面的咨询诊断，也要注意不直接触及、辨别人的行为与心态问题，而是相信人的行为主要是受组织架构影响使然的，即坚信，只要能找出组织架构上的症结并加以改善，就可以解决饭店运作中的大部分问题。

顾问对组织架构的重要性要有充分认识，否则将导致咨询服务的目标偏移，影响最佳咨询效果的实现。

规范流程

规范流程层面的咨询重点，应放在各部门信息交流、业务与行政管理、服务操作的规范流程，以及内部、内外部之间信息沟通的方式等方面。

这一层面牵涉到人的个性、行为方式等，所以，较以上两个层面的咨询，更深了一层。

群体行动、人际关系、个人行为与心理等

随着咨询工作的逐级深入，关于群体行动、人际关系、个人行为与心理等层面问题的咨询诊断，就成为必要。不过，这里有一个很重要的前提：

作为饭店顾问，我们必须坚信，饭店的各种问题，只有通过饭店内的人才能解决，外人无法替他们决定经营的方式，或组织架构，包括对它们进行调整。也就是说，外人所能做的，只是协助饭店把握每一位成员的发展方向，提升团队合作能力以及解决问题的能力。

把握了这一点，也就把握了我们深入诊断时，应掌握的基本行为与态度尺度。

现实中，饭店所遭遇的所有问题，大都集中在“经营运作”的方式与“组织架构”的合理性上。而成因，大多为目前管理团队有些病症。

症状如何呢？

不外乎群体行为失调。人际关系不良以及个人行为或个人心理上出了毛病。

在某饭店，我们可能第一眼看到的，是管理层的沟通能力存在问题——经理们的言行态度明显地引起了员工的反感，而他们毫不自知。他们在开会沟通时词不达意，又不愿意倾听别人的意见。

至于我们要如何客观地将这些问题和现象更具体地“诊断”出来，在咨询诊断报告里是不是要指出这些事实，或如果提出，将如何去进行改善等问题，则正是关于咨询深度抉择的问题，将因人、因事而异。一些饭店顾问可能认为这些全是重点，另一些顾问则可能将它们完全排除在考虑范围之外，都不足为怪。

最极端的例子是关于个人心理上的诊断。有人认为，人在饭店中的行为，如工作意愿、与人合作能力、领导风格等，全都是由他的心理特质所造成，这些心理特质包括他的人格、情结、潜意识，甚至于追溯到他的童年生活经验等等。而如果想解决饭店问题，就必须要由“根”着手。因此，在这种想法下，就需要进行一些类似心理治疗的咨询诊断工作，并希望借此改变人的行为，并从而改善整个饭店的运作。

当然，这种做法比较少见，也常常是饭店无暇实施的，因为耗时太久。

饭店顾问应避免被个人知识结构与专长所左右

对咨询范围、深度等的选择，决定因素不仅来自任务书（外部），还受饭店顾问们自身的知识背景与专长（内部）的左右。

比如，饭店管理出身的顾问，可能重于经营运作、组织架构、管理和服务流程等层面，而让心理学家来从事咨询工作，则必然强调群体行动与个人行为模式了。

不过，饭店毕竟是一个动态的体系，各层面之间都息息相关，互相影响。因此，一次成功的咨询，实际上就是在各个层面之间寻求并保持平衡，不可发生偏颇。至少，饭店顾问要意识到彼此之间的关系以及可能产生的影响，主动避免被个人的知识结构与专长所左右。

如果饭店顾问小组中拥有各种专长的人才，那么可以互相搭配，发挥专长互补的综合效益，咨询层面也就广泛得多了。

充分考虑饭店员工的承受力与咨询经费、时间的限制

在选择咨询层面与深度时，还要高度关注另外两个因素。

一个是饭店本身及其成员的承受力。咨询的深度愈强，各级员工所感受到的压力也愈大，如果大部分饭店成员在心理上并无承受这些压力的准备，我们就贸然进行较深层次的咨询，则可能招致一些出乎预料的抗拒，甚至可能使饭店原有的问题更加恶化。这是我们必须谨慎对待的地方。

另一个因素，是咨询经费与时间。在预算有限而时间又很短的情况下，深

入的咨询工作是不可能开展的，甚至于触及的问题，也都是表面的，饭店顾问要懂得妥善计划。

参与程度的两个极端选择

顾问作咨询服务时面对的另一个重要抉择，是参与程度。

参与程度，指在咨询过程中，饭店顾问是全凭自己客观的观察与分析来发掘问题（独立执行），还是同对方饭店成员共同发掘问题（联合执行），包括多少人参与、什么级别的人员参与等等。

在前一种情况下，饭店只是在一种被动而静态的状态中，接受诊断；在后一种情形中，饭店成员是在顾问的辅导之下，共同贡献心智，来探讨本身的问题。

当然，在这两种极端之间，还有许多参与程度上的变化，可以供我们选择运用。

参与程度的一般表现

参与程度的高低，可以在许多方面表现出来。

比如，在了解服务操作或其他工作流程时，我们是请员工主动来谈他的感受和问题，还是只请他客观地描述流程与操作状况，然后，由饭店顾问分析并找出问题呢？

又如，座谈会次数的多少、与基层人员会谈的时间长短等等，都能表现出咨询服务参与程度的高低。

由于饭店中每一个人所感受的问题都可能不同，而且，每个人的利益观以及对整个咨询结果的期望都大不相同，因此，难免会众说纷纭，莫衷一是。这就要求我们在博采众议之余，必须理性判断各种观点的客观性，有选择地吸收。

此外，在座谈会等场合，能否从不同意见的争执中，探查出更深一层的问题，也是对顾问推理和综合能力的一大考验。

三、饭店员工的抗拒与合作

抗拒无所不在

在我们收集资料时，并非所有的饭店成员都能真诚合作，毫无保留地来协助咨询活动的推进，有时还会发生暗中抗拒的现象。例如，在访谈中闪烁其词，或迟迟不肯提供自己工作上的书面资料等。

此外，我们还将面临问卷填写上的拒答和空题，几乎每一次咨询活动都能遇到。

甚至还有饭店的一些部门搞统一答案，让人啼笑皆非。

这些，都是需要我们格外注意和克服的，因为“抗拒”本身就是我们要解决的问题。换言之，如果能变抗拒为合作，则咨询工作便已经达到了预期效果。

因不了解而抗拒

造成饭店部分员工不合作行为的原因很多，除了前边讲到的四种“误解”外，还有不明了咨询意义、顾虑职位安全以及权力与既得利益等因素。

如果员工不了解咨询的意义，更不知道咨询对他本人的益处，则他在合作意愿上，自然不会主动，即使他不认为顾问是来评估他的效绩的，也会认为配合咨询是一种额外的负担。因此，在各方面将“尽量敷衍了事”，即使对于一对一的访谈，也可能显出一副“帮忙”的神态。

有些饭店，虽然由高层管理部门委托顾问进行咨询，但并未与内部员工作适当的沟通、动员，以致许多受访者对饭店顾问心存戒备。

凡此种种情况，使得顾问希望饭店成员高度合作的期待化为泡影。

为求自身安全而抗拒

另一种抗拒的原因，是员工对其职位安全的顾虑。有些基层主管，在工作岗位上工作了许多年，并由这许多年的经验里，提炼出一套开展工作的方法，积累了大量与工作有关的资料。这些方法和资料，都没有留存书面的记录，而完全存在于当事人的脑海中，而当事人也凭借着他经验中的这些“秘诀”，来获得他职位安全的保证。

这些秘诀，他平时对部属也不轻易透露，唯恐对方一旦学会，便可取而代之；对上级亦有相当保留，以防上级过河拆桥。

此时，他怎会对一个毫无干系的外来者，详细说明他的工作程序、决策方法或提供各种资料来源呢？

来自权力与利益的抗拒

至于权力和既得利益所造成的抗拒，在处理上更是困难。

这些人多半职位在中上层以上，头脑非常清楚，对咨询的作用与限制也了如指掌，但他就是不合作，或者一味虚应，使咨询工作无从下手。

造成这个现象的原因很简单，因为他深切了解，他自己的利益和饭店的利益是相矛盾的。饭店的营运如果合理化了，他的既得利益就会丧失了。甚至说，他本人以及他对权力的争取与行使，就是整个饭店运作的核心问题之一。

这种人对咨询的抗拒，是极其自然的。

化解抗拒

化解这些抗拒与不合作的现象，并不是一件容易的工作，尤其是出于职位安全与既得利益的抗拒，是饭店里根深蒂固的问题。

作为饭店顾问，我们虽然无法轻而易举地解决这些问题，但至少可以从各种抗拒现象的形态中，推断出饭店内部深处还潜藏着什么病根。

在我们已经把握好自身言行尺度的前提下，一般来说，抗拒愈大，表示饭店内隐藏的问题愈多，那么，不只在诊断上，在将来的饭店发展和制度完善上，也必然更加棘手。

抗拒与化解抗拒为合作，是贯穿咨询过程始终的。顾问要以平和的心态来对待。

四、饭店咨询诊断工作的完成

"未济"之道

《易经》的最后一卦（六十四卦）是"未济"，曰：

"物不可穷也，故受之以未济终焉。"

意思是说，一切危机远没有结束，而且永远没有结束。

从严格意义上讲，饭店咨询工作，永远没有真正完成和结束的一天。因为饭店里的问题是永远发掘不完的。

所以，对一个经理人来说，应该把咨询工作视为他正常管理工作的一部分：有时要请教饭店顾问，有时则应亲自承担起饭店顾问的职责。

"既济"之道

《易经》倒数第二卦（六十三卦）是"既济"，曰：

"有过物者，必济，故受之既济。"

是说就一具体事情而言，当然应有始有终。无论自己做顾问还是请人做顾问，都要有一个"收场"，相当于"PDCA"流程的"A"即"评估处理"阶段。换言之，咨询工作在进行了一段时间以后，必须有所交代，顾问需向委托者提出报告。

"咨询报告"，或称"诊断报告"，要以书面形式或口头形式提出来。此两种形式各有利弊，以何种形式提出，顾问需视整体问题的状况以及饭店中各级人员接受程度来定。

书面咨询（诊断）报告

书面报告不必引用太多的理论或概念术语，只需要将所发掘的问题简单扼要提出即可。所提出的问题，最好辅之以事实描述，而不仅是陈述抽象化的一般印象，这一方面可以得到服务对象饭店更多的信任，另一方面，饭店将来在根据这个咨询报告采取改正行动时，也比较容易落实。

咨询报告的章节划分，可以依据饭店部门分，亦可以依问题的性质分。

所谓依部门分，就是依次列举存在于各部门的问题。而依问题性质分，则大多是依“权责划分”、“工作流程”、“分权程度”等主题来区分。

口头咨询（诊断）报告

传统上，口头报告的对象仅限于饭店总经理等高层级权力核心人物。不过，近来，这种情况有所改变，口头报告的对象逐渐扩大到大部分经理、主管。针对某一部门的诊断，口头报告的对象还会包括该部门的所有人员，即召开部门会议，听取顾问报告。这种情形下，会议的方式已不限于顾问—与会者的单向沟通，而成为一种讨论会式的双向沟通。通过员工的普遍参与，顾问发掘问题或构想解决方案会更有成效。

作为饭店方，甚至可以将这部分内容，设计为培训课程。

任何饭店顾问做口头报告时，都不要忘了一点：向曾经提供资料与协助的各级人员表示谢意。因为咨询工作的质量和成效，的确是建立在大家的合作与支持基础之上的。

书面报告与口头报告要达成的“效果”

书面报告比较正式，口头报告视为书面报告的有益补充，二者结合起来使用，方能收到较佳的沟通效果。

顾问在阐述其所发现的问题时，也可以加入一些初步的建议方案，以供管理部门参考。

事实上，在咨询过程中，常有饭店成员由于被问到许多问题或被要求提供许多资料，而激起了他们改进的意愿和创意，并自动自发地摸索改进之法。所以，从广义的角度来看，咨询是饭店获得发展的推动力，其本身甚至就是一种促成饭店发展的手段。

无论范围、深度、参与程度怎样，通过咨询，大家都将在想法上受到不同程度的刺激，并将自觉地扬弃过去的一些一成不变的旧作风、老办法，认识到改变的可能性，并为饭店的经营绩效而积极探求创新之路。

这些冲击，将是长远的，对饭店管理体制会有良好影响。

之后做什么

咨询报告提出之后，整个咨询工作可以告一段落，然后，由饭店管理部门参照咨询（诊断）结果，自行研究改进之道。

当然，管理部门也可以进一步委托饭店顾问进行店内规章制度的开发，或进行组织架构的调整等等。

这是下一阶段工作的开始。

五、咨询成果应用——以调查反馈法为例

调查反馈法

咨询的目的在于解决问题，而解决问题就要应用很多成“体系”、成“建制”的方法。我们将在后面详细论述，这里仅以“调查反馈法”为例，将饭店顾问开展咨询工作的全过程，作一个“片段展示”。

调查反馈法，主要是利用问卷，向一家饭店或饭店中的某一部门收集有关该饭店组织与成员的资料。资料收集完毕后，顾问要做列表摘要、分析，并将结果反馈给饭店成员。

咨询成果的应用，由此开始——

饭店要组织员工在这些具体资料的基础上，共同研究解决饭店里的问题，并拟订解决问题的具体计划。

调查反馈法成果应用是“PDCA”全过程

无论是采用调查反馈法，还是其他办法，我们都应明确一点：成果的应用必须贯穿于整个咨询过程，而不是单就结论而展开。这也是咨询服务的一个重要特点。明确这一点，将有助于饭店顾问与饭店不仅应关注咨询（诊断）报告的完成，更应关注报告出炉的过程及针对报告所归纳问题的后续处理（整改）。这一点对于饭店方也是适用的。

换言之，完整的成果应用，应包括咨询计划的制订、执行、问题讨论以及评估处理，就是前述的“PDCA”全过程。

调查反馈法实施的六个基本步骤

第一步，是饭店管理层及部门员工代表共同参与决定调查的重点及解决问题的方向。饭店顾问则将在之后被邀请参与这一阶段的咨询工作。

第二步，饭店顾问向相关部门成员发出问卷，说明填写问卷的要求与方法，并在饭店管理部门的协调下，组织答卷。

在大型饭店，固然可以利用抽样的技术，但为达到员工激励的“过程辅导”目的，最好能采用普查的方式。

第三步，资料回收后，饭店顾问要对资料进行分析，然后依咨询重点做成分类图表，制作摘要文档，并向饭店方提出下一步咨询途径的建议。此过程中，饭店顾问还应训练内部人员掌握有关资料分析的技巧，以便于开展此后的咨询工作。这也是“过程辅导”的一部分。

第四步，资料分析结果反馈。反馈的对象通常是由饭店的最高层级开始，而后向下延伸。最高层级可能是饭店负责人，也可以是高级决策团队，也可能是由高级管理人士组成的一个“饭店 ×× 委员会”。

第五步，饭店最高层级根据反馈资料的分析与诊断，与饭店顾问进行详细讨论。之后，依据报告共识，研讨、制订或修正下一步的行动计划。其中包括应该如何向下层员工反馈咨询结果。这很重要，若忽略了向员工报告的环节，将使诊断工作半途而废。

第六步，饭店管理层召开基层管理人员与员工骨干会议，在会上反馈诊断结果，并布置下一步工作。

在大型饭店里，诊断结果的反馈通常随着饭店层级的变化而逐渐细分或有所选择。如，最高层级可以看到全面问题，然后，他们可以将所看到的问题，依性质与范围，细分到其下的各部门经理，而各部门经理也可以再就其所收到的反馈结果，进行再分析，并拟订具体的操作计划，再将细分后形成的结论，层层传达，层层细化，直到饭店最基层的每一个人都知道。这也是饭店所适用的命令垂直管理体系的性质所决定的。

当然，细分并不排斥对公共信息的传达。也就是说，一个部门应获得与它有关的所有信息，而不论此信息是否已经分给了其他部门，否则，将破坏“饭店一盘棋”的基本理念。

第三章

咨询与诊断技术

一、饭店咨询与诊断：饭店发展的组成部分

二、角色期望法

三、力场分析法

四、管理格矩法

五、团队状态考察

一、饭店咨询与诊断：饭店发展的组成部分

围绕“组织”这个核心，达成饭店发展的目标

社会中的任何实体，欲更有效地达成它的目的，必首先强化其组织建设，并不断使之运行更健全。

这才是正确的方向。中国饭店业的个体户时代，已经结束。

因此，饭店咨询、诊断的目的，既不在于罗织一些于事无补的言辞，听起来顺耳，哄哄某个人；更不在于使之成为某种借口用来实现一些个人的企图。故必须引进组织概念，并围绕组织核心，处理好组织这一“软实力体”与饭店硬件的“硬实力体”之间的关系，实现饭店组织发展，促成饭店经营目标的实现。

组织发展——饭店咨询、诊断的用武之地

饭店组织发展，是解决饭店诸多问题的一个可行的方法。

一方面，它是一种饭店组织革新的哲学，同时，也是许多具体管理技术的集合，更是关于饭店咨询、诊断成果的应用。

早期，饭店组织发展作为组织管理学的一项重要组成部分，初被认识时，还仅局限于感性训练之类的特定范围。而进入20世纪90年代，其涵盖的范围越来越广，各种新的管理技巧和方法不断推出，作用也日益显著。

饭店管理者应适当研读一些组织学方面的书籍，如明兹伯格的《有效的组织管理》、德鲁克的《有效管理》等等。

饭店咨询、诊断是饭店发展的组成部分

饭店（或其组织）发展应该是有计划的，在事先规划好的基础上前行，这也是饭店咨询、诊断的意义和作用所在。

经过饭店咨询、诊断，发现现状中存在的问题。然后，针对这些，研究出一套改进方法，通过或协助饭店组织，动员人力、物力等资源来实现之。

因此，饭店咨询、诊断是饭店发展的一个组成部分。

饭店发展的具体内容

通过咨询诊断，应该帮助饭店取得以下至少八方面的成功：

1．确立具体的饭店工作目标。

2. 设计出合理的饭店组织架构。

3. 做出恰当的职位规划。

4. 通过对话，减少歪曲与误解。

5. 同事之间保持平和心态。

6. 工作上的意见分歧，不影响人际交往。

7. 协助每一位员工成长与发展。

8. 对任何政策、规定制度、管理措施，都抱着研究、改进的开放态度。

饭店发展咨询、诊断将改变什么

饭店发展，跟我们通常所说的管理发展不是一个概念。后者是管理学内容，是针对某一个或一群经理，设法改变其个人的管理风格。

饭店发展的对象，是整个饭店运营体系，经理只是其中的一个环节。所以，以饭店发展为诊断内容，其收效往往更大。

比如，饭店顾问为某饭店进行有关解决部门摩擦问题的咨询与诊断。结果发现，这些问题的主要根源在于饭店组织设计不合理，于是，饭店致力于改变组织设计。此后，摩擦果然减少了。

又如，某饭店扩建时，引进了康乐和游泳池设施。这便涉及到硬件、软件配套的问题。饭店顾问介入，首先考察该决策过程的科学性，如有没有听取不同意见？反对观点中有哪些见解？有没有其他可行的办法？谁都知道，饭店设施的运作是靠整体密切而有效的团队合作来实现的，那么，一线硬件设计人员是否注意到这些——如位置安排，是否有利于服务提供的流畅性？必须将饭店作为一个整体来考虑，才可保证日后运营的顺畅。

可见，饭店咨询与诊断，乃在于为饭店组织的发展提供另一个更加全面、立体的视角。这也是西方国家机构、企业肯为咨询业支出千百亿资金的理由所在。

饭店咨询、诊断成果应用的七种方式

1. 形成新的指令或训话

一般来自上级，并以单向沟通方式传递给下级。

2. 换人

主要经理易人。很多情况下，人事的改变可促成饭店组织的改变。

3. 调整组织架构

采用这种方式以修正饭店组织架构和部门间的关系，进而促成该饭店组织行为的改变。

4. 导入项目小组机制

由一个小组来选择及执行饭店顾问的建议方案，设项目经理，研讨、执行经营与管理个案——在别人发掘问题的基础上，由小组协议应采取可行方案中的哪一项行动，并推动执行。

5. 提高饭店管理者的独立思考能力

由饭店顾问收集有关饭店运营的资料，然后，反馈给饭店管理层，再由饭店成员自行分析资料，以发掘问题并解决它们。这一过程将在提高饭店管理人员的独立思考能力方面，发挥重大作用。

6. 成立饭店“自诊小组”

在饭店顾问的协助下，成立“自诊小组”。小组自行收集资料，发掘问题，解决问题,实现自我成长。“自诊小组”可能是一个专门小组,也可以是一个部门。

7. 促成员工自觉行动

假设，目前人际关系的改变当可带来团队工作关系及工作方式的改变，于是员工能够很好地接受授权，自主自发的工作，并由此带来工作绩效的改善。

很明显，这些方式展现的是组织行为逐层改变的过程，即由上级片面权力运用，到上下合作，再到团队相互影响。

饭店咨询、诊断的完整性

作为饭店发展之一环的饭店咨询、诊断，应明确其完整的循环过程：饭店咨询，诊断，设计规划，采取行动；再咨询，诊断……

这也是饭店顾问所要求的服务精神所决定的。

当然，要想达成这样的完整性，单凭经验是不够的，饭店顾问应有广博的知识、丰富的实践经验和卓越的工作能力，更应坚信饭店组织对人的发展所肩负的责任。

饭店顾问对个人的信念

1. 坚信每个人都有成长与发展的需求。这些需求，多半可在一个富于鼓励性与挑战性的环境中得到满足。

2. 坚信多数饭店员工尚未完全发挥潜力。只要略行改变，他们都能担负起比目前更大的责任，能为饭店目标贡献更大的力量。换言之，就是坚信饭店工作设计、管理假设等诸种因素还不能充分激励个人的成长，大有改进的余地。

饭店顾问对团队的信念

1. 坚信团队对个人而言极为重要。绝大多数员工，都渴望团队（特别是工作团队）能满足他们的各种需求。这个团队成员，包括同事及上级，他们对员工个体具有非常大的影响力。

2. 坚信团队具有可塑性。任何工作团队，依其性质，对饭店而言，都可以是有益的，也可能是有害的，尤其是非正式组织。因此，要对团对施加正确的引导。

3．坚信工作团队合作的必要性。若能合作，并同时满足个人的需求及饭店目标，则必可增强工作团队的效能。为此，任何管理者个人，都不应凭其喜好，草率地发号施令，以权威压人。团队成员的对话，是实现团队合作的重要保证。

饭店顾问对组织的信念

1．由于饭店组织是一个体系，因此坚信，任何一个子体系，如前厅、客房、销售等的改变，都会影响整个体系。

2．坚信饭店文化氛围的改变，能影响饭店的每一个成员。多数人的感情和态度会影响他们的行为，如果饭店的组织气氛是在抑制这些感情及态度的表达，那么，问题的解决、工作的满足感以及个人的成长，就都要受到不利的影响。

3．坚信大半的饭店组织中，人们彼此的互相支持、互相信任以及彼此合作的程度都不理想，因此，需要饭店顾问做诊断工作。

4．反对夸大竞争机制的作用。饭店实施员工或部门彼此竞争的策略，有时虽然有用，但多数情况下，对员工及饭店都会产生副作用。

5．坚信员工无辜。个人之间或团队之间的人格冲突，往往是饭店组织设计造成的，而非个人因素所致。因此，要找组织问题，找经理问题。

6．坚信饭店组织是有感情的。当我们将感情视为影响工作效能的重要因素时，领导作风、对话、目标确立、小组间合作以及工作满足感等都有可能获得改善，因此，片面地强调“工作是工作，玩是玩”的两分法，会带来副作用，尤其在亚洲人主持的饭店。

7．坚信饭店工作研讨、组织团队活动，是促进饭店成长的最重要途径。将命令式或安抚式的解决冲突方法改为开诚布公的讨论，可以同时达成个人成长需求及饭店组织发展的目标。培训工作可以发挥这方面的作用。还有员工活动，也将发挥重要作用，因此，饭店工会等组织应有所作为。

8．坚信一切都非一成不变。饭店组织架构以及服务流程的设计，都可以修正，以使其更有效地满足个人、团队组织的需求。

二、角色期望法

目的：促成明晰的角色定位

饭店各部门工作人员、各级管理人员都有着各自不同的期望，希望采取不同行动，我们称此为角色期望。

不过，这些不同职位的个体期望，有时并不明确，甚至有矛盾。角色期望法，就在于澄清角色，明确岗位职责，实现有效授权。

要注意，实施这项咨询诊断的基本点，在于对事（职位角色）而不对人（行为与态度）。故此，避免行事情绪化，是其中重要的一点。

角色期望法，比较适合应用于一个饭店、团队或一个部门新成立以及有新成员加入的阶段。

角色期望法可能遭遇阻力

饭店顾问通过对饭店现状加以咨询、分析、诊断，发现存在角色不明或角色冲突问题，把这一发现反馈给饭店主管部门后，这时可能会遇到阻力，特别是经理人员保守不愿意尝试新事物时，阻力便更大。

角色期望法的操作要点

1. 确立职责目标

澄清或重新确定饭店每个职位的角色，包括总经理的角色，也应纳入讨论范围之内。这或可以算作饭店培训的内容之一。

2. 选择工作地点

实施角色期望法所需时间虽然不会很久，但却要保证在活动期间不受任何干扰。

3. 确定职位角色期望

每位经理都将自己认为准确的任务与职责，用粗彩笔，写在一张大纸上。然后，所有与会者都对此发表意见，陈述理由，厘定每个岗位的职责。饭店顾问要注意维护现场和谐开放的气氛。

4. 完成分析

当参与者对某一职位角色及工作内容形成一致的看法之后，当事人即可以重新写出其职位角色期望，并在事后印发给所有与会者，使大家对此有一个明确认识。

5. 分析的程序

一般而言，这种角色定位的明确，要先由那些较单纯的职位开始，最后，才是本饭店最高经理的职位角色。要每个人每个人地进行，一个人完成之后才是另一个人。

6. 定期进行

也可以这种形式进行培训，我们设定其为饭店成建制培训的一项重要内容。至少每年搞一次，以适应饭店业务发展的需要。

当然，为新进人员举行这种活动，时间可略短，焦点可以集中于新进人员对岗位技能的认知。

注意事项

角色期待法可以促成饭店的工作关系更加密切，还可以在大的原则确定下来之后，私下进行一些协商，将彼此的职责搞得更明确。

这种做法会从整体上，使各成员对饭店使命、目标及其现存问题有统一的认识，有助于提高向心力。

职位角色定位的具体成果，就是“职位说明书”、“岗位职责”、“经理分工说明书”等。不过，它与传统上由人事部发出的“工作说明书”有很大不同，它更能注意到与所有方面人员、部门之间的关系，并可以借此明确各个方面对该职位的工作标准的要求。

三、力场分析法

力场分析法：寻找动态平衡的作用力

力场分析法（Force Field Analysis）由心理学家库尔特·卢因（Kurt Lewin)提出。卢因认为：任何事物都在一对相反作用力下保持动态平衡。其中，推动事物发生变革的力量是驱动力，试图保持原状态的力量是制约力。组织变革，则驱动力必须超过制约力，从而打破原有的平衡。

饭店顾问应用力场分析法作组织状况分析，也要找出支持改革的力量与潜在的阻力，并要注意，一个力量的改变，会引发关联力量的改变。饭店顾问必须对各种驱动力与制约力作细致分析。

促成饭店机制改革及其五大步骤

针对饭店顾问提出的问题和建议进行饭店机制改革，自然不是一朝一夕可完成的，它是饭店一项长期的工作。

从总体上讲，进行机制改革可以包括五大步骤：

1．通过饭店咨询、诊断，确认需要改革的现实要求。

2．建立起内部支持改革的关系体系。

3．实施改革。

4．稳定改革成果，使其被全体员工接受。

5．实现最终内部工作关系的确定。

四个要点

1．定向

这自然是饭店顾问必须完成的事。要指出饭店之所以没能达到理想的目标，原因何在，如何改革，朝哪个方向改革。

2．准备

定向之后不能马上实施，而要以小组会议的方式，讨论并开列出此项改革的潜在阻力与支持力量都是哪些。

3．找出并继续追寻背后的力量

支持因素或妨碍因素的背后都有很多力量在发挥作用，甚至不仅有一层，还有两层、三层的。饭店顾问要探究这些背后的力量。

4．拟订行动计划并进行改革

计划是针对各种阻力和支持因素进行的，要对阻力加以处理。

四、管理格矩法

应用管理格矩法的目的：迈向“最佳方向”

管理格矩法是一种极有体系的饭店发展方案。

它扩大了饭店咨询、诊断和发展的范围，将饭店组织制度、结构、经营策略都考虑进来，目标是迈向“最佳方向”。尽管近年来，各种新的类似的方法被不断开发出来，如“六西格玛法”、“平衡记分卡制”等等，但就综合效应上看，这个看似传统的方法，仍不失其有效性。

管理格矩法的核心要素

为什么说管理格矩法有现实意义，是因为管理格矩法关注服务生产和员工这两个维度。

此法对服务生产的关心对象甚广，如创新意见的多少、政策水准、行政服务质量、效率与工作负荷量、饭店服务产量或所服务客人数量等。对生产关心并不限于实质的服务产品，也可指个人工作上的成果。

对员工关心，也可以分成多个指标，如重视个人的价值、建立良好的工作环境、员工对完成工作的参与程度或承诺、安全感的要求、优厚的待遇与福利、社会关系等等。

管理格矩图

通过管理格矩图，可以显示出管理上的两种作风——以服务生产为重？以员工为重？在其交互影响下，各种情况都可能发生。

纵轴表示对员工的关心程度，范围由极小（1）至很大（9）。

横轴表示对生产的关心程度，范围由极小（1）至很大（9）。

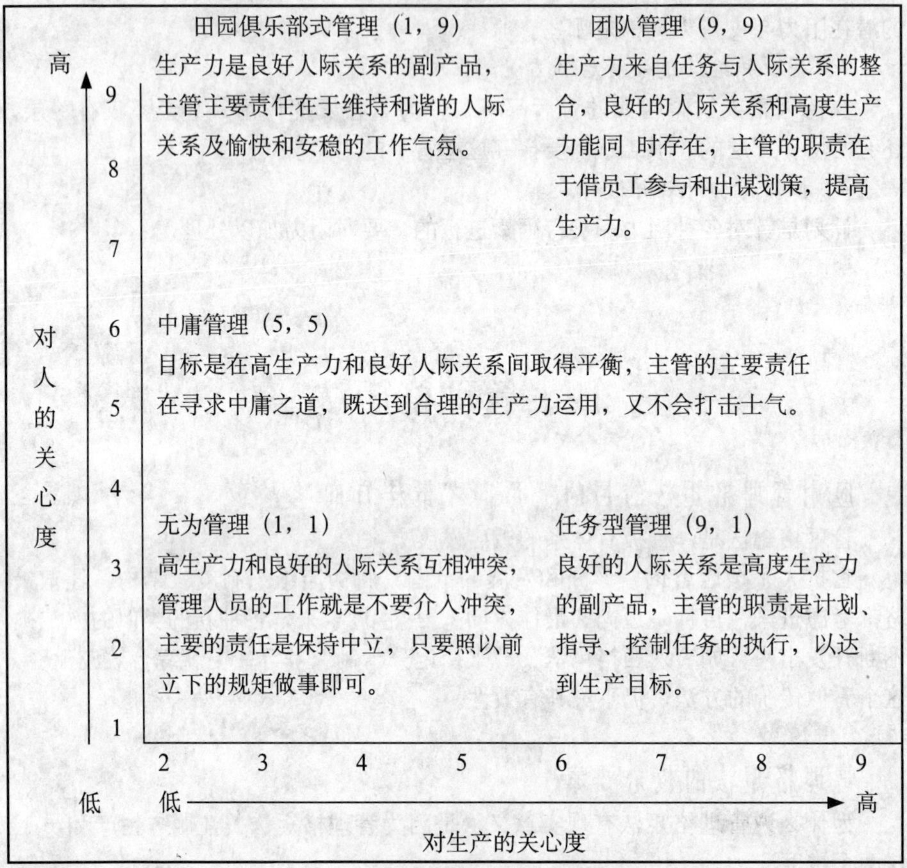

管理格矩示意图

（1，1）型管理作风：无为管理

（1，1）型作风的经理对员工、服务效率、工作量都漠不关心。

他个人的观点是尽量避免麻烦。我们可以说他已习惯了失败，他只关心保住工作，希望的是勿生波澜。他的作风是把工作派给部下，让他们自行其是而不闻不问。他只是个传达上级命令的“传声筒”。由于他小心谨慎地“奉公守法”，因此也很少惹上麻烦。

(1，9) 型管理作风：田园俱乐部式管理

(1，9) 型的经理对服务效率、工作量不太在意，但对员工却极为关心。

对 (1，9) 型经理而言，人们的感情、态度和需求等应该受到高度重视，这一类型的经理尽量设法为员工提供轻松、有保障而且舒适的工作环境。他认为，组织对生产量的要求过高且不必要。因此，他决不在服务效率、工作量方面增加对员工的压力，以维系部下对他们的拥护。

(1，9) 型经理的基本假设是，如果他能体谅部下，他会获得部下的忠诚，而由于忠诚感的影响，下属自会完成他们分内的工作。因此，他们觉得不必过于关心下属的责任及可靠性；心情愉快的员工，即使不加压力，一样会保证服务效率、服务质量，完成工作量。

(9，1) 型管理作风：任务型管理

这类作风显示于管理格矩图的右下角，其特色是，不关心员工，只要求高服务生产量。

(9，1) 型的经理假设人的需求必定与组织的需求相冲突。既然不可能两者兼得，个人只能服从组织需求。个人的创意、冲突及承诺感都不被重视，整个焦点在于工作组织。

(9，1) 型经理做各种规划，部下们则奉命行事。这背后的假设是：上级永远是对的，部下就是部下，能力智力永远不及上级。由于员工自心底不喜欢工作，因此，如果要完成组织任务，组织的上下层级必须强化，要将外在的规定、指导及控制制度施加于员工。

(5，5) 型的管理作风：中庸管理

(5,5) 型管理作风的经理,对员工及服务效率、工作量都表现出同等的关切。

(5，5) 型经理也和 (9，1) 或 (1，9) 型经理一样，假设组织的需求与员工的需求是相互冲突的。不过，他解决冲突的方法却不相同。(1，9) 型经理在员工方面谋求问题的解决，(9，1) 型经理全心注意工作量，而 (5，5) 型经理却在“不可避免的”组织与员工的冲突之间寻求折中妥协的途径。他认为重实际的员工们会了解这些，也只有这样，工作才能完成，又假设对工作的需求及个人的需求给予妥协及适当的重视，可以令员工多少满意于现状。这类管理作风的基本努力目标在于寻求一个中庸之道，以保持两方面的平衡。

因此,在做法上,不是采取(9,1)型严厉的权威命令,而采取请求和推销方式。一般而言,(5,5)型作风的经理在强调规定规章上是坚定而公正的。

(9,9)型的管理作风:团队管理

(9,9)型的管理作风位于管理格矩图的右上角。

这种作风背后的假设,不同于主张组织与员工需求必然冲突的其他管理作风。

相反(9,9)型的经理相信组织与成员的需求,可以经由员工参与决策的方式来达成统一。

因此,(9,9)型经理的目标是发展密切合作的团队。使之能同时达成服务效率、质量及员工士气的提高。

(9,9)型经理不同于(1,1)型经理的退缩,或(9,1)型经理的过分强调工作,或(1,9)型的过分关切员工,或(5,5)型的谋求妥协。(9,9)型经理认为:只有在能满足员工高层次需求的环境里,才能实现最好的服务效果。身份、地位和权力对服务质量影响力不大,而个人的贡献和成就感才是个人动机与组织绩效的关键。

这种管理作风下,注重员工的"参与",指让员工多思考,发挥影响力,因而积极支持工作计划,而非只是顺从或抗拒。这就是说,必须有良好的对话——各层级应提供实际资料及统计数字,信息共享,以便让员工了解情况,从事组织讨论,达成决议。

"良好的对话"的意义,在于自我指导与自我控制,而不要盲目的服从。只有对主要的组织问题作一番讨论、辩论和深思熟虑,并共同认识了健全的组织目标,才能真正了解组织的经营状况、工作方向,并产生步调一致的努力和对工作的承诺。

饭店管理格矩法实施(1):管理格矩专题讨论会

1. 由饭店管理层组织并参与管理格矩专题讲座。然后,与会者回到各自的部门,训练下一层经理。

2. 部门的管理格矩专题讨论会应在饭店内进行,为期一周,情形与上级饭店经理们所参加的相似。

3. 讨论会由一些小组来参加。每组5~10人,理想的情形是由各部门或组织中不同层级的代表组成。

4. 利用问卷、测验工具,以理论与实际结合的方式来进行为期一周的专题讨论。

5. 讨论会中采用多种问卷,问题涉及管理者的决策、信心、冲突、性格、幽默感、努力等方面。问卷答案要公布,以便个人了解自己的管理风格。

6．每个小组专门讨论一项或几项目标。

7．在形成实现目标的解决方案后，要对照总目标来衡量。

8．横向对比，检查工作效能。

由于评分工作是在一连串的全体会议中进行，每小组不但能参照标准比较自身的工作效能，还会有机会与其他小组的效能作一比较。

全体会议后，每一小组各自检讨其处理问题的方法，发现应消除的阻力所在，以便下次作业时谋求改善。

这种自我学习的方法，在了解小组的行动及谋求将来改进的方法上，极为重要。

此阶段是一个循环的过程：首先成立小组，研究具体问题，自行评分；而后就某特定标准和其他小组的表现，作自我对照检查；然后，要进行自我分析；最后是对新问题进行整理。

饭店管理格矩法实施（2）：团队合作发展

1．经理学习团队合作的内容，分为对上级的团队合作与对部属的团队合作两个方面。

2．建设团队的活动，通常选择在工作以外的环境中进行比较好，这样，团队成员方可在毫无干扰的情形下学习团队合作。

3．团队的建立始于高级经理层级——总经理与行政管理者，或总经理与各部门经理。

4．饭店顾问在场做协调工作。

5．每个人立足团队立场完成一系列的选择测试题，而后，每一队再选出每个测试题的答案。

6．以专家的标准解答为准进行评分。之后，饭店顾问再与大家一起讨论。

7．每队成员要找出工作改进目标及需要克服的障碍。

饭店管理格矩法实施（3）：团队间关系的发展

单是发展“上级—部下”的团队或特殊小组仍然不够。

饭店中有不同的部门、岗位，各有所司，目标不同，若要达到饭店最佳状态，各部门和岗位必须密切合作。

改进团队之间的关系有下列四个步骤：

1．接受课程训练之前，每个参加者要先准备一份书面报告，说明与理想关系相比较之下的实际工作关系。

2．各组分开，独处几日，静静思考对实际工作关系与理想工作关系的看法。

3．两组会面，每组的代表阐述己方意见。

4．两组共同研究如何改善双方的关系。

当两组都清楚地了解双方将采取何种行动及如何跟进时，此一行动阶段即告完成。

饭店管理格矩法实施（4）：确定最佳的组织状态

在本阶段中，最高经理要从六个方面来研究如何达到组织最佳状态：

1．明确饭店财务（或销售）目标的最低与最高标准。

2．确定饭店活动的性质。

3．说明市场及客源的性质与范围。

4．完善饭店组织结构，使各项作业互相配合，达成最佳效果。

5．完善饭店决策的基本政策。

6．制订一些促进成长，避免饭店成员落伍的具体方案。

对上述问题的解答，要遵循三项有益的指导原则：

1．应该利用最新的科学与技术方面的知识。

2．不可违反法律法规，要密切注意政府出台的政令法规。

3．饭店经营业绩的最终衡量标准，应是利润。而对二线行政部门则应开发其他的衡量标准。

最后，让饭店较低层级的员工了解改进组织状态的方式，并听取他们的批评、意见和建议。然后，有必要的话，再对改进方式作修正。

饭店管理格矩法实施（5）：实施理想的策略模式

假如前面四个阶段已圆满地完成了，则实际施行组织改进时的许多阻碍都已消除：经理们对管理格矩理论有相当程度的理解，对话上的困难已被解决。

因此，实施理想的策略模式，只是记住某些要点即可。

1．饭店的性质和其市场环境，决定了理想饭店策略模式内的业务范围。

2．确认出一些应加重新组合的部门，如成本中心或利润中心。这些部门固然要保持其作业能力，但应该尽量缩小编制。

除了规模极小的饭店外，多数饭店的复杂性使上述部门不可或缺。

3．在饭店管理集团中，每一独立性部门，都应有政策小组。

政策小组依照饭店的理想策略模式，来准备和检查该饭店或本部门作业情况。

4．由于某些部门业务不可能完全独立，故饭店需建立一个总管部门。该部门至少要有能力去开发主管人才、投资资金及提供整个饭店一些比基层岗位所能提供的更廉价或更有效的服务。

5．政策小组的协调者与饭店策略执行者，须确保饭店上下都清楚地了解实施的策略，这样，才可维持改革的热忱，并将实施理想策略模式的阻力降至最低。

饭店管理格矩法实施（6）：体系化评估

达到理想饭店组织最佳状态的最后一个阶段，是有体系地评估前几个阶段的进展与成果。此评估，还应包含对饭店未来活动的成体系的规划。

评估主要有三种方式：

1．正式评估

在最初内部的管理格矩专题讨论会训练活动阶段，即可应用此类评估方式。

2．自然评估

在业务运转或决策过程中，对产生的问题进行评估。

3．有体系的评估

成体系的评估将使用较多的直接衡量与考核的手段。

评估的范围，包括个人的行为、团队合作、饭店战略、组织文化等。

被调查者首先要回忆在推行管理格矩训练之前的组织状况，比较原组织状况与现今的组织状况。然后，由他们来推测未来一两年内饭店组织应如何发展才可达到理想的状态。由过去、现在、未来的对比分析，饭店顾问可以判断出饭店组织向“最佳状态”迈进的程度。

五、团队状态考察

饭店发展是团队的事

饭店工作的性质决定了其对团队精神的极端依赖。几乎没有哪项业务不是靠团队合作来完成的。团队，既可以是某个部门，也可以是全店；既可以是常设机构，也可以是临时的建制。就总体而言，此处所指的是饭店整体。

不佳团队的征兆

当一个饭店团队运行不佳时，会有以下五种征兆：

1．服务效率降低。

2．参与意愿降低。

3．分工不明确。

4．缺乏创新意愿。

5．成员间彼此产生敌意。

建设团队的目的，就是解决这些问题，实现以下两个组织管理效果——

1．依靠多数人的力量与智慧，集思广益，群策群力。

2．使得每一位成员都能获得其个人的满足与适宜的激励。

在一个未经训练的饭店高级管理者领导之下，团队建设往往会出现这样的局面：为了让参与者人人都能接受最后的决策，决策变成了一种“妥协”，因而降低了决策的质量。

因此，如何建设团队，并使之有效运行，就大有可研究之处。

饭店人才是团队建设的“主人”

建设团队，简单地说，就是通过种种活动，提高团队解决问题的能力，并且使每一位成员的潜力得到最充分的发挥。

建设团队的工作会议，主持者应该是饭店的主管经理，而非外界的饭店顾问。因此，在开始建设团队时，饭店顾问即应与饭店主管经理密切对话，以确定自己的参与程度。

其实，第一次与第二次建设团队会议的策划与执行，有时也可以由饭店主管经理自行处理，而不必假手外人。

但委托饭店顾问来做这件事的好处，是顾问具有较丰富的经验，处理技巧可能更圆熟。但最终解决问题的，一定是饭店人自己，也就是说，饭店人才是团队建设的“主人”。

建设团队究竟是否需要外界的饭店顾问，饭店业主应考虑下列五项因素：

1．问题的性质是什么？

2．饭店主管经理对尝试新的领导作风的意愿如何？

3．饭店主管经理对建设团队做法的了解程度怎样？

4．饭店成员间坦诚开放的程度如何？

5．饭店主管经理本身是否就是一个影响饭店有效运行的障碍？

只有这些问题都确定了答案之后，“自诊”或是“寻医就诊”的决策才有依据。但即便“寻医就诊”，团队建设的“主人”仍是饭店人自己，而非饭店顾问。

如何组织建设团队的会议

1．资料准备

在饭店高层管理者的支持下，我们先以访谈或问卷的方式，收集与组织发展有关的资料。这些资料的范围，随着此次建设团队会议的目的、组织以及成员的特性而定。通常，包括领导方式、领导行为、饭店目标、团队运行障碍，以及其他与工作有关的技术性问题等。

资料收集完毕后，即可召开正式的建设团队会议。

2. 会议组织

(1) 会议时间可由一天半至一周，视所讨论事项的多寡而定。

(2) 会议地点最好选择在平日办公场所之外，一方面可以减轻参与者心理上的压力，另一方面也可以避免例行性工作对会议的干扰。

(3) 饭店顾问需将所收集的资料，依据不同的性质，分门别类地归纳出讨论主题，请与会者提出讨论主题的先后顺序，并据此拟定出会议议程。

饭店顾问在此时可以采取一个旁观者的态度，仅仅将他所观察到的团队行为向大家反馈；也可以扮演更积极的角色，协助与会者决定他们的议程。下面，详细来探讨。

饭店顾问在会议中的三种角色定位

在建设团队会议中，饭店顾问可以扮演三种不同的角色：

1. 主持人

仅在程序上协助大家确认与诊断本部门的问题。

2. 点评人

在适当的时候，顾问对参与者提供更进一步的指导。

3. 指导教师

扮演更具体的教师角色，向团队成员正式地解说有关团队驱动力、领导方法以及冲突解决等观念。这个角色虽然看起来可以让饭店顾问发挥更大的作用，但在建设团队的过程中，却应该尽量避免这种做法，因为建设团队的主要目的，是提高团队学习和培养其自我诊断以及解决自身问题的能力，饭店顾问参与过多，反倒有碍于这个团队建设的主要目的。

建设团队模式选择不可一概而论

每种建设团队的方法都不是万能的，都有其适用的范围。

当饭店所面临的是组织架构方面的问题时，情况将完全不同于部门间的摩擦，或仅为两个人之间的冲突。因组织状态不同，建设团队的模式也有差异。这里重点介绍四种模式。

1. 目标模式

特别强调关于饭店团队目标的认同，并借此影响团队中个人和集体的行为。

在做法上，首先是让饭店成员充分参与团队目标的拟定，对组织产生更主动的承诺感。比如，由饭店成员集体探讨团队的目标：

- 之前是哪些？
- 究竟应该是哪些？
- 应该做哪些增减？

● 它们彼此间的优先顺序如何？

同时，在发展出一套新的团队目标后，有时尚需拟订一套推动的计划，来确保饭店目标的执行与完成。

2．人际模式

如果团队中的人际关系良好，则必能较为顺畅地达成目标。这是此模式的基本假设。因此，人际模式注重的是提高员工彼此的信任感、信心、支持以及倡导不带有人格判断的有效对话等，并相信在这些因素获得改善后，团队便能更顺利地解决问题，有效决策。

此模式不强调激励，也并没有将人际关系本身列为一个组织发展目标。它所做的，在于创造一种团队工作气氛，使得大家能在这种气氛下，很自然地面对彼此间的冲突，并且坦诚地交换意见。

在进行这类培训时，通常是以室内培训为主，由饭店人员演练团队决策情境，饭店顾问（培训者）指出此间的人际关系因素，说明这些因素是如何影响团队决策的。通过演练与点评，使接受培训的人体验人际因素的作用，进而调整自己的行为。

3．角色模式

通常以会议的方式，让大家面对面地澄清彼此的工作角色。跟职位角色定位方式相近，只是范围更广。

有时，这种会议所讨论的范围，也可以涵盖领导方式、权力关系、与其他团队的关系等事项。目前，大部分培训公司都能提供这方面的服务。

4．管理格矩模式

管理格矩模式中的团队管理，既高度关注服务效率，又充分关注人的满意度，是比较理想的团队发展模式。

影响饭店团队建立成败的九大因素

1．团队支持与否

饭店团队领导者及其上级是否全力支持，全体成员是否热心参与，都会影响到建设团队行动的成败。

通常，在建设团队的过程中，需要饭店顾问来指导，就是希望有一位经验丰富的人，能从客观而超然的立场，来引导整个改变过程，由此减少因“自己人”的个人因素可能带来的副作用。

2．有无愿望

和所有的饭店改革策略一样，建设团队工作的时机，要选择饭店组织成员已认识到潜在危机存在而易于“破冰”这样的时刻。因为在这种时候，大家的改革意愿与决心都比较强，高层管理者或是革新的策划人如果能善用危机，则改革成功的几率必然大增。

而饭店顾问（或训练者、辅导员）也要有充足的时间去收集资料，了解饭店，以便设计出更适合本饭店建设团队的培训模式。

3．决策主动性强弱

如果团队在改革决策上的主动成分较大，则建设团队的效果也就比较明显。

决策上的主动性，是指团队成员有充分自由，来自行判断各种改革的可能性，同时，也能很清晰地了解外在市场环境，包括本团队的服务对象、更高层次的目标、其他协作部门等，所加给饭店的限制。

当团队能自由判断选择，而且对各种限制条件又能了解时，整个建设团队的行动，就会变得更符合实际，且更易于成功。

4．能否对症下药

建设团队，没有哪种办法是包治百病的妙药仙丹，成功与否，全在于能否对症下药。

5．主管经理的准备充分与否

团队的主管经理自认为很了解建设团队的意义与推行方法，因而，在仓促中着手建设团队的工作，如此则很可能因基础工作缺乏充分的准备，而归于虎头蛇尾。

6．主管经理的目的很关键

团队会议应以团队发展为目的，如果主管经理企图利用建设团队，来达到自己或上级经理的个人目的，情况将完全不同。比如，有些在建设团队以后进行的人事调整，事实上，在会议开始以前，主管经理早已“成竹在胸”了。这将使团队建设会议失去意义。

7．员工有无安全感

成员的安全感普遍偏低，使得大家无法或不敢公开谈论与解决团队中隐藏的深层问题，则团队建设无法成功。

8．是否在逃避责任

一遇到棘手的问题，就推给团队来解决，而管理人员则逃避职责，置身事外。如果有这样的想法，则这个团队建设会议必败。

9．饭店顾问与饭店目标是否一致

主持建设团队的饭店顾问或辅导员在行动目标上，与饭店团队成员应高度一致。但有些时候，饭店顾问总想超越与工作直接有关的事项，而要更深入地“谈论”人际关系的问题，而团队成员却不想触及这些敏感的方面，这样一来，在后者中就会产一种抗拒感，并因而降低了会议整体的效果。

如何组织团队诊断会议

团队诊断会议的主要目的，在于发掘该饭店团队中存在的普遍性问题，以便日后制订矫正行动方案。

1. 预备会议

在这种会议中，成员可以由探讨饭店团队绩效或服务效率开始，以探讨未来的改进行动，具体步骤应包括以下六点：

(1) 饭店团队的主管经理，可以先和一位饭店顾问交换意见。

(2) 如果双方都认为建设团队是一种合适的革新途径，该主管经理就可以进一步征询全体成员的意见，并向他们简要说明建设团队的概念。

(3) 如果成员反应良好，主管经理便可以要求他们在诊断会议召开以前，先深入思考本部门存在的问题，以及这些问题对整体绩效所造成的影响。

(4) 与会成员要思考如何改进本部门的工作与部门间的工作关系及不同部门间的工作关系。

(5) 饭店顾问可以与若干成员交谈，以初步了解问题性质，也可以就他们所提出的问题交换意见。

在上述工作完成后，即可进入正式的诊断会议。

2. 诊断会议技巧

会议时间可由半天到一天不等。

在会议中交换意见的方式有两种：

(1) 全体开会。每位与会者轮流向大家陈述他对饭店所存在问题的看法。

(2) 分组讨论。每组五六个人，组内深入讨论后形成结论，各组再交流意见。

3. 诊断会议结束

当所有的看法都充分表达、交换并且确定以后，饭店顾问即可以辅导大家，将各种问题，依它们的性质加以分类。例如，饭店计划问题、协调问题、权责划分问题、人际关系问题等。

接着，大家开始针对每一个问题，拟订具体的行动计划。至于具体的行动，则在将来才正式进行。

为了确保行动方案的执行及得到及时的反馈与修正，通常仅一次诊断会议是不够的，必须要有一系列的会议，才能真正达到建设团队的目的。

也唯有这样，才能使这次饭店发展行动，产生长久性的效果。

这种建设团队的方式，优点是可以让大家了解本饭店的长处、弱点以及平日不太被注意的问题领域。当然，如前所述，饭店成员间的合作程度，是这个会议成功的先决条件。

第四章

饭店开业咨询指要

一、饭店开业顾问的视野

二、饭店规划与开业

一、饭店开业顾问的视野

为何要对硬件把脉

在了解了饭店管理咨询的一般常识，确定了饭店顾问的角色之后，我们将进入咨询的实际操作阶段。

当然，管理咨询的对象应是“既有对象”，就是饭店及其相关“硬件”已经存在。然而，很多时候，问题就出在“硬件”上，所以，我们必须将关于饭店“硬件”问题的咨询，纳入管理对象。这个观点来源于对以下四个问题的推演：

1．谁来操练管理咨询业务？

饭店管理者和饭店顾问共同来操练。专职的饭店顾问，尤其要承担起这个责任。

2．饭店为什么需要管理咨询服务？

是出于饭店生存、发展的需要。

3．是什么在决定着饭店的生存与发展？

客人选择饭店的需求。

4．客人选择饭店的需求，有着怎样的规律？

根据我们的调查，客人选择饭店的需求，可以统归为六类。

占据第一位的，是“硬件投入”。客人首先“看”中这个，因为它是客人能够“看”到的。客人对硬件的需求，应该引起饭店顾问的高度重视。硬件诊断是本书要探讨的要点之一。

占第二位的，是“人力资源”状况，包括组织架构、沟通、管理等等。这个要素与“硬件条件”相辅相成，客人虽然“看”不到，但却能清晰“感受”得到。为此，本书将用相当大的篇幅来研究这个问题。

占第三位的，是“市场企划”能力。第四位的，是“营销拓展”能力。这两点合并起来，就是“市场营销”能力，是关于形象、定位、品位的“宣示”，是通过一种特别的“表演”或“展示”，让客人从“远处”就能“看”到、“听”到本饭店的推介能力。

这是一个更大的主题。

占第五位的，是“服务质量”问题，就是通过饭店每一位员工的具体行动，将“市场营销”过程中让客人从“远处”所“看”到、“听”到的东西，切实地“得到”。

这也是一个特大的主题。

占第六位的，是“提升绩效”。提升绩效，对饭店经营管理者而言是一个必要的结果，对客人来说则是一个消费“体验”的过程，他们能够感受到“旺铺”与“冷铺”的不同，并愿意到“旺铺”去。这是因为“旺铺”员工的精神状态、硬件维护保养状况、市场形象等等，更能保证客人会有愉快的“体验”。

硬件：饭店成功的第一要素

原来，客人选择饭店，饭店硬件是第一要素。

就是说，尽管饭店运营的本质在于“人的经营”，但这种经营的载体，却是饭店的实体设施。饭店顾问没有甚或缺乏对这个问题的明确认识，将使咨询工作误入歧途。

如果饭店经营者也没有“硬件第一”的意识，则饭店经营必将事倍功半。

十年前曾经流行过一个口号，叫做“三星价格，四星硬件，五星服务”，其实是自欺欺人，走了弯路。为什么？因为客人选择饭店，首先考虑的是饭店硬件，硬件永远是饭店成功的第一要素，不是第二，更不是第三。

斯坦特勒的名言“饭店成功的第一要素是地点，第二要素是地点，第三要素是地点”，也是建立在硬件基础之上的。

换言之，硬件与经营软件相比，一个是本，一个是末。这个基础搞不牢靠，将影响一切管理，包括管理咨询工作。

这里，我们将围绕旅游饭店星级评定标准对硬件基本结构及其合理组合原则进行探讨，以资饭店顾问在实施咨询时，有全面的把握。

三个支点：饭店融入“区域共同体”

与政府大楼、大会堂、体育馆、图书馆等公共设施不同，源于市场需求的饭店属于商业设施，所以，其从设计、规划到建设、运营都必须建立在“区域市场”及“区域社会”基础之上。

换言之，通过饭店设计所展示的，不单是饭店这个商业设施本身，还必须有其“区域共同体”的社会、文化特征，即其本身必须成为一个有着强烈地方色彩的“小社会”。不了解这一点，饭店管理咨询工作将发生问题。

那么，在硬件诊断中，饭店“小社会”的特征是否体现充分，主要看饭店的三个功能是否齐备。

1. 饭店住宿功能

这是确保饭店赢利的关键功能，因此，一切设计都要围绕这个中心展开。但是，大部分设计单位不能完全理解这一点（可能也不需要），这就需要饭店顾问协助饭店业主与设计单位反复探讨设计方案的合理性，以确保客房区域划分合理、客房类型设计得当，实现客房收益的最大化。

2. 饭店信息中心功能

饭店信息中心功能分狭义的和广义的两部分。狭义的信息功能，是指饭店的商务中心设施、各种会议设施、展示设施、饭店形象宣传等所发挥的信息传播作用，吸引客人在第一时间选择本饭店。广义的信息功能，是指饭店是客人的信息中心。通过服装、服饰、装修、装潢、态度、语言、艺术品、菜肴、床铺等一切细节，饭店都在传达着让人轻松愉悦的信息。这样的功能，使饭店成为"区域共同体"的中心之一。

3. 饭店社交中心功能

餐厅、宴会厅、酒吧、酒廊、会议室、健身房、游泳池等设施，具有独特的社交中心功能。饭店要确保客人在这里能获得安全、舒适、有品位的"社交服务"。

如上三者功能合一，饭店将是"区域社会"的焦点。反过来，如果没有这三者的和谐，则饭店只能是专家眼中的"饭店"，而不是"区域共同体"的中心。

复合性：饭店不仅是住店客人的饭店

如果我们仅将饭店定位为"来店消费"或"住店客人"的饭店，那么，我们的视野将非常狭窄。换言之，我们的管理咨询，必须致力于创造一个更加开放、为普通的外来客人所利用的"区域共同体"的共同空间。"区域共同体"，即饭店设施将不限于饭店内，还必须包括与饭店外"50 米生活区"、"100 米生活区"、"500 米生活区"、"1000 米生活区"内设施规划结合、共用。

一念之差，整个饭店的设计方向甚至标准，都将改变。

无论规模大小，饭店功能的"复合性"越来越凸显。

这是一个焦点。因为饭店的购物中心、健身房、写字间等设施的功能日趋多样化。

饭店是城市建设的一个"点"，与城市这个"面"相结合，将能为饭店创造出相对稳定的收入，进而产生乘数效应，成为城市之中的"区域共同体"的典范，以增强饭店的公共性，提高饭店的美誉度，从而获得稳定的客源，并进一步开发客人的需求。

"饭店地产"开发的概念，就是由这种"复合性"催生的。

总之，我谓"复合性"，就是要从管理角度，将饭店设计从"消费功能主义"模式转向"区域共同体"中心功能的新模式。对饭店顾问而言，则要考虑饭店与城市的内在关联性。因为只有当饭店立足的地块特征与其建筑功能巧妙地结合起来，并产生出乘数效应时，它作为饭店的作用才可能完全发挥。这就要求饭店顾问必须在硬件设计里，加入这个城市的社会性、经济性、历史性等诸种思考，以铸就一个饭店的灵魂。

饭店硬件的可经营能力

首先，饭店的地块条件（主要是地理位置）很重要，因为它在未来的经营效果上，将至少发挥50%的作用，甚至更多。很多时候，竞争胜负的关键，可能就在于此。

其次，是建筑物的结构、利用率、平面设计的合理性、工程费用等问题。这些，将在竞争中占有30%的比重。

地块特点与建筑风格结合所产生的乘数效应，加上服务品质和营业活力两项因素，就将创造出100%，甚至更多的饭店产业效果。而对营业活力的预测，可以从以下七点加以把握：

1．本区域接待客人的能力，即客人对住宿的需求与当地能提供的客房量之间的供需状况。

2．本区域的产业结构。它将深刻地影响客源的质与量。

3．本区域物价指数与一般消费特征。

4．本区域的劳动力状况。

5．本区域的饭店竞争状况。

6．本饭店各营业口的需求预测结果，如客房、餐厅、宴会厅等的经营面积、可利用条件、细分市场前景、主要客源的消费习惯等。

7．客用交通设施的现状与趋势。

二、饭店规划与开业

饭店成功的四个先决条件

1．优良的资本

雄厚的资金当然非常必要，但优良的资本则意味着资金背后的投资人或公司的宽容、睿智、雄心、联盟、信用。

2．优秀的管理

指的是一个管理体系，包括连锁优势、经验、优秀的人才、规范的服务流程、管理制度，以及非常合适的企业文化。

3．良好的产品设计

每一个产品的设计都精益求精，并确保绝对“能用”、“好用”、“有用”，且有一定的风格、品位、独特性。

4．优质的地理位置条件

指的是饭店地点优势：地点，地点，还是地点。

当然，很少有饭店能做到四点都齐全的，故此更需要作饭店规划，也更需要饭店顾问的咨询诊断。

饭店规划、建设到开业的五大步骤

对饭店顾问而言，饭店规划，是一项取长补短的工程，是通过规划，使一个并不十全十美的饭店建设，尽量达到或接近上边的“四个先决条件”的过程。

它也应该是饭店规划的目标。这个目标，包括三个大的阶段，即初步规划阶段、规划调研阶段、规划实施阶段，并按五大步骤紧密推进：

1．组建开发团队。

2．规划调研。

3．基本规划。

4．规划的实施。

5．试营业。

以下，就这五大步骤中的一些关键点，分别说明。

组建开发团队

开发团队至少应包括四方面力量：

1．饭店业主。

2．运营商。具有饭店经营资格的个人（团队）或企业，如饭店管理集团、饭店管理专业团队或组织等。

3．管理者。负责饭店日常运作管理的专业人士。

4．饭店设计者。可以是专业的设计公司或工作室，也可以是个人。

这四方面缺乏任何一方，作为开发团队都将是不完全的，也必然为后续工作留下诸多隐患。

市场调研

通过对市场背景资料的收集，重点把握未来区域规划的走向、市场客源状况、项目区位优劣势的综合评价等，至少应包括：

1．目标市场的支付能力如何？

2．客房住宿市场锁定怎样的客源层次？

3．区域游客的流动线路如何？

4．当地住宿客人的需求是什么？

5．他们的消费能力怎样？

6．宴会市场调查结果如何？

7．区域居民外出用餐习惯怎样？消费能力如何？

8．同业竞争状况如何？

9．区域市场的特点是什么？

10．区域未来的开发建设规划怎样？

……

经营策略调研

在市场调研的基础上，收集外部和内部的政策信息，制定未来的经营方针，具体包括：

1．经营模式。

2．投资总额。

3．回收期间。

4．饭店档次（星级）。

5．目标市场客源及其层次。

饭店环境评估、基本条件设定与预算

在市场调研与定位、确定运营政策的基础上，对周边环境、既有条件、地理状况等细节进行调研，如：

1．地理位置。

2．交通状况。

3．社会环境、劳动就业动态、地方文化等。

4．经营环境。

5．建筑用地的条件：地质条件、坡道及其红线限制、日照与光影、容积率、相关法规、气候状况、各种法定手续等。

……

再对既定的客源、政府、业主、员工四方需求做出预测与分析，确定饭店规模与产品构成，如：

6．饭店建筑物的外观设计如何？

7．饭店结构的设想如何？

8．设施规模多大？

9．客房规模、客房数、接待能力怎样？

10．餐饮规模如何？

11．最大建筑面积是多少？

12．有没有制作监理合同？

……

再后，是进行第一次投资回报分析：

13．根据标准数值进行一般性测算。

14．设定最大投资额。

15．作初步预算。

……

经由以上工作，充分检讨该项目成立的可行性。如果开发团队无法达成共识，则应回到调研阶段，重新规划。

饭店主要功能规划的九个要点

1．饭店建筑的外观形象与设计理念。

2．客房档次。客房是饭店的核心产品，它不过关，一切都将受影响。

3．硬件档次。因为硬件配置本身就反映出投资商或运营商乃至经营管理者的态度。此外，规范、流程等的设计也与此紧密相关，它们也一样构成了对消费者的基本态度。

4．设施规模，如层数、面积等。

5．楼层面积。

6．客房种类及其组合。

7．单位客房面积。

8．附属设施的规模、种类及其组合。

9．各功能区的划分及其面积比例。

结合以上九项具体规划，重新评估预算案，探讨既定方针的可行性，并落实投资规模。

如果在第一次预算评估中发现“不合适”的状况，应当机立断调整主要功能规划，以避免后续工作出现被动。

运营规划九要点

1．组织架构，定岗定编。

2．各级员工录用标准。

3．员工分配计划。

4．培训计划。

5．服务流程设计。

6．业务委托（对外承包）范围。

7．经营业务管理体系。

8．行政管理体系。

9．菜单设计。

基本设计图

1．平面、立面、标高图，明确人、车、货、垃圾四项流线的安排，主体结构框架、机械动力系统配置、水电系统设计、消防系统设计，施工计划等等。

2．以保障主要经营部门工作效率为出发点，落实规划，如办公室位置、距离，是否因为流线太长而影响效率，或是否相邻部门配置不合理，等等。

3．标准客房模型设计，包括平立面、家具与设施等详细配置。

4．确定客房、公共区域、管理区域面积的分配。

5．确定总台的位置。

6．样板客房的细节推敲。

7．内装修、外装修设计要点的推敲。要注意装修材料的选择。不可过分相信电脑效果图，而要通过实地放样或制作样板间，来看实际效果。

8．后台部门的空间规划，特别是货品、垃圾进出通道设计。

9．员工工作区规划，重点落实消防设施安置等，并进行分区成本匡算。

产品规划要与饭店的基本设计思路吻合

产品规划和饭店基本设计要充分吻合才有意义。

产品规划包括硬件、软件两部分。硬件部分要解决内部功能区域配置的问题，如餐厅、客房、洗衣房等；软件部分则要解决收支平衡点、运营模式等问题。

饭店基本设计的工作，首先还不是单纯的图纸作业，而是充分消化产品规划的意图，反复分析、评估其可行性之后，才着手绘图。

出图之后，还要再回到会议桌前，重新研讨、判定饭店产品规划的最终可行性，即判定产品规划与饭店设计两个环节是否完全契合。

如果发生不契合的情况，即内部功能、市场定位与投资回报预算三者不能取得平衡时，则应返回软件、硬件规划的阶段，进行调整。

如果问题集中在收支不平上时，则应返回市场调研阶段，重新进行运营方针、政策的调整。

如此反复，直至饭店基本设计图获得通过。

然后，完善水、电、照明等专业设计，出图。

进行装修设计，出图。

正式设计图及其相关手续

1．设计概要与文件列表。

2．平面、立面、剖面设计图。

3．建筑物各分区详图。

4．结构图与造价单。

5．水电、空调、网络、电梯、卫生、厨房设备等各专业设计图。

6．客房装修、家具、备品、灯具、艺术摆件或挂件等专业设计图。

7．大堂、通道、餐厅、宴会厅、会议室等各部专业灯具、用品用具、装饰品（艺术摆件或挂件等）、厨房设施设备规划详图。

8．各类标志牌、看板设计图。

9．内外园林造景、墙体、停车场等区域设计图。

10．各设计者之间的思路沟通、进度协调、预算调整记录。

11．工程合同的准备、推敲及其施工方式立案。

12．与开工许可相关的各种手续。

13．与饭店建筑项目相关的许可。

14．与饭店营业相关的许可。

15．建筑期间的对外宣传、公示资料与图案。

工程合同的前前后后

1．详细评估施工预算。

2．征集施工承建方。

3．发标书。

4．审定施工资格，并核准施工方。

5．签订合同，并进行施工准备。

综合预算报告“四书”

初步预算案通过后，要整合成综合预算，包括：

1．投资计划书，包括建设费、设施设备费、开业费等等。

2．融资计划书。

3．收支平衡报告书，内含收入预测、住房率、房价、支出预测、费用率、成本率等。

4．经营指标分析书。

终审预算五要点

1．整体收支平衡的最后调整方案。

2．投资额的最后调整方案。

3．批准执行预算。

4．通过融资方案。

5．启动开业费用管理程序。

从规划实施到试营业的五个要点

1．在基本设计获得通过后，编制施工计划书，包括签署施工合同，进行开工申请等。

2．编制开业计划书，落实综合运营规划。

3．启动综合预算管理机制，围绕硬件、软件两个层面的规划，出台工程预算细案，并细化收支计划书等。

如果此阶段发现预计结果不理想者，则要对该设计进行再次研讨，或对经营设想作重新调整。

注意，如果设计过程中出现反复的成本是1元钱，那么，实施过程中需要返工的成本则可能达100元、1000元，甚至10 000元。

4．进入现场管理阶段。

首先，应吃透施工合同的所有细节。此间的要点有三个：确保施工资金的调度；各类作业批文的申请与审批，使项目的每一个步骤都合法；实施规范的工程监理。

其次，是局部乃至主体工程的验收与交工。

再次，是运营规划的全面推进。

5．交结于饭店的开业典礼，并开始试营业。

监理、启动饭店运营到竣工的六个流程

进入施工阶段之后的一个重要工作，是监理。此间，要编制施工监理计划书，并按计划实施工程监理。

同期，营运计划也开始实施，并具体做好以下四项工作：

1．组建营业部门。

2．开展工作。包括市场宣传企划、产品包装、广告设计、宣传单页、前期营销、预订房、订餐等。

3．招工与培训。

4．开业采购招标。

这四项工作要与竣工时间紧密衔接。

饭店竣工后的交工环节，应把握好两点：

1. 协助、配合政府职能部门（第三方）的检查、验收。

2. 内部检查、验收。

开业准备的六项基本计划

1. 开业促销计划

一般由市场企划及销售部牵头，前厅、客房、餐饮、财务等部门配合，市场委员会确定促销方案，总经理批准。

2. 员工培训计划

一般由培训及人力资源部牵头，各部门经理配合。

3. 开业采购计划

一般由采购及财务部牵头，各使用部门经理配合。

4. 经营运作规范

一般由各经营部门经理组织部门专业人员设计，市场委员会确定，总经理批准。

5. 行政事务处理规范

一般由总经理室、财务、人力资源等各行政部门经理组织设计，总经理办公会议通过，总经理批准。

6. 服务流程与岗位职责

各部门经理、岗位主管牵头，组织专业员工共同编制，并集体讨论通过。

开业准备的八件大事

1. 员工分配。
2. 服务操演训练。
3. 厨房设备试运行。
4. 家具、备品、装饰品进场并进行有效配置。
5. 试用及饭店综合设备微调。
6. 编制开业方案。
7. 与政府有关部门通力合作，确认相关手续。
8. 做好开办费的管理。

第五章

饭店硬件

一、饭店规模、面积与结构
二、大堂等公共区域规划
三、客房设计原则
四、餐饮设施设计
五、宴会厅设计
六、饭店其他设施的规划
七、服务保障区域规划
八、结构与设施设备的设置
九、饭店发展方向的把握

一、饭店规模、面积与结构

饭店规模与分区面积比例

在认真研究潜在的、现实的两种需求之后，我们便可以决定饭店建筑的规模了。

饭店规模的核心是客房数。中等城市饭店的客房数，有50间、100间、200间、300间、500间、1000间、2000间等选择，大城市的则可以确定为300间、500间、1000间等。这也是目前国际上较普遍的客房数划分。

饭店规模的计算，就是以此为基础的。

每间客房面积的确定也需慎加考虑。将每间客房面积与客房数相乘，再加上约30%的客房附带面积，便是饭店客房区的面积。这30%的约数，指的是客房之外的公共空间及设备空间面积，如大堂、通道、洗手间、商场、健身房等公共部分面积。

它们加上宴会厅、餐厅等餐饮设施面积，再加上饭店后台空间，如从业人员休息与就餐的场所、设备管理室、办公室等后勤部门的面积，便是饭店总面积。

这里需要特别强调的是，客房区与餐饮设施区（含公共区域）之间面积比例的确定，因为它决定着未来有效经营的状况。

这个比例的确定，没有一个现成的标准，饭店顾问要结合饭店的地理条件、服务档次、经营方针、市场状况等因素，进行专项的可行性分析，以确定出收支平衡点。显然，收入比例也会因区域面积的不同而不同。在日本，城市饭店的营业收入比例大体为客房、餐饮、宴会各占1/3，对客房之外的期望值较大。美国则不然，一般是客房占1/2，其他部门占1/2。我国不同地区的状况千差万别，不少地方甚至出现餐饮收入超过客房收入的情况。

总之，饭店建筑是一个为客人提供空间与服务的设施。因此，任何专业的饭店顾问，包括设计师们，都必须搞清规模、性质、等级与客房、餐饮营业区域设计之间的关系，否则，设计将是失败的：要么中看不中用，要么中用不中看，都会影响经营成绩。

规划顾问，是现实的、潜在的需求的发现者，也必须成为需求的激发者与创造者。

地理条件与饭店性质

饭店建设对地理条件具有极强的依赖性。

比如，我们为饭店定性，是住宿中心型？餐饮中心型？还是购物中心型？都取决于地理条件。而这个性质的确定，又将直接影响饭店的主要收入来自哪个部门——根据这个部门占据的有效经营面积而定。比如设定客房收入与餐饮（含其他）收入之比为 3 ∶ 7、4 ∶ 6 或 5 ∶ 5，都是在围绕地理条件进行综合考察之后加以预测的。饭店的总体经营定位，也将由此决定。

地点靠近繁华街区且交通条件好、停车场充足者，可能住宿之外的其他收入会超过客房，因此，要强化餐饮、宴会、商场以及其他复合功能设施。多种多样的设施引进往往会产生乘数效应，收入会成倍地增加。

而在风景区或非繁华地段的饭店，则要追求住宿功能的赢利性，同时做好餐饮的配套，以寻求更合理的收支。

关注地理条件，除地段因素外，还要考虑周边的大型设施而引致的乘数效应。

营业面积与非营业面积

饭店客房区域的纯营业面积，就是指客人持有房间钥匙，住宿一日，可以自由使用的空间——客房。客房过道、电梯间及走廊、布草间、空调间、给水排水空间等都属于非营业面积。

其他部位，如餐厅、酒吧、宴会厅、会议室、结婚礼堂、美容室、商场等为营业面积，大堂、楼梯、厨房、洗涤、办公室、仓库、机械间等为非营业面积。

在进行实际设计时，营业面积比例保持在总面积的 50% 左右，较为妥当。不过，一些主题饭店，如会议饭店、娱乐饭店等另当别论。拥有停车场、室内游泳池等占地面积特别大的设施的饭店，也可另行考虑确定营业面积的比重。

客房区域面积

纯客房（包括浴室）的面积、数量的大小，要根据市场需求来确定。这个需求，可以通过常规的市场调查来判断，并不复杂。当然，还要参照区域市场的一般生活标准、饭店定性、市场定位、装修风格、总面积、投资及其回报预算等因素。

但纯客房面积的总和，应不低于饭店客房区面积（包括通道、楼梯、布草间等）总和的 65% ～ 70%。

比如，40m^2 的客房 300 间，则纯客房区面积为 12 000m^2，则纯客房面积应为 7800m^2 ～ 8400m^2。

不过，如果从景观和特殊地理条件上考虑，改为单面通道或其他非常规设计时，比例可有所突破，但总的原则仍然是要围绕经营效率展开，要中看，更要中用。

餐饮区域面积

餐饮服务是任何饭店都不可或缺的内容。饭店之所以为饭店，其最基本的功能就是为客人提供“吃”与“住”。宴会厅、婚礼礼堂、出租商场等，都是后来附加的“新时代产物”。

但今天，这些附加功能的赢利能力越来越强，内容也越来越丰富，从大众性的咖啡厅，到专门性很强的风味馆，从静吧到热闹的迪斯科舞厅，多种多样。于是，这又涉及到经营气氛营造与面积把握之间的平衡问题。

一般而言，从三星级到五星级乃至白金五星级饭店，如能确保餐饮设施之每席位均占 $1.5m^2 \sim 3.0m^2$（厨房面积等除外），将令客人舒适，感觉饭店有档次，而经营者对餐饮区域的安全保障也将更为有力，且在收支上比较平稳。

饭店咖啡厅是必要的，对其面积的需求，应根据饭店客房的规模来确定，一般以 150 ~ 200 席左右较容易体现档次和营造经营氛围，客人也会备感舒适在这个范围里最佳，饭店方也比较容易运营。

中、西餐高级（零点）餐厅，一般以 100 席左右为宜。这个规模，最适合饭店方的管理，也最适宜服务人员提供优质、高效服务。

在一般商务或旅游饭店，客房面积与餐厅面积在经营、服务上的关系非常紧密，但它们跟宴会厅的大小没有直接关联。会议或展览主题饭店相反，应充分考虑客房数、零点餐厅席位数、宴会厅席位数三者之间的关系。

当然，这些数字只供参考，不是唯一的标准。例如，大部分饭店宴会厅的设计都采取“多功能”模式，即可分可合，可大可小，以在承接市场活动中左右逢源。当然，这更是因为宴会厅利用者的目的越来越多样化。但一般而言，宴会厅每席均占 $1.6m^2 \sim 1.8m^2$（不含厨房、化妆室、音响控制室等辅助空间）为宜。

关于宴会厅与厨房等的比例，一般以 1 ∶ 1 为宜。很多城市都有由政府卫生防疫部门颁布的厨房设施标准，饭店顾问可以参考。

“其他营业空间”与“非营业空间”

“其他营业空间”，指饭店住宿、餐饮等主营业务之外的商场、健身中心、会议厅、婚礼设施、剧场、娱乐室、展览厅、画廊、运动设施、游泳池等空间。它们都是饭店的重要收入来源。

“非营业空间”，是指为保障饭店有效运营而规划出的用于准备工作的空间。比如，相对于餐厅的厨房，相对于客房的洗涤、布草间，以及诸如办公室、从业人员休息室、食堂、机械室等区域。

“非营业空间”其相对饭店总体面积的比例，可大体如下：

1．客用设施，如大堂、电梯、洗手间等　18% ~ 23%

2．客房管事、洗涤、布草间等　3% ~ 5%

3．厨房、采购、食品仓库、冷藏室等　4% ~ 7%

4．管理部门、办公室等　3% ~ 5%

5．员工食堂、休息室、更衣室等　3% ~ 5%

6．设备层、机械间、工作室、储水槽等　8% ~ 12%

当然，这些比例是以综合性的饭店为基准的，以客房为中心的饭店类型及以宴会为中心的饭店，可在此基础上作调整。

设施面积与经营收支的平衡模型（个案示例）

某饭店有300间客房，总使用面积24 000m²(不含停车场、户外运动设施等)，则其相关设施功能的空间分配如下：

1．营业空间

合计12 000m²，其中——

客房：28m²×300间，合计8400m²，占总营业面积的70%。

餐饮：餐厅3个，酒吧2个，合计1200m²，占总营业面积的10%。

宴会：宴会厅、多功能厅1500m²，约占总营业面积的13%。

其他：商场、健身房、游泳池等900m²，占总营业面积的7.5%。

2．非营业空间

合计12 000m²，其中——

大堂、通道、洗手间等4800m²，洗涤、布草、仓库等960m²，厨房、食品库、餐具间等1440m²，办公室、经理室、总机室1200m²，更衣室、员工食堂、休息室等2400m²，机械间、工作室、控制室等1200m²。

3．饭店日平均收入预测

客房：560元×300间×0.75（开房率）=126 000元，占总收入的36%。

零点：80元×600席×2.5（翻台率）=12 000元，占总收入的34%。

宴会：200元×880席×0.5（翻台率）=88 000元，占总收入的25%。

其他：20元×900m²=18 000元，占总收入的5%。

以上合计244 000元。

二、大堂等公共区域规划

饭店的“脸面”

大堂等公共空间，由大门至客房、餐厅，即使外部人也可以自由出入。它是饭店最早迎入和最后送出客人的重要空间，也是进出饭店的所有人士的起居聚散之核心地，所以，是饭店的“脸面”。

大堂的规模与风格，在《饭店星级评定标准》中有一些具体的数量描述，可以参考，而饭店顾问应把握的总原则，是保障大堂等公共空间与经营空间之间取得平衡，不至于让客人在进入大堂与客房时产生过大的心理反差。因为大堂绝非单纯的一通而过的场所，而是客人感觉气氛的场所，感觉饭店所提供的服务质量、安全管理状况的综合场所。所以，客人的满意将由此开始，他们的不满也将在此发泄。

饭店顾问，必须对此有清醒的认识！

大堂风格

饭店大堂风格千差万别，但主要功能不会改变。

对大堂的风格给出建议，应成为饭店顾问作公共区域规划的主要业务。

大堂，可以小一些，但线条、色彩、灯光、材质须表现出稳实；大堂也可以很大，但应给人一种拔地而起的震撼。有的大堂可以像是外部通道的延续，内外合一；有的则要注意隐蔽。

世界著名设计大师波特曼设计的饭店大堂，常常会给人留下广阔的空间感。其精神源流，在纽约的圣特拉尔斯饭店以及莱特大师设计的哥本哈根美术馆中都能看到。

同时，大堂还应让人感受到时代的脉动。日本帝国饭店（旧馆）的设计者是莱特大师，该饭店大堂采取了自然采光的方式，令人神清气爽。美国新奥尔良希尔顿饭店的大堂、洛杉矶的老办公楼等也如此，都跟城市功能的变化与社会思想“朝向”紧密关联。

未来的饭店大堂，应在追求现代式“拔然”与“豁朗”的同时，注重稳重、堂皇，因为那里将蕴涵着绵绵的气势，使整个空间，既令人心情愉悦，又不乏安全感，既体现出健康向上的格调，又能获得一种家庭居室的温馨。

与其他公共空间“联动”

大堂属于“客用非营业场所”，跟餐厅、宴会厅等营业场所的通道、休息区等共同构成公共空间，因此，如何充实这个空间的服务，将成为决定饭店服务品位、档次、质量的重要因素，要引起饭店顾问的高度重视。

在有限的空间中，我们可以在休息场所提供“软饮”服务，或设茶桌，还可以将宴会厅外的过堂设计为“小堂”，与宴会厅一道发挥作用。换言之，公共空间的设置，不应成为中看中不用的摆设。

大堂咖啡厅提供“音乐服务”也是常见的，或利用晚上较空闲的时间搞服装展示、表演等类的活动，也不失明智之举。

而且，这种考虑的现实意义，会越来越强。因为大堂等公共空间可以供客人自由出入,所以,有条件通过增设一些服务项目而使公共空间成为“信息中心”。

大堂的“基本功用”

无论我们怎样鼓励大堂设计中淋漓尽致地发挥创意，但对大堂基本功用的精益求精的算计，却不能有丝毫的忽略。

特别要注意团体客人行李集中放置的“临时场所”，必须与总体结构、气氛相称，不可给人以“收不拢”、“溢出”的感觉。

此外，行李流线，即行李房→行李梯→大堂之间，不宜出现台阶，以使行李车顺利通行。

大堂与客用电梯之间的人性化配合，既为客人创造一种受保护的安全感，同时，又不会令客人产生过分受监视的感受。当然，饭店顾问不可低估这条“路线”的价值，因为这条“路线”构成了饭店信息“中枢”，成为把握大堂人员进出，进而控制全饭店各种功能运作的“中枢”。

至于公共空间的其他设施，如伞架、寄存处等，一般都应考虑“地方特色”，而不必“一刀切”。

三、客房设计原则

客房的重要性

饭店本来的功能就是“住宿”，即提供客房服务为饭店存在的本源价值。这是饭店原来的“本分”所在。故此，如何使之商品化，即成为饭店业主与饭店顾问要考虑的最重要课题。

随着旅游活动的活跃，如“黄金周”自驾游、周末家庭休闲游、团体长途旅行、长时间度假游等。因不同的旅游动机、旅游类型，客人对饭店的需求也越来越多样化，由此使得饭店业主对客房设计的要求越来越高。

当然，我们不可以忽视饭店宴会、零点、酒水等诸方面的活跃与收入，但也不能忽略饭店“区域共同体”内的社会专门餐饮业的迅速发展。它们在规模、档次、专业度、经营灵活度方面形成强烈的竞争优势，加上政府税收管理政策的日趋完善，使得连同饭店餐厅在内餐饮业整体的利润空间，越来越有限。这个状况，反过来，更提高了饭店业主与经营管理者对客房的期望值。

客房设计的主导思想，也随之发生改变：从经济化的缩小客房面积、彻底效率化、合理化，到舒适化的大床、大浴室、家具充实、配置美观。

这个变化还在继续，但模式大抵不离“经济化”与“舒适化”的反复，是为根本。至于追求豪华的“奢侈化”，追求小利的“客栈式”等，难成主流。

客房面积变化的大体倾向

以日本、韩国、中国香港、中国台湾等地为主的亚洲饭店业的发展，大体经历了这样四个时期：

1．客栈、旅馆、官驿初创期。

2．豪华、贵族饭店发展期。

3．中、小型商旅饭店普及期。

4．豪华商旅以至“经济型”饭店的多样化发展期。

第一与第二个时期，单人间平均面积为$15m^2 \sim 25m^2$，双人间为$20m^2 \sim 40m^2$。进入第三个时期，客房面积更加缩小，利用空间更加追求合理化，单人间为$10m^2 \sim 15m^2$，双人间为$13m^2 \sim 20m^2$。第四个时期的单人间为$13m^2 \sim 20m^2$，双人间为$20m^2 \sim 30m^2$，渐渐呈现出向第一、第二个时期接近的倾向。

我国大陆饭店业发展迅速，未免浮躁，早期与上述规律相近。进入21世纪以来，总体趋势开始追求“大房间”：“经济型”饭店的客房面积一般不低于$20m^2$，“豪华型”饭店客房面积更超过$45m^2$。当然，作为饭店顾问，不能简单跟风，而要理性、综合地分析饭店的地理条件、定位定性、等级、档次、市场需求等，来确定饭店客房面积。

当然，最关键的要素还是投资回报率，要从回报预期出发，倒推投资额，再因地制宜地确定最合适的客房面积。

饭店客房层的“有效比例”

饭店客房层又称作“基准层”，指设有客房的楼层，一般为饭店主体层。城市饭店的“有效比例”——总经营面积与收益空间面积之比，应保障在50%上下，并以此为基本原则，编制预算或进行设计。

那么，客房层应占面积多少才合适呢？城市饭店面积应占40%～50%。当然，如果有超大停车场或超大商场，这个比例将不同，也可以将这些主题设施的面积排除在外。

不过，在饭店顾问而言，如何提高客房层的“有效比例”，才是最关键的。这个比例，当然是指客房等收益空间的面积与过道、楼梯、柱体等非收益空间面积之间的比例。平均而言，收益空间面积应确保在70%左右才有利。

客房层设计的留意点

在进行客房层初期设计过程中，首先要考虑用地环境自身的条件，还要考虑相关政策、法规方面的条件，从平面和立面两个角度推进决策。

1．一般层高以3m～3.3m为标准。当然，由于特殊限制，也可低于3m，但要尽量保持3m标准。

2．饭店的造型多种多样，但基本模式以中间阶梯和单侧阶梯两种为代表。中间阶梯较之单侧阶梯，一般会更有效率，所以，成为主流。这种效率，也会因客房的门面规模和进深大小的不同而有所不同，这便要参照饭店的设计档次来确定了。一般人感觉房间规模的落眼点是床与浴室外壁之间的比例，床的长度一旦超过浴室外壁的长幅，便会给人一种受挤的感觉，影响空间有效性。

3．客房布置的类型很多，有单人床间、大床间、双床间、套间、连通间、总统联套房等。标准间，指大床或双人床间，其他类房间可以根据需要，在标准间的基础上，加以重新组合、配置。所以，在设计过程中，必须以标准间为核心。

4．决定每一楼层的客房数，要考虑从事客房清扫及开床工作的客房服务员能力（一般情况，以10～20间／人为标准），每层以30～45间为宜。

5．在进行平面设计时，经济的跨度分配、双方避难用楼梯通道的位置、客房的噪声、电梯的位置与防止振动设施的安排、烟道系统与隔热设施的安排、有效的设备柱身位置、浴室泄水防渗水、外窗防风雨等是此中的关键。

6．低层区域的公共空间（非客房层）是要确保的，所以，客房层的设计，必须注意大堂穹顶与客房之间的位置关系。

7．考虑节能。比如客房通风、换气管，过去一直使用的纵向贯通法，现在渐渐被水平贯通法取代，这在防火防灾方面十分有效，同时，工程设备费用也可以相应减少。

8．现代化的“傻瓜”设计概念，要引起饭店顾问的高度重视：多轨的网络线、一键式服务设施、足够的电源插孔与连线、高性能的无线网络覆盖、方便的电灯与电视开关等等。

四、餐饮设施设计

“体验”经济：在饭店消费的不只是菜点，还有环境

对饭店设计师与饭店顾问而言，餐厅、酒吧等餐饮设施的设计，是一个充满丰富想象力的课题。它要表现出餐饮服务功能的丰富性及对复杂设施的可控性，要体现出现场造型的多种可能性，要反映出空间与人、社会生活之间相得益彰的关系。

吃与喝这一人类本能的需求，要在这里获得充分满足，仅此一点，就足以令人多费思索了。而饭店的吃与喝，更要带上情调，即要通过整体服务，提供一个不同于一般吃与喝的“享受体验”，让客人觉得：花35元在饭店餐厅、酒吧喝一听可口可乐是值得的，而在街头小店喝一听可口可乐，只需花费2.5元。

餐厅、酒吧的面积

餐饮设施，主要包括咖啡厅、主餐厅或专门餐厅、风味馆、酒吧、自助餐厅、酒廊等。大型宴会、会议设施、婚礼设施另论。

饭店餐饮设施的席位数及其面积，不取决于饭店住宿客人的数量，当然，住店客人会在此中发挥不可低估的作用，但我们更应从更阔的“区域共同体”的视角来分析，再结合饭店的市场定位、地理条件、营业政策等，确定餐厅、酒吧的定位，进而决定餐厅、酒吧等设施的有效比例。

注意，任何饭店的餐饮设施，一定要由“区域共同体”的消费者“养活”。作为一般性标准，餐饮设施面积应不低于总营业面积的10%。

在进行具体设计时，我们一方面要追求最大的面积效力，一方面又要创造出一种宽松和豪华的感觉。二者几乎同样重要，下面的面积标准与席位比例，将有助于实现这个目标：

咖啡厅　$1.5m^2 \sim 2.0m^2$/席人

西餐厅　$2.0m^2 \sim 2.5m^2$/席人

中餐厅　$2.0m^2 \sim 3.0m^2$/席人

日餐厅　　$2.2m^2 \sim 2.8m^2$/席人

酒　吧　　$1.8m^2 \sim 2.5m^2$/席人

灯光照度

在对餐厅、酒吧等进行室内装修设计时，关键在于照明设计。

餐厅、酒吧的光度设计绝非依一般的光度计算，便可以对其有效状态加以把握，因为这还要涉及地面材料、墙壁的材料、质地与色彩，家具等室内用品的密度、空间的大小等多种因素。

此外，光的质与量也会因设计位置的不同而造成室内环境的差异。换言之，餐厅、酒吧等所需要的安全感、豪华感、愉快感、亲切感，都要通过照明加以反映。

在室内设计阶段，照明设计的一般标准，可以参考以下数字：

咖啡厅的光度	300lx ~ 400lx
酒吧、休息室光度	100lx
餐厅餐桌光度	200lx
吧台光度	200lx ~ 300lx

餐厅噪声

在设计咨询中，还要留意到噪声问题。

由于中西餐特点的不同，对噪声控制的要求也不一样。中餐并不十分讲究这些，而西餐则十分讲究。美国的餐饮设施标准噪声设定为45dB ~ 50dB。他们认为此范围内的分贝声响才会令人放松。

但实际上，餐具的碰撞声响、人们之间的谈话、起立及落座时发出的噪声，都会很轻易地超过此限度。所以，设计者们为了控制噪声，必须十分注意以地板材料为主的内装修用料、家具的设计与选择。

厨房出口的设计也应关注。

近年来，客位现场烹调表演等方法被很多高级餐厅引进，烹饪设施的设计，也应成为餐厅设计的重要组成部分。

咖啡厅

咖啡厅的经营，应以150 ~ 200席位为宜，一旦超过150人的规模，便会在服务上出现各种问题。比如，为应对服务流线长度和桌数的增加，就要考虑在客桌之间加设服务台，作为摆台及撤台等临时的接转站或上咖啡、上茶的中转站。

桌席设计要保障灵活性，1 ~ 2人零散客席至6 ~ 8人的团队客席，都需随时保障。我们可以较多地配置60cm × 75cm左右的双人桌，然后，根据客人的多少，加以自由组合，这种方式用的越来越多。

当然，四人桌也比较普遍，六人桌、八人桌更能给人一种豪华感觉，令人愉快。

最适合的比例，为每服务台对应 25 ~ 30 位客人。

西餐厅

西餐多以“肉食”为主，餐具为刀、叉、杯等。西餐厅要求的是豪华、高档的服务气氛，因此，要在设计上注意三点：

1. 与酒吧台服务巧妙地组合起来，供人们在正式就餐之前的等待时间里享受服务。

2. 当餐厅内不能提供诸如调酒、扒烤等现场演示时，应考虑餐车服务，这就要对服务流线宽幅进行强化，以保障这种服务气氛的体现。

3. 为保障大多数就餐客人都享受到一些具有表演性的服务项目，如花式调酒等，可以在厅内空间布局和地板设计上创造出某种变化，以方便大多数餐位客人欣赏表演性服务项目。

中餐厅

中餐与西餐不同，它以“杂食”为主，所以，要让所有客人感觉并享受到菜肴的多姿多彩、变化以及热烈的气氛，这应成为饭店中餐厅设计的重点。

以零点客人为主的中餐厅设计，应特别注意适于 8 ~ 12 人用餐的圆餐桌及其环境氛围的创造，这类群体是中餐零点的消费主体。

此外，还有四人席、六人席的搭配。

直径 1800mm 的圆桌较适于 8 ~ 12 人使用。

单间的需求量也日渐增加，这要跟菜单的设计相配合，一般由菜肴的性质决定。

12 人圆桌的占地面积，大体以 $15m^2$ ~ $16m^2$ 为宜。

日、韩餐厅

传统上，日、韩餐厅比较讲究席地而坐，现在多为改良后的低于中式餐桌的方形宽座，并以此营造一种亲切感。服务生应屈就低处，便形成了一种特别安详、周到而细致的服务氛围。对中国人来说，这样做未免压抑，所以，要进行适当的改良。但在高档餐厅，倒不妨保留这个氛围。

现在，在一般的饭店豪华餐厅里，“生鲜”依然是主角，但“天妇罗”、“寿司”等也开始在正式场合占据一个台面，餐桌甚至能附设火源，可供吃火锅或烧烤了，所以，6 ~ 8 个“榻榻米”的单间常常最受客人欢迎。

铁板烧也很流行，不过，它的缺点是使其他菜肴遭“串味儿”，所以，在设计上，要注意首先使其在视觉上有所区分。所以，日韩料理的宣传册子，通常要附设精美的图片，道理在此。

内装修

餐厅、酒吧的内装修设计多种多样，有的体现时代特征，有的注重中国古典的韵味，有的具有西欧风格，有的具有中西合璧的特色，而最根本的，是要瞄准饭店的营业观念与管理政策，以取得与建筑风格相和谐的气氛。

诚然，餐厅、酒吧的装潢设计，与新潮的流行趋势分不开，所以，要注意吸纳一些更新颖的设计形式。

颜色的选择，必须在领会了设计师的主导思想之后再确定。现下，色彩的鲜明度、丰富度越高，组合构图越简单，越为年轻人所喜好；相反，色彩组合复杂，色调沉稳者，则常受中老年客人青睐。饭店顾问要充分注意不同年龄段客人的心理倾向。

当然，对色彩的好恶，又是随社会、文化状况的变化而不断改变的。所以，在对色彩的选择上，要抓住今日，抓住今日令人愉快、令人产生美感的东西。这是一条原则。

五、宴会厅设计

宴会厅的“多功能”化

宴会厅不是单以举行宴会为绝对对象的场所，而泛指提供宴会、会议、展览等服务的场所，但其基本功用是提供餐饮，所以，取名宴会厅。

近年来，城市饭店的宴会厅使用率极高，如各种庆典宴会、商品展览会，各种发布会、国际会议及各种活动等。社会需要宴会厅具有满足“所有用途”的多种功能，这也是宴会厅常常被多功能化的缘由所在。为此，在进行宴会厅设计时，必须注意六项指标的安排：

1．宴会厅的规模。

2．展览客户携带的商品，包括大型器具如何进入宴会厅。

3．在同一时间内，准确而迅速地提供大量菜肴的服务方法。

4．多功能设备。

5．大量客人同时分流的管理。

6．大型停车场及其管理。

配置计划

在饭店整体规划中，宴会厅的配置将因饭店种类不同而不同，但一般而言，它的面积可能仅次于客房。有时，在300间规模的饭店中，宴会厅常常在其经营指导方针允许的前提下，设定为$800m^2$或$1000m^2$。这比较经济。当然，因其平面配置方法不同，对饭店外形会造成一些影响，尽管如此，我们依然坚持以经营合理性为依据进行配置，就是说，不应该盲目地给定面积，然后在给定的面积里去被动配置，那会影响将来的经营。

不仅宴会厅，停车配套等设施也需要大面积空地。这样，必然导致设计难以在地面层上实施，要么入地下层，要么上二、三层，这时，便更要注意通往宴会厅的客人流线处理、自动楼梯的配置等。

宴会厅的规模，与饭店的市场定位、性质、运营方针等紧密相关，并在很大程度上取决于此。所以，这些原则要先定下来，在原则明确的前提下，再确定宴会厅的面积。

一般配置设计中，每席位面积标准都应至少维持在$1.6m^2 \sim 1.8m^2$。

在宴会厅与包厢群的统一的配置设计中，要关注到两者之间的连带关系：宴会厅、休息区、包厢要充分组合起来才比较合理，因为厨房共用更有利于减少经营运作成本，而单纯宴会大厅配置的方式，壮观、专业自不待言，却会有利用率不足之虞，除非是会议或展览主题饭店，否则建议慎之。

当然，在实际配置中，我们还会遇到更多意想不到的情况，但作为总的目标原则，要把握一个观念：围绕未来经营的合理性，落实细节规划，争取以有限的空间，实现最大效益。

服务部门

宴会服务与零点部门有很大的不同，它要保障同时间、迅速提供大量的餐食、菜肴，并要保持统一的规范，而不是与一桌、两桌做个性化的对应。所以，后台的设计要成为整个宴会厅设计的关键。

怎样保障宴会厨房向宴会厅出菜当冷必冷，当热必热？怎样保障服务生们能在客人用完一道菜后迅速同时撤下，再同时上下一道？这些都是后台设计要注意的事项。如有可能，厨房或备餐间的排列，应为“沿岸”型（长条式），并将服务出入门分为上菜和下菜两口，下菜口内侧紧接洗碗区，洗碗设备要请专业公司设计，应充分，以保障对大量餐具进行同时、迅速的清洗、消毒及放置。

如果因条件限制无法在同一区域设置厨房或安置足够的设备，则有必要使用保温车、冷冻车。大部分饭店都采用这种方法，先将菜食推入宴会厅备餐间，然后安排出菜。备餐间要设有多功能电源插座，并应至少确保宽3m ~ 4m的活动空间。电源线由天井垂下，以自由、灵活地使用。

宴会厅的空调系统

宴会厅的空调系统是必不可少的，要注意出风口的位置及出风的均衡性，以避免某个区位很冷，而其他地方较热，更要避免冷凝水的出现。

宴会、会议等多功能照明

宴会厅的照明设备规划要注意到四种功能：

1．讲坛——如宴会致辞、会议发言人的位置的照明要与大厅的其他区域有所区分，照明角度、照明开关等都要单独设计，讲坛的高低也要确定好，并要根据演讲者身高进行照射角度的调整，或设置讲台脚垫。这些细节不应在交付使用后再设计，而应是总设计的一环。

2．舞台或主席台，要明确标准面积的大小，如 $12m^2$ 或 $24m^2$，然后根据标准面积配置照明。有些时候，还要设计两种或三种照明方案，以适应宴会厅不同的用途。

凡有舞台或主席台的地方，一般都要考虑设置背景板的位置，甚至要考虑到挂条幅的位置，以及如何布置背景、挂条幅等。任何细节设计的不精细，都会给未来的经营造成长期麻烦。

3．展览分区，应考虑临时添加照明的需要，为此要设计足够的地面插座，插座要分电视、网络两种类型。

4．会议照明的要求更加特殊，如考虑到讲坛与背景使用投影仪时的照明处理：既不可全厅过于明亮，以致无法看清投影，又要保障大厅的照度能够满足与会者，来写字、看资料文件的要求。

照明是内装修的一个重要内容，但多功能厅不同于其他。

当然，还有天井照明系统的设计：有的要照射菜肴，有的要照射主宾，要根据具体用途加以个别探讨。

照度的可调节性也十分重要，应根据场合的不同，由宴会厅进行自动或手动调节。

其他多功能设备

1．同声传译设备、音响设备等会议专用品，也是必要的。不过，从趋势和实用角度而言，现在，人们更喜欢使用组合式或便携式的，依需要加以配置。

2．在宴会厅内，安置各种隔板配轨或配管，以实现其多功能的目的是最经济的做法，如将一个宴会厅分隔成两到三个部分。这里要特别注意的是可移动式隔板的隔音性能。如果条件允许，设置双重隔板为宜，且相距至少要保证在

1m 以上，才可保障隔音效果良好。

当然，还要照顾到天井内、地板的隔音措施，可以加设隔音壁来实现隔音。

3．有时，亦可以安排在宴会厅内模拟活动售货车（车），或配置明档，以增加气氛。这里还可能需要设置排水管道。

4．如果要提供烧烤服务，还要加设排气系统。可以利用壁面加设排气管道，与烧烤台连接。

5．宴会厅的照明系统往往十分复杂，地面设置的电器配线、插座等压需要统一管理，所以，有必要在可以观察会场全景的地方，设置控制室。此外，在对宴会厅加以划分间隔后，如何仍能保障这种控制的有效性，即成为设计要点。

当然，在中小宴会厅，一般不需要配置控制室，可利用壁面的一部分，采用可控式配电盘，置入灯光调节设备、音响调节器、盒式录音机、放大器等，在活动进行过程中，进行直接控制。

6．大型展览会等场合，往往要运进大量大型货品。如果是汽车展览会，还要保证汽车直接开入会场，故此，当宴会厅与饭店的一层或停车场相邻接时，会比较方便，若设在二、三层，便应考虑物品运送的方法。

国外的设施中十分注意宴会厅与停车场相邻接。有时，为了能够同时举办农业机械等展览，停车场的天井高度、空调位置等都采取了相应的措施。这也值得我们尝试。

装修的其他要点

1．中小宴会厅要注重自身主题性的表现，以求匠心独具的效果，给客人以“特别”、“得体”的印象。

2．大宴会厅，则要注意利用方式的多样性。

3．色彩、构图、装修材料的选择，要考虑到饭店的档次、定位。

4．墙饰尽量简单，装饰画也不宜过多，应符合饭店的文化特质。

六、饭店其他设施的规划

“城市产业”的概念呼之欲出

就饭店设计而言，我们不可忽视以下四点社会生活变化趋势：

1．社会的物质水准提高，人们要有效地利用余暇时间，来丰富自己的生活。

2．生活的西化倾向更不可忽视。

3．对健康的关注，更会随人口的不断减少而加倍强烈起来。

4．在满足基本的衣、食、住需求之外，人们对社交的需求越来越强烈。

要准确地把握这些倾向，适应消费者的需求，是今后饭店建设、改造的基本课题。

因此说，虽然在一般意义上讲，客房、餐饮零点、宴会仍是饭店运营的三大支柱，不过，目前的变化表明，人们对文化交流、社交、信息沟通等方面的需求越来越强烈，并日益多样化，这就给饭店建设提出了“与区域社会联系更紧密”的要求。

这几乎是一个全球性的趋势。

另一方面，经营者为加强客人管理，减少建设投资，保证收入的稳定性，也将积极引进各种附加价值高的设施设备，以充实功能，获得吸引客人的乘数效应。

也就是说，饭店本身正在实现“城市化”，即不断增加“城市功能”更多地加以消化。也正因为此，未来的饭店将成为“城中之城”、“城外之城”、“海滨之城”等等。饭店业的发展本身，也将迅速从现在的“住宿加餐饮”模式中走出，转向“城市产业”的模式。

饭店“城市产业”化的四个方向

饭店与城市生活的关系会越来越紧密，这是很多饭店经营管理者的共识。饭店已不再仅仅是旅行者的住宿地，它还将同时成为“区域共同体”或社区的信息集散地，区域居民也将更多地利用饭店设施。

这种变化，也自然推动着饭店经营思想的改变，乃至饭店管理者在经营政策上的主动应对，包括积极引进各种城市设施，满足客人的需求。

当然，作为招徕客人的一种手段，这也将是非常有效的。

那么，饭店设施与城市功能之间的关联性，表现在哪几个方面呢?

1．饭店的生活功能日益强化

客房、各类餐厅、商场、结婚礼堂、美容中心、医疗诊所、邮局、儿童乐园、网吧、现金自动支付系统等，方便客人及区域居民生活的设施、场所越来越多。

2．饭店越来越关注客人及区域居民追求休闲、健康的需求

健身俱乐部、桑拿、游泳池、网球场、乒乓球、游戏机中心等，应有尽有，而每一项服务，饭店都在极力表现出休闲倾向，以求能给客人带来更具亲和力的“体验”。

3．饭店越来越追求文化氛围

文化讲座、餐饮讲座、小剧场、画廊等，成为饭店设计重点乃至经营必不可缺的项目。

4．饭店商务功能与时俱进

租借办公室、提供商务中心服务、网络服务、通信设施出租，使饭店的商务功能更加丰富。

未来的婚礼礼堂设计

在饭店举行婚礼被很多人认为是一种生活时尚，婚宴是城市饭店一块重要的市场。虽然目前的婚宴还主要集中在“婚礼宴会混合模式”上，但未来的婚宴，将可能考虑到婚礼与宴会分开举行，因此，大型饭店必须关注以下配套设施的设计，以引导消费：

1．中式婚礼礼堂，同时可以布置成教堂式。

2．摄影室。

3．美容室。

4．换装室。

5．服装租借中心。

6．亲属休息室。

7．宴会厅。

8．物品寄存处。

摄影间与婚礼礼堂要相邻，平面设计上要注意考虑流线的合理性，以保障新人们出入方便。同时，还要从营造气氛的角度，进行进深、宽幅、天井高度的规划。

至于与宴会厅之间的位置安排，当然能同处一层最好，但若设计上不允许，设于上一层或下一层也可以。

宴会厅的选择，可以根据出席者人数而定。

饭店内的“购物街”

饭店与“购物街”巧妙地融合到一起的情形，已越来越普遍。各个饭店的购物街内容，因饭店的市场定位、性质、地理条件、规模不同而各具特色，但总起来说，其目的都在于通过招徕客源以获得乘数效应。

饭店高档商品在满足客人购物需求以及在为住店客人提供便利方面的作用，已没有任何争议。做饭店规划设计时，要考虑以下几点：

1．为住店客人着想，确定适合他们的商品，而非盲目地跟风。如景区饭店要配置土特产品店，城市饭店则少不了高档服饰、珠宝等。这在装修设计时就要认真考虑，而不能等“交工”之后再让饭店方“根据实际情况”规划，或至少若干主要店面应事先做好装修，以便饭店方招商。

2．每个购物屋或购物“街区”要保留适当的公共空间，要配置座椅，以与饭店购物区这一特殊场所相符。

3．各店铺设计要统一于饭店主基调，在此基础上去创造个性魅力。因为这里不同于一般的购物商场，是“饭店内的购物世界”。

4．注意商铺相互之间或与饭店内的其他经营部门不发生原则冲突，如要努力避免因商场销售酒水、饮料、咖啡等，而造成与餐厅产品的竞争关系。但如果购物空间足够大，包括一些小食店或咖啡店，反而有助于强化购物意趣。

健康中心

“健康产业”的概念早已在饭店里扎根，而且，对客人越来越重要。从完整的意义上讲，健康中心的内容十分广泛，但以下几点，却是应该高度关注的：

1．在条件允许的前提下，设专职保健医师，将成为高档饭店服务的一个重要项目。

2．注意创造一种休闲气氛。因为饭店健康中心没有如医疗场所般那么明确的“目的”，所以，无论在设施选择还是空间装修上，都应传达出休闲信息。

3．无论设不设保健医师，都要对健身设施功能与服务内容，做出明确的说明，安全标志更要清清楚楚。

4．饭店健康中心的设计，会因饭店的市场定位、档次、规模不同而不同，但一般应包括健身器材区、桑拿浴室、按摩室等。运动设施在条件许可的情况下，可以利用低层屋顶的空间加设网球场，利用较小的空间加设乒乓球室等。

游泳池是健康中心不可缺少的组成部分。至于选择设置在室内还是室外，应根据空间大小、经营政策及构造规划来确定。

围绕“中心广场”……

如果说，饭店大堂是城市的“中心广场”，那么，饭店的餐厅、商场、酒吧、宴会厅、运动设施、邮局等，即是满足这个“城市市民”多样需求的“繁华商业街”、“特色街道”等。它们一一发挥着诸种城市功能的作用。因此，一切规划都应以“中心广场”为核心展开。这是我们装修设计必须把握的一个“线索”。

只有把握好这个“线索”，饭店才可能真正地提供一个令人愉快的环境，创造出友好的气氛，为每一位客人创造美好的“体验”。

以上所介绍的，仅仅是较有代表性的一部分，其他设施还有很多，并且会越来越多样化，饭店应因地制宜地规划。

七、服务保障区域规划

节省人力、节省能源

随着饭店业管理的日渐成熟，一方面，“饭店人”的职业标准越来越高，人事费用也相对增加。另一方面，近来，大部分地区都出现了人手不足的现象。

饭店是出售服务的，倘若我们为节省成本减少人手却影响了服务质量，便得不偿失了。那么，我们如何节省人力、能源？

节省人力和节省能源一样，都是饭店设计必须要考虑的事情。既要节省人力与能源，又不能降低服务质量，怎么办？哪些部门可以实现人力节省，哪些部门不可以？实现自动化效果怎样？能否缩短服务流线？这些都是进行服务区域具体设计时必须慎重考虑的问题。

然而，大部分饭店设计人员在这方面是“门外汉”，有时也不屑于关注这类细节，认为那是“饭店自己的事”。正是这种前情不予理会的做法，常常造成后续经营的极大被动。有鉴于此，饭店顾问应对此承担起责任，发挥好顾问智囊的作用。

客房保障设施规划的几个留意点

客房部最基本的作用是保障客房经常处于良好状态。故客人退房时，要迅速进行清扫，更换、补充房内布草及洗漱用具，同时，检查室内备品及各类设施，避免出现任何故障隐患，确保客房整理出来即可出售。

此时，还要迅速同前厅部联系。

虽然有行业规则，但实际上，客人入店、离店并没有一个准确、固定的时间。为了明确客房状态，还要引进房控显示系统，配合电话系统做好与前厅部的联络工作。

各服务楼层的服务流程、与服务电梯的衔接、服务车、布草架与布草房、清洁用品用具、工作间规划等所有细节，都要在设计中加以规范。比如，各楼层都要从客房中心领取布草、香皂、卫生纸等，怎样走最方便？楼道要铺设什么类型的地毯，耐布草车碾压的标准重量设计为几公斤？服务车要经过几个转角？每个转角的墙纸防护如何处理？等等。

以上事项看似微不足道，却会影响日后的客房部工作效率。为此，饭店顾问对此不可掉以轻心。

PA（清洁）室

饭店清洁组是负责饭店各公共区域卫生、清洁的岗位，饭店需设置PA室，保管专用的清洁器具，吸尘、吸水、地面磨洗设备，以及各种药剂等。

布草洗涤与三类保管室

布草洗涤是饭店一项大量而重要的工作，从节省能源角度出发，很多饭店不再设洗涤部，而将床单、毛巾、桌布等布草以及员工工服委托给外部专门洗涤店，但内部仍要设置较小规模的设备，以为客人提供快洗、临时熨烫服务之用。

无论是自己的洗涤部，还是外包出去，内部的布草保管室都是必要的。保管室分三大类：

1．客房用品，如毛巾、被单、床单、浴衣等的保管区域。要便于客房服务人员领取、回收、打包、运出。

2．客衣保管区。注意设计验收台，客衣的细节要填单并与客人确认。

3．员工制服保管区。一般设在员工通道出入口处，便于员工领取、回收。

三类区域的保管功能接近，但管理办法略有不同。

前厅保障规划的几个留意点

这里要开展客房销售、预订工作，要提供总机、电子钥匙制作或机械钥匙的发放保管、留言传达、传真与电子邮件接收、配置网络平台等服务，还要制作长住客名单、保留客人档案等，由此前厅成为饭店对客服务的“第一信息中心”。

这个定位，必须有相应的“工具”——前台控制系统，才能有效实现。因此，前厅部的规划者，应有充分的“工具”专业知识与服务意识。

结账手续的简化是饭店和客人共同追求的，还包括外币兑换、贵重物品寄存等业务。大部饭店都通过收银联网系统，实现前台收银与餐厅、商场等各收银点的联结，凡经客人签字的所有有效账单，都能通过系统实现瞬间记账。电话也有自动计费系统。

但我们要关注的是这些系统的合理配置，包括检修点（通道）、维修点、各节点与控制中心的距离、安全状态等等。

大堂副理（客户关系主任）

大堂的直接服务者是行李生和大堂副理（或客户关系主任，简称“GRO”）。行李生要负责客人行李的寄存、出租车服务、引领登记、引领客人进房等，所以，服务台不宜距前台太远，背后应设有行李码放区域或行李房。

大堂副理桌应设在大堂最显眼而又不阻挡客人视线与行动路线的位置上，

桌面应大而豪华，以体现饭店对客我关系的重视。

厨房进货保障

尽管每家饭店有采购供应部，但就餐饮管理而言，从原材料的采购、储藏到向各营业点发放物料，都由采购部控制。此部门区域的规划设计要考虑与载货卡车卸货的配套设施，包括卸货平台，对原材料进行计量、检查的空间，按原材料不同种类而分出不同温度的储存库等等。

货品由卸货区到一般的常温仓库及冷藏库、冷冻库，多用手推车运送，所以，地面设计要平坦且可以水洗，能承受重物。

另外，还有与厨房之间的服务通道设计，也要留出搬运车通行的必要空间。服务电梯也一样。

厨房布局自不待言，进货口、食品库、粗加工房、备餐间等的设计，也对其后的工作效率、人员配备、服务质量等产生极大影响，故设计时应列出场地名称、范围清单，然后走访专业人士或考察既有设施现场，再进行判断。原则上，前期设计的思想若不能与后期经营的思想吻合，不仅设计会漏洞百出，后续的经营、管理乃至服务质量都将出现瑕疵。

每一个有责任心的饭店顾问、设计师，都应高度重视空间布局与日后经营效果之间的关系。

菜系、菜单设计影响厨房设备选择

餐厅的数量、组织架构，宴会厅的数量及其规模、供餐种类，客房用膳菜单、酒类、饮品服务项目等，在设计时都应通盘考虑，特别是主题宴会与主题零点菜系、菜单的设计，会在很大程度上影响厨房与服务设备的选择，比如是否需要设旋转式烤炉，以便同时将100只烤鸡加工出来？是否要设熏烤炉，以便加工“自家秘制熏肉”？等等。这些，都不能在一切设计好了之后再定。

在西餐方面也一样。

围绕主厨房的区域配合要点

大规模厨房的鱼肉蔬菜粗加工、糖料加工、面包、冰激凌等的制作，只要可能，都应集中在主厨房加工或至少制成半成品、独特食品，然后，再在各餐厅的分厨房加工成成品。

注意，同一时间提供批量菜品服务，是一门重要技术，技术的核心是要保证当热必热，当冷必冷。这也是餐饮服务质量的核心。因此，充足而实用的设备，就成为绝对的必要，如将中央厨房烹制好的菜肴运出的冷冻车或保温车。此区域设计要保证运输通道的空间，还要设计出合理实用的车用电源接线系统。

此外，饭店主厨房的管理，要讲究并必须保障“中央集权”，即主厨房是核心，故其选址、与供货区、粗加工区、服务电梯之间的联系，必须考虑周全。如果有分散的厨房，则它们与主厨房之间的互补性也要明确，以作为一个完整的系统发挥作用，提供优质餐饮服务。

垃圾处理

饭店垃圾出量非常大。厨房垃圾、包装箱、空瓶、空罐等，有必要加以分类，于是，需要设置专门整理空间、存放空间，加设不同的垃圾箱。对易腐烂霉变的垃圾，还要准备暂时冷藏保管库、瓶罐的清洗场等。同时，还要保障垃圾车出入便利。

易污染的场所，必须留出足够的空间，否则，会对其他区域造成恶劣影响。

有些饭店尚没有意识到这点，但从环境保护的角度看，这是一个必然趋势。

人员配置比例

饭店的人员配置计划，因饭店类型、规模、市场定位、性质等的不同而可大可小。而其中最容易被忽略的一点，是这个比例，在相当大程度上取决于前期硬件规划，而不是后期经营。

关于这个比例，一般而言，高级饭店为1间客房配1人或1人以上为宜，不过，只要饭店客房数、餐厅数、餐饮席位数、会场席位数搭配合理，我们还可以降低这个比例：

高档饭店（间）　1（间）：0.9（人）
中档饭店（间）　1（间）：0.8（人）或1（间）：0.7（人）
一般饭店（间）　1（间）：0.5（人）

不过，在很多饭店，搭配不合理的情况比比皆是，如餐饮或娱乐主题饭店，餐饮或娱乐席位可能超过1000位，而客房只有100～200间，后者就只能定位为配套，为小马拉大车，则不能按常规的饭店人员配置比例来计算，而应扣除服务于主题项目的人员数量（即这部分人员应予单列），才具可比性。

也由于这个理由（或理由之一），部分饭店将主题项目承包出去或单列计算，以确保各项目经营效益的最大化。

营业区域与保障区域的关系

为保障饭店营业区域获取最大收入而提供后勤保障区域，即非营业区域。这个区域空间的大小，在相当大程度上影响了营业区域的服务质量，故此，应予绝对保障。现在，很多饭店投资商、经营者都存在一个思想误区：客用区要好，自用区可以随意。这是非常短视和错误的。试想，如果你希望一个母亲生出一个健康、活泼可爱的孩子，首先应照顾谁呢？是母亲。

“母亲”是后勤保障业务的象征，“孩子”是我们的对客服务质量。

服务电梯与辅助梯

饭店服务流线设计，应以服务电梯为中心展开。这条流线，即服务保障体系的主线。忽略这个上下运转的流线轴心，则任何关于服务运转整体安排的设计，都将不完美，甚至失败。

服务电梯的数量，要与客房数或用餐服务量成正比。饭店员工专用梯要与客梯完全分离。

还有些餐厅或客房设置专用的传菜梯、垃圾梯，具辅助服务价值，但不在此列。

员工通道

员工服务通道应单独设计，不可与货品通道、垃圾通道相交。这个通道的出入口，应集中到一点。当然，内部的其他服务出口或用于避难的非常出口，可根据规范设若干个，并必须保障防灾中央监视中心可以对各服务出口加以控制。

员工通道的出入口，要设打卡机、门卫室，以对进出人员进行例行检查。对这个出入口的管理，是饭店管理的关键点之一，一是警备功能，二是对一般员工、临时工、出入的销售人员以及携入携出物品进行检查。大部分饭店自设保安部门负责此部分工作，也有一部分饭店雇用警卫保安公司的人来做。通过这个关口的服务，既可以保障饭店客人的安全，防止盗窃事故发生，又能保证员工的安全。

很大程度上讲，员工通道所反映的是一个饭店的员工管理机制，与饭店信誉、规范、人性、安全意识等，紧密相关。

员工生活区与培训教室

出入口内侧可按性别设男女更衣室、休息室、存包处、淋浴间、卫生间等，并由专人管理。员工餐厅也应尽量安排在这个范围内。员工餐厅所用原材料的进出、保管，应与客用部分隔离，以避免各营业性厨房的食品流失，造成管理漏洞。

员工餐厅，有时也可以兼用为员工工间休息区，配置饮用水、小卖部等。因为一般饭店都禁止员工在工作场所喝水、吃零食，在员工餐厅可以。还有一些怀孕员工需要加餐，也可以在这里得到服务。

也应考虑员工吸烟区，最好在内外空气流通的地方，并做好环境布置，以避免吸烟员工产生被歧视感。

此外，还要在这个区域内设置新员工面试室、培训教室、阅览室、活动室、健身房等。

在大中型饭店，培训教室应设100人左右大教室1间，以集中授课，另应设$15m^2$ ~ $30m^2$小教室3 ~ 5间，以便对员工进行分组指导培训。毕竟，每一期新员工的人数都不会很多，用小教室培训更有效果。同时，要避免过多的集中授课，效果大都不好。至于全饭店的员工活动，可以利用客用设施，如宴会厅或会议室等来安排。

此外，饭店各部门的培训也应尽量安排在大小培训教室。

这些设施应跟仓库等一道，由饭店的后勤部门统一管理起来，以发挥最大效用，并供人力资源部及各相关部门使用。

要注意，这部分设施的管理规范程度、清洁程度、布置氛围、档次等，将直接影响员工，尤其是新员工的成长。员工生活区是体现饭店文化的一个重要窗口。

对客服务部门办公室

对客服务部门，指的是向饭店直接消费者提供服务的经营各岗。它们的办公地点，包括前厅部办公室、预订处、客房部办公室、餐饮部办公室、宴会营销与预订处、营销部办公室、公关部办公室等。这些办公场所，均宜接近总台、大堂以及餐厅、宴会厅等一线服务部位。营销部、宴会销售与预订处等各岗位责任都非常重大，除了办公，还应在办公室之外另设接待室。比如说，宴会销售与预订处的接待室位置宜靠近宴会厅，并应确保客人在公共区域内可容易地找到相应标志，方便客人看会场、订菜肴、签协议。所以，这类接待空间，与其说是办公室的一部分，毋宁说是经营场所的延伸，因此，在内装修上，必须注意体现出这种功能定位。

行政部门办公室

行政部门指的是面对内部员工（内部客人）提供支持保障服务的部门，包括总经理室、秘书室（或总经理办公室）、总经理接待室、财会部办公室、采购供应部办公室、总务部办公室、人力资源部办公室、培训部办公室、工会办公室等。

这些部门可以尽量靠近服务现场，但如果条件不具备也不必强求。对它们的规划设计应注意两个原则：

1．不妨碍客人流线。

2．不妨碍员工服务流线。

再有，财务部办公室之外要设置其延伸到各部门的收银点，以确保各营业点的现金收结工作服务及时、准确到位、安全入库，故金库的安排要做万全的准备。

饭店“一级库”及部门“二级库”系统

有些饭店分设“一级库”与“二级库”，也有些规模在200间客房左右的小型饭店只设“一级库”。“一级库”即饭店总库，按最低库存标准保管饭店经营运作所需各类物资。“二级库”为部门库，从属于总库，根据日用需要，从总库领取库存品。也有一些饭店因总库面积不足，而设“二级库”或“三级库”来分担压力。

“一级库”至少应包含以下专区：

1．工程备件、配件区。

2．客房客用品区。

3．清洁用品、用具区。

4．防台风（或水害、火灾）用品区。

5．印刷品区。

6．酒水区。

7．厨房用品区。

8．冷冻、冷藏品区。

9．装修备品、材料区。

10．餐厅餐具区。

11．粮油、调料区。

12．临时货品、物品储存、周转区。

“二级库”或“三级库”主要包括餐饮口的海鲜库（池）、高档原材料库、一般餐具库、高档餐具库、干货库、调料库、冻库、酒水库（台）、布草库等；房口的布草间、客衣间、工服间、洗漱用品间等；工程口的备品库、易燃易爆品储藏室等；人力资源、财务口的资料室、档案室、单据室等等。

机电设备控制室

机电设备控制室简称电控室，内部可以细分出变电室、配电室、蓄电室、发电室等空间。这些空间设计都有相应的国家、地方或行业操作标准，应严格执行。

这些空间要特别注意防水。在设计上，必须认真检查地面配水沟道的结构以及墙壁下部的排水设施状况，以保证迅速排掉渗水和浸入水。蓄电室的地面宜用耐酸性的材料。发电室在非常状态之下启用，其动力机械基本为柴油机或燃气轮。无论是哪种动力机械，都要采取充分的防噪声、防振动措施。再有，地面配线沟的设计也应引起注意。

锅炉室

锅炉室所占空间比较大，分为供水锅炉和供暖锅炉两类，其所使用的能源分三大类：

1．煤或煤气、天然气。

2．柴油。

3．电。

目前国家提倡或强制执行的是电能源锅炉。无论何种锅炉类型，水管、水泵的连接都要注意有效性、安全性。如果是前两类能源锅炉，更不要忘记烟道设计的科学性。

锅炉室的地面排水结构也要十分用心。因为是大型设备，所以，需要加设基座。同时，大门的设计要留够空间，以备更换设备部件或设备本身进出。

空调室

空调室包括冷冻机室、空调设备中心等。往往因制冷或制暖方式要求的不同，而对设备有不同的选择。但无论何种选择，都要注意隔音和防振设计。

这类岗位的职责是确保饭店自开业时起，即每天24小时、年年不断地连续运转，因此，饭店必须建立维护—保养—维修—检查—管理体系。同时，还要制订应急预案，一旦发生事故，饭店要迅速启动应急措施恢复工作。

当然，建设规划时，还必须要考虑节省能源的问题，因为这个部位常常是饭店的主要耗电中心。

设备维护、保养与维修、制作中心

1．机电设备维护保养、制作中心

在大型饭店，该中心负责管道、厨具等金属器件的维护保养及新品制作，应车、钳、铆、焊，样样俱全，因此，车间的用电安全、照明、空气流通、防火设施等的安排，要有系统的规划。

2．木器维护保养、制作中心

桌椅、柜台等木器的维护保养及制作中心，则要预留相当大的空间，在设计上要满足安全、通风等要求。

3．弱电设备维护保养中心

对电脑、电话、电视、对讲机等进行维护保养，一般都要在恒温制冷环境下操作，应注意对室内空间“独立、封闭”的保障。

中央监控室与防灾中心

监控系统与防灾中心具有联动性，由安全部或者工程部负责管理。

1. 监控中心

包括遍布饭店每一个公共角落的闭路监控器的监视中心、应急广播、煤气报警、漏电保护设施等。

2. 警卫内外勤值班室、工程值班室

二者可以同时用作安全保障部与工程部的办公室。基于现代饭店的安全工作越来越依赖于科技进步，"技防"（借助自动化设备等实施的技术防范）含量越来越高的实际情况，有些饭店将工程部与安全部合二为一，成为"工程与安全保障部"，这不失为明智之举。

3. 设备运转状况监控器、空调系统温控状况监控器、门禁系统监控器等等

这些自动化设备大都要求在恒温状态下工作，故作饭店硬件规划设计时务必要注意合理的空间面积与空调调解的有效性。

美工制作室

饭店每推出新的服务项目，都要进行宣传，因此，隶属于公关企划部门的工作室——美工制作室，即成为必要。美工制作室负责加工各种营业信息立牌、欢迎标语、会议或宴会背景板报、泡沫雕塑、圣诞饼屋等。通常情况下，工作室应分内外两部分，内部空间是美工人员作设计的场所，而外部则用于喷漆、刷涂料及电烧，故外部空间要保障空气流动畅通，以避免化学气味伤害身体。

插花中心

越来越多的饭店将店内的"绿摆"（绿色植物摆放）委托给专业公司操作，但很多时候，临时的花卉布置，如餐厅插花、客房配花或店内园林、办公室花草等的维护，还需要饭店独立操作，故应有专门的空间——插花中心。

如果需要花草树木养护，还要设置荫棚、除草器具存放处等空间。

停车场

停车空间大小对饭店经营状况有比较大的影响，尤其随着饭店"区域共同体"功能的强化，停车是否便利成为本城市客人选择饭店的衡量因素之一。一般，我们可以分类规划出停车区、管理处等：

1. 市内客用停车区。

2. 市外客用停车区。

3．员工、内部工作车停车区。

4．员工自行车存放区。

5．内部交通（如电瓶车等）停车区。

6．车辆安全管理室。

7．洗车服务区。

八、结构与设施设备的设置

从饭店结构设计开始追求精细

饭店建筑的特殊之处，在于它必须适应未来使用者的精细化管理，所以，从结构设计到装修设计，都要服从于经营中的精细化管理的总要求。

在设计初期，设计师或饭店顾问就必须在头脑中有这种意识：

如何在现在的平面设计方案中体现未来的管理精细？

要将这个意识，落实到结构设计当中。就如同勾画一位仕女，体态的妙曼，必在于骨骼一样。

客房面积的搭配（建筑柱桩的配置）

凡商业建筑都有一个共同点，即规模一般都很大，所以，其成本和工期，即成为设计以及管理上的要点。饭店建筑设计，我们首先应关注饭店客房面积与整体结构之间的搭配。

不同的搭配方式，决定了一定空间中的客房面积的大小。一般而言，可以分为三种类型：

1．A式：1室1跨度

柱桩安排标志是1室1跨度。一般较容易确定。缺点是难以应对客房结构变化的要求，尤其在低层部分，往往需要更多的支撑柱，给平面设计的灵活性增加了难度。涉及到套间安排，难度就更大一些。

2．B式：2（3）室1跨度

B式设计，可以满足大房间有一定宽度的门面的要求，但在高层建筑中，会出现跨度太大的问题。

3．C式：2室1跨度

是双床间与单床间的搭配，而这又必然受到二者比例的限制，也会给日后的客房分配销售带来麻烦。

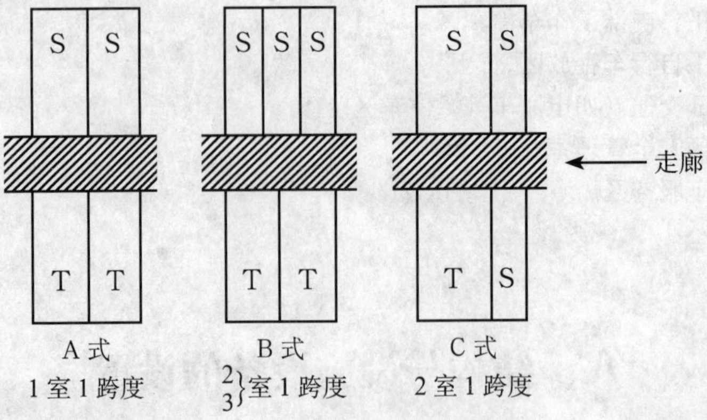

另外，客房方面可能提出的面积要求（用桩配置）又往往与饭店停车场面积要求相制约，都需设计者、饭店顾问多费脑筋思量。

客房与餐厅、宴会厅之间的关系

从建筑结构上看，饭店建筑中的客房与宴会厅的关系，同一般办公大楼中的办公室部分与会议室部分之间的关系一样，都是在经济原则的前提下，以均等跨度的多层结构与大跨度的单层结构相组合而成的。

饭店建筑结构大体以“塔形”和“梯形”来表现。

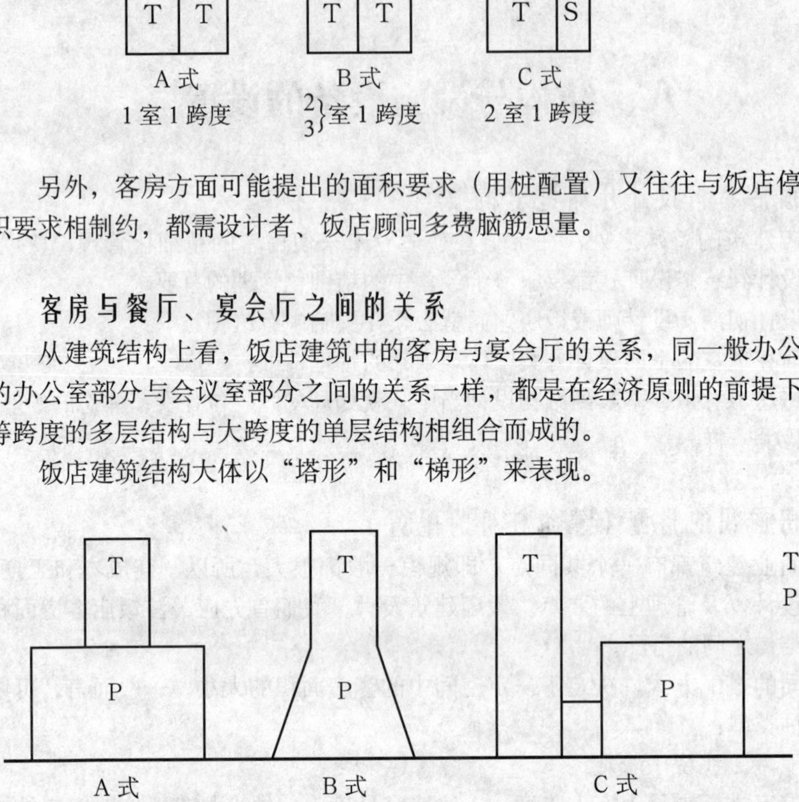

A 式组合分上下两部分，是比较典型和常见的。B 式组合是使 A 式的两部分合二为一的设计。C 式组合则考虑将两者分离，从而保障“塔”的低层部分充分为客房等设施所利用。如果需要较大的宴会厅，则 B 式设计便不可能，因为“塔”的下部不能充分利用，只好归于 A 式的普通型。

但 A 式在结构上也有特殊性，即“塔”部的立柱与耐力壁直接落座于“梯”部之上，往往对平面设计提出更严格的要求。故此，在考虑设计的新颖程度时，可以选择 C 式。

当然，三种类型的选择还要取决于地质状况与地表条件。

要不要设地下层

一般要设地下层，但设多大面积，则要以地基支持层的深度为决策基准。之所以要设地下层，还因为我们必须考虑三个特别因素：

1．饭店除机电设备室之外，还有其他部门设施，如停车场、仓库等，这些不对外的场所，可以利用地下层。

2．地上底层用于餐饮等综合性经营比较合理，故没有更多的空间安排上述设施、设备。

3．建筑整体造型的需要。

因此，尽管地下层建设会增加施工成本，甚至可能造成工期延长，但我以为，这是必要的“牺牲”。

建设期规划应围绕“成本与工期”做足文章

饭店建设期间管理的过程，实际上，就是一场与贷款利息作战的过程。所以，保证如约完成施工或缩短工期，便成为一个十分实际的主题。不过，饭店建设行业目前通常流行的观念是“延期是正常的，超预算也是正常的”，其实很危险。

工期的长短取决于前期设计，其中影响最大的是建筑结构模式的选择，当然，也包括建设过程中的管理。

业主、施工方、监理方三者的协调合作，是其中关键。当然，饭店顾问作为监理方助手的介入，也非常必要，因为他们更懂得饭店未来的需要，尤其能在施工方与监理方发生冲突时，为业主决策提供独自立场的参考意见。

一般情况下，我们将在期间面临很多选择。顾问要将各选择方案的利弊向业主明确陈述。反过来说，如果顾问仅向业主提供一种选择，或许是非常不正常、不专业的。

饭店设施、设备规划应关注七个问题

1．必须保证饭店设施设备24小时运转，而此间，照度、温湿度等外部条件，将发生变化，要有具体的应对措施。

2．必须保障饭店设施设备全年365天营业，故不应假设有“专门时间”来实施停机检修、维护或更换。因此，必须考虑到一旦发生意外，有没有替代设备？或要采取什么措施解决问题？即使不发生意外，也要考虑日常维护应如何保障，以令设备“延年益寿”？

大部分人认为这是“后边”的那些经营者的问题。绝对错误！这首先不该是经营者的问题，而是设计者、建设者的问题。如果说有问题，也将是设计者、建设者遗留下来的问题。

当然，问题到最后还是要由经营者来解决，但这种怪想法，也正是我们的饭店业进步不大的一个根本原因：缺乏专业基础。

3．饭店是庞然大物，所以，要驾驭这样一个体系，必须有一个体系化的思维方式，而不能盲人摸象般断章取义地做。饭店顾问应在此间穿针引线，发挥引导作用，以确保设计者在体系化的思路统领下，进行设施设备的规划。这，也正是一个饭店项目的图纸、资料可能“装满一间 $10m^2$ 屋子”的缘由所在。

4．要保障饭店各项设施能适应不定数客人同时使用，包括应对满员，甚至是超负荷运作的压力。

5．饭店业者，为强调对营业面积的绝对有效的利用，可能刻意挤压设备空间，从而造成后续经营工作的被动。饭店顾问对此要有思想准备，要从饭店经营的专业角度说服业主保证有效的设备空间分配。

6．业主从收支平衡角度考虑，会对建设成本提出要求，这会招致设备生产厂家之间的竞争，进而导致设备质量的降低。对此，饭店顾问从职业道德要求出发，要给业主合理建议。

7．在饭店后续日常经营支出总额之中，相对固定的水电能耗比例往往最大，所以，必须注意引进节能省力技术，采取相应的措施，并与实际需求取得平衡。

了解了这些，我们便会在进行设施设备的具体设计时，抓住要点，把握好方向。

高度关注细节（1）：以空调设施规划为例

饭店设施设备规划成败的关键，除了上述的方向，还要看细节。对于未来的经营者而言，细节决定一切。因此，饭店顾问要在这方面下足够的功夫。

比如空调系统规划，即应在制冷制热之外，至少把握以下八个与经营相关的要点：

1．在一般建筑设计中，电控室、热源机械室都在地下，为各居室提供集中供暖或供冷服务，但饭店需分级控制，即一级设备能满足需要时，就不用激活二级设备，因为饭店公共设施的使用时间、利用者人数不同，冷热需求量也不一样。不实施系统细分，必然造成浪费、污染甚或不能保障服务需要。

2．控制中心不必集中在地下层，因为地上低层的无窗空间很多，而且，通风管道通过地面还有利于防灾。

3．不能因考虑费用就忽略一些常识。如在我国大部分地区，饭店进入秋冬或春夏换季时节，客房可能需要暖气，但餐厅却需要冷气，而会议室可能需要随时调节冷热，因此，必须有四管回水功能的配置才合理。

4．关注这些设施的外接口对建筑立面的影响，以及如何防止雨水渗入与外部噪声的侵入。

5．机械自身产生的噪声处理是一个大问题，即使有技术指标的安排，也要在实地进行反复测试才行。比如在宴会厅，大型空调排风设备在排风口区位，可能产生较大噪声，影响宴会或会议，尤其是会议。设计时，要考虑这一点。

6．空调加湿或抽湿功能常被忽略，或简单相信设备说明书的加湿功能描述。这首先是一个态度问题，是一个不抓细节的态度，所以，不可取。要进行实地测试。

7．注意管道“串味儿”问题，因为低层楼中的厨房排气设计不合理或管道相通，都会造成“回味无穷”的后果。其中，隐蔽在吊顶区域内的隔墙是否到顶，并作密封处理，是一个关键。它不仅会造成“串味儿”问题，还常常是噪声侵扰的“元凶”。

8．空调出风口的安排，不能在客人头顶位置，要考虑到直风吹送的范围，以免让人避之犹恐不及。再就是要考虑到经营过程中可能出现的灵活组织空间的需求，使不同组合都能共享一个空调循环的小系统。

高度关注细节（2）：以水的处理为例

大家都认为现代水处理技术能解决任何问题，但即便如此，在现实中，也有很多项目因施工粗糙而令当初的美好愿望落空。作为饭店顾问，应至少在以下二十二点上，予以高度关注：

1．室外阳台积水。

2．屋顶楼板材料吸水，并在雨后释放，造成霉味或水淹。

3．建筑物伸缩缝漏水，污染缝区与承重墙、柱体周边。

4．窗缝、屋顶玻璃窗密封处理不好，浸雨水。

5．隐蔽管道冷凝水。

6．空调口冷凝水。

7．浴室、水池地面处理不佳，渗水。

8．墙体渗水，浸湿墙纸，造成霉味与黑斑。

9．浴缸或淋浴区域设计不合理，造成出水口泄水不畅，或淋浴水外溅。

10．卫浴设备质量低劣，造成滴水或不出水，形成噪声或浪费，影响用水舒适度，造成客人反感。

11．水温不稳定，甚至可能伤害客人。

12．隐蔽工程的水管道质量不佳或设计问题，造成漏水且难以修复。

13．消防水压力不足，造成安全隐患。

14．二次供水系统设计与施工管理不到位，造成水质污染难以清除。

15．水压不稳，水量忽大忽小，影响使用舒适度，破坏服务质量。

16．游泳池水处理技术不到位，影响水质量，带来卫生隐患。

17．没有水回收系统，造成水资源浪费。

18．废水、污水未经达标处理即排放，造成环境污染。

19．地下排水系统不畅，造成安全隐患。

20．厨房排水系统设计不合理，易堵塞，造成积水，影响工作。

21．空中或地面雨水排放系统不到位，造成积水，影响客人生活与饭店运作。

22．缺乏多用途临时用水口的设计与配置，造成后续经营困扰。

高度关注细节（3）：以火灾防范设计为例

饭店防火，无疑是饭店设计中最重要的一环。这便要求设计者至少从这样三方面对该项目加以确定：

1．能否在硬件上确保以每一客房为单位，实施防火防烟间隔处理？

2．客房自动洒水灭火装置是否合理、有效、美观、安全（如喷水口发生脱落可能掉到床上，或因意外压力射出，等等）？

3．根据消防规则设计的双向避难通路，有无残留死角？标志设计能否确保对避难客人的正确引导？

高度关注细节（4）：以吊顶石膏条、护墙板与踢脚线等为例

吊顶石膏条的目的是为了提升客房、餐厅装修整体的美观，但要注意两点：首先，是石膏条与墙体粉刷之间，可能因施工时间安排不当，干湿度发生变化，而出现裂痕。其次，是石膏条脱落或处于半脱落状态，可能造成危险。

护墙板的设计是为了保护墙角不被磨损或碰撞，所以是“不得已而为之”的项目，从档次上讲，不应存在。但如果必要，则应讲究美观，使之具有艺术效果。

踢脚线的作用，首先是美观，然后才是保护功能。大部分饭店选用定型产品。其实，在大型宴会厅等场所，直接延伸地毯做踢脚线更合适。

此外，地毯的波打边虽然美观，却容易在使用过程中出现断痕，所以，大面积通道、大型会场或宴会厅反而不完全适合。

九、饭店发展方向的把握

饭店发展多样化

饭店发展历来遵循的原则，都不外乎两点：

1．对应目标市场的具体需求。

2．顺应区域社会的经济、文化特性。

正是因为这两点，才使得从豪华饭店到一般的商务旅馆，各种形式、规格、档次的饭店并存。现在，饭店的形态更为多样，并主要表现为以下三个倾向：

1．对应不同的客源层次，饭店的档次多样化，包括客房大小、装修豪华程度、公共设施（如餐厅、宴会厅等）种类等与饭店档次相对应而出现的分化。

2．饭店类型多样化，如大城市型、中小城市型、旅游地型、运动设施型、车站型、空港型等。

3．饭店功能与定位的多样化，如会议饭店、商务饭店、休闲度假饭店等。

把握了这个大框框，则能把握饭店发展的大方向。

与社区关系愈加密切

这既是一种必然趋势，又需要我们着意引导。

饭店的任何定位，都不能脱离其所处社区这个核心点，就是说，成功的饭店，首先应该是社区的核心之一。

比如宴会厅，既可以作为一般的聚会、宴饮场所，又可以作为会场、结婚庆典的殿堂，而且，后者的需求在不断扩大。现在，各种专项俱乐部活动、讲座也都利用饭店设施。而且，除客房之外的所有饭店设施，几乎都要依赖于社区市场的维系，特别是餐饮、休闲、娱乐设施，如果没有本地客人的消费，将难以发展。再比如洗衣，未来的饭店要不要自设洗衣房？当然不必。可以利用社区合格的洗衣中心。如果距离社区的洗衣中心比较远，饭店内部只需配置一个小型客衣洗涤房即可。如果是集团饭店，大可以建设一个集中的洗衣中心，不必在每一家饭店布设洗衣房（为客人服务的小型洗涤房还是需要的）。这个中心，不仅洗涤客衣，还可以承接本区域内居民的洗衣业务。

总之，饭店要成为为社区所用的饭店，社区也应成为为饭店提供配套功能的社区。两者应建立起和谐的关系。

从这个角度开发饭店设施功能，或拓展其市场前景，将非常有意义，特别是在城市住宅小区大规模向郊外转移的阶段，围绕车站、大型商业设施、景区建设饭店，将具有较大潜力。

饭店要进一步适应城市人的“闲暇生活”

城市饭店乃至郊区饭店，都要认真探讨如何为城市人群的夜生活、休息日提供休闲服务，以扩大饭店设施的利用率。

这些设施包括娱乐中心、餐厅、酒吧、健身房、游泳池、桑拿浴、健身房等，也包括饭店的商场、影院、广场等。

不懂得为充实人们闲暇生活而殚精竭虑的饭店，不是一个好饭店。

把握城市开发与饭店建设的关系

城市开发的根本目的，在于有效利用城市土地，特别是繁华地带的土地，以促进区域经济、文化氛围的活跃。而从开发之初，即应将饭店设施作为其最重要的组织部分，纳入基本计划之中，至少应与写字楼、购物中心等一并考虑，如能作为综合大厦发挥复合功能，则将更加有效，也更有利于与社区建立密切的关系。否则，这个城市的开发，将是不完整的。

当然，这也对饭店建筑设计提出了更高规格的技术和知识要求，如复杂流线的处理、防火防盗措施的规划、多个法规的执行等等。

这应是我们把握城市开发与饭店建设关系的基本导向。

城市空间与饭店空间的关系

饭店功能复合化、立体化的倾向，已与社区居民生活、城市开发等密不可分。不过，从建筑角度看，其空间的处理对城市空间的影响亦非小事，要充分注意。

比如，在2007年以前，行走在厦门的主要通道上，你能看到路的尽头是蓝天，并有一种“马上就到海滨”的遐想。现在不然，视线常被一堵堵更高更大的建筑隔断，其中包括饭店，很不和谐，因为它通过拒绝海景（包括对海景的遐想）而破坏了城市整体的滨海特征。

美国饭店设计大师波特曼的若干个代表作不同，它将城市功能吸收到饭店里，再释放出去，使之与城市融于一体，又能找到饭店功能独有的特点，弥补城市功能的某些不足，满足城市人的关键渴求。

如上海的波特曼商城酒店——保留大量空间用于购物，而使饭店成为这个社区的一分子，同时，它又确保了店外与店内空间的有机关联：在关联地段开辟一块空场，纳入绿树、青草和水景，无论在室内还是室外，都赏心悦目，满足了人们对生活品质的关键渴求。

第六章

饭店组织

一、饭店组织架构诊断的内容

二、组织架构的设计

三、组织分工

四、部门关系

五、权责划分

六、分权状况

一、饭店组织架构诊断的内容

诊断范围

饭店的组织架构,包括饭店组织中一些比较稳定的静态事项,如饭店的规模、各部门服务的内容、部门区域划分方式、客房设备、服务人员配比、人员素质、职责划分等。

这些都是影响饭店绩效的重要因素，而且也多半在传统意义上的“管理部门”的“控制”之下，因此，是组织诊断的主要事项。之所以说是诊断的主要事项，首先在于“管理部门”与“控制”两个提法本身就有问题，“管理部门”要转变为“支持部门”或“内部服务部门”，而“控制”，在这里更应该是“服务”。因此，饭店顾问的第一项工作，应该是协助饭店中的每一位管理人员都能从服务出发来处理每一件事。

没有这个前提，后续的工作将很难做。

组织架构直接影响员工行为

某饭店公关部与前厅部，在组织架构上分属于不同部门，前者向营业总监报告，而后者直接对总经理负责，因而，在发展新客户及探讨不良服务质量成因时，公关部与前厅部的合作意愿就比较低，有时，甚至发生推诿责任的现象。但饭店服务的质量的一贯性，又要求这两个部门必须密切配合，方可顺利解决问题。

后来，饭店顾问协助他们在组织架构上进行了调整，两部门同归营业总监管辖。这样一来，因为同属一位主管，两部门人员在合作上就大有改进。

这个真实的例子，说明饭店架构如何影响了饭店组织行为。

饭店组织架构图

在组织架构里，最为人所熟知而且受到重视的，就是部门划分的方式以及各部门间的从属关系，它体现于组织架构图。组织架构图是饭店顾问了解饭店组织架构所必需的参考文件。

在研究组织架构图时，我们要注意两件事：

1．饭店里的每一位成员对本饭店组织架构图往往会有不同的理解，而上级所颁布的组织图，有时候也并不完全被各级人员所遵从。这说明饭店内部沟通有了障碍，而且在政策执行上也不认真。

2．这个组织图是何时颁布的？组织图是否经常修改？有时候，饭店的组织架构修改过于频繁，而每次修改又未能说出任何有意义的理由，造成了成员对组织的从属关系产生混淆，工作时无所适从。

除了传统的饭店垂直管理体系组织图之外，还可以用一种“系统图”来表达饭店组织的架构。在系统图上，各部门之间的关系可透过各种图形加以概念化，使阅读者对组织架构有更深一层的认识。系统图的绘制方法并无一定格式，须视实际情形以及表达重点来制作。

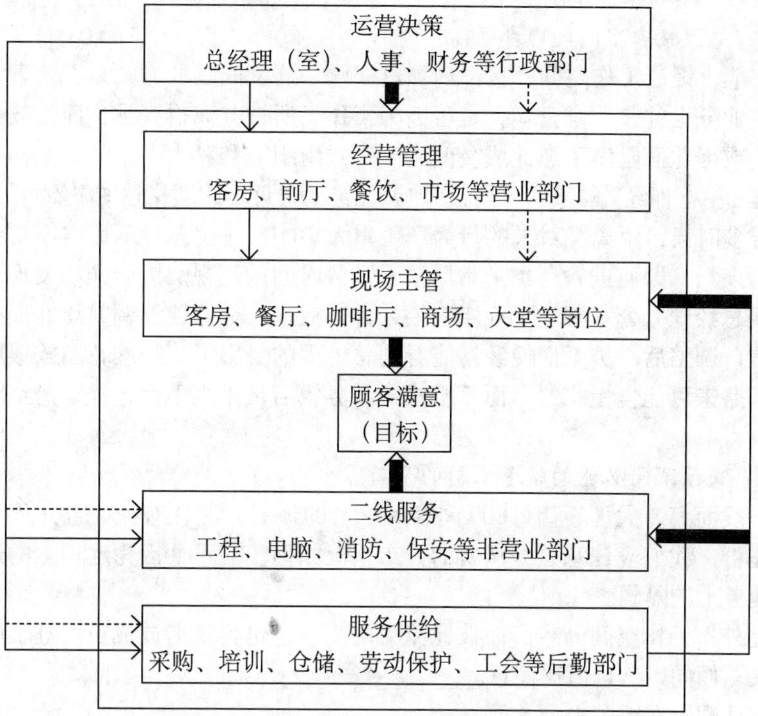

饭店组织系统概念图

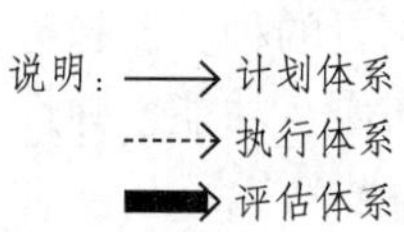

在此系统图中，可以很明白地看出每一部门在计划、执行、考核等工作上所扮演的相对角色。它的作用与说明的准确性，就比一般的饭店组织架构图好得多了。

工作环境

1. 关注服务空间的规模

规模大,固然对服务效率有利,但对员工而言,也许有些心理上的影响。例如,某饭店办公室采用“通舱”的方式，一间大屋子里坐了十几或几十位员工，这样做虽然有其优点，但会使员工产生自我渺小之感。许多员工表示，由于饭店太大而且人数众多，使他们觉得与同事是“熟悉的陌生人”。虽然这仅是一种个体看法，并不是科学结论，但从一定程度上也足以证明工作空间，尤其是办公场所规模，会对组织中的员工行为产生影响，值得饭店顾问关注。

2. 关注服务空间的内部间隔

一般，饭店工作空间都按部门加以间隔。这种间隔的方式是否合理？有些部门在业务上往来非常密切，是否因为工作场所被分离得太远，而使彼此联系不便？或因此而阻碍了彼此成员间“非正式组织”和私人关系的建立？在饭店运作是“中枢神经”的部门,是否在地理位置上也近于四通八达的“要冲”地点？

很多时候，距离将对人的行为产生重大影响。一位总经理原本不常到前厅或客房现场，即使进餐厅也常常局限于开餐时间的巡视。饭店顾问发现，原因就在于总经理办公室独立于饭店主楼之外。后来，他们建议调整总经理办公室的位置，调整后，员工们便经常能看到总经理的身影了。一些花园式饭店的员工走起路来可能慢慢悠悠，而筒楼式的商务饭店员工则不会这样，是空间距离使然。

3. 关注不同功能的服务空间的布局

一般而言，大型饭店（800间客房以上的饭店）往往有一处或几处集中式办公室群。我们应注意这些场所的分布情况如何，会不会因为地理上的远离而造成业务上的隔阂。

此外，工作空间分布广而彼此流动性小者，也容易造成成员心理上的“地方主义”倾向，这也值得注意。

这些现象在饭店中最常见。

4. 关注饭店服务设施设备状况

我们应观察服务设施设备的布置及保养状况，设备添置的种类及趋势，并可由这些趋势，来推测饭店服务重点的转移。由设备的布置、功能、弹性，以及闲置的情形，也能了解到一些营运上的方针和问题。

5. 关注员工的工作环境

如环境卫生、噪声、照明、空气、员工洗手间、员工餐厅以及附近的交通情况等，都会影响到员工的心理和行为。

人员素质

现有人员的素质，也是组织架构诊断的重要一环。包括员工人数、教育程度、年龄结构、专长、工龄等因素。

这些，都是我们需要了解的最基本资料。它们本身可能就说明了某些问题，如年龄结构偏高，员工专长是否能适合未来新经营策略的需要？等等。

为了对广义的员工素质有更进一步的了解，我们还应该研究员工的出勤率、流动率、被客人投诉的次数等情况，以对饭店运作的专业化程度做出判断。

职责划分

职责划分，指每一部门及每一员工所担负的工作内容、授权程度。这可以由工作说明书、职责划分表、分层负责明细表等文件中获知。有时，也可以个别访谈的方式来弥补文件的不足，或澄清员工对文字说明中的混淆与误解。

服务业务特性

有些运营方面的问题，虽然可能不在我们进行咨询的范围之内，但是，提供咨询的最重要的目的之一，就是使饭店业务能顺利推进，而且，饭店业务的特性也决定了组织设计的方式。因此，在进行咨询服务期间，饭店顾问对业务特性的了解是很有必要的。况且，业务特性也可以包括在广义的组织架构范畴之内。

对业务特性的考察，主要包括两方面：

1．业务的细分状况

饭店是为单一的市场提供单一的服务产品呢？还是为相当多数的市场，提供各色各样的服务产品？业务究竟是复杂还是单纯，对组织形态设计会发生决定性的影响。业务单纯的饭店，组织架构相对简单，而业务复杂的饭店，则组织架构相对层级较多。当然，在倡导组织扁平化的今天，后者也在调整。

2．服务经营周期

这个周期，必将影响决策的方式，特别在旅游地饭店，其经营的淡旺季比较明显。

此外，饭店在目前是处于生命周期中的哪一阶段，也是值得参考的。新兴的饭店和成熟的饭店，无论在竞争方式上还是在经营手法上，都会有显著的差异，因此，问题及其应对方法必然不同。

二、组织架构的设计

前提：分析资料

有了以上各种具体资料以后，我们才可以依据这些资料来加以综合分析，并得出结论以指导饭店工作。

分析时，应特别注意理论与实际的结合。如有多位咨询顾问共同参与工作，通过开会讨论，互相激发，可以找出解决问题的最佳办法。

组织架构应有助于推动饭店当前策略的实施

每个饭店在不同的时期，策略各有不同。有时是追求效率，有时则强调经营的规模化程度，有时则追求多元化的成果，有时则希望在地理市场覆盖范围上求发展。我们暂且不必过问策略是否正确，但在不同的策略方向下，组织架构应有不同的设计。

例如，在单一市场的饭店经营中，十分强调服务效率，而这些职能部门组织，若要从事多元化经营，就会相当困难或不可能。

因此，一旦我们要改变经营策略，就必须事先找出那些可能阻碍这些改变的组织要素，以从根本上解决问题。当饭店策略改变了以后，它们的组织架构也要随之调整以配合新策略的执行。近年来，这一原则已成为各行业组织设计上的最重要原则，因此，饭店顾问在进行咨询诊断时，必须首先检讨组织架构与饭店策略的配合是否适当。

饭店的关键业务应被特别强调

关键业务，是指该饭店在竞争中最为突出并超越竞争者之处，因而成为该饭店主要的竞争武器。

每家饭店的关键业务不同，因此，在组织上被突出和被强调的部门，也就应该有所不同了。

部门之间的相对重要性与市场架构变化的关系

市场架构，在经济学上是指对市场形态的划分，如独占客源市场、寡占客源市场、独占性竞争客源市场、完全竞争客源市场等。在不同的市场架构下，竞争的方式各异，因此，各职能部门的相对重要性，也应该有所不同。

有时候，饭店市场架构改变了，而饭店组织中，对各业务的相对重视程度以及组织设计未能及时调整，常常是运营发生障碍的一个原因。

饭店职能部门的独立性与整体策略相呼应

在饭店管理方面，如何决定职能部门的功能十分关键。事实上，职能部门控制范围的大小，以及各部门的独立程度，应视饭店或饭店集团整体策略而定。

就是说，如果策略上是企图在不同的市场领域综合开拓，达成遍地开花的效果，则各部门或各所属饭店乃至其各事业部门的独立性宜高，以求其灵活与弹性。若为主攻某一单纯市场，力求做深做透，则策略上即应强调互相支援，而且重视服务效率，此时，各部门的独立性宜低，以期发挥统一行动的合力作用。

因此，各部门的独立性应与饭店或饭店集团的整体策略相呼应。

饭店组织应根据新发现的问题及时调整架构

饭店组织的设计，不是为设计而设计，更不是一成不变的，它的定性，应为“解决饭店运作过程中出现任何问题的工具”。

比如，饭店经营上时时有新问题发生，当原有组织不足以解决这些新问题时，就应在组织架构上进行及时的调整，以配合新的形势。例如，原本没有的台湾客源市场兴起，且有潜力，便可以考虑建立新的针对台湾客源的机构及项目部门。

再如，一般饭店的工程部与安保部分立，但随着安保技术水准的不断提升，通过技术防范（简称“技防”）的比重迅速上升，原本的人力安全防范（简称“人防”）重心就要进行调整，此时，就应该考虑可否将两部门合并为统一的工程与安全保障部（简称“保障部”）。

当然，为了确保新的部门能解决问题，在决策上，应给予适当的授权。

通过组织架构调整，推动饭店集团获得规模经济优势

规模增加固然会带来经济利益，但若不通过适当的组织安排，这些规模经济就将只是潜在的可能性而已。因此，在规模扩大以后，就应该考虑增加一些中央管理部门，集中权力，以发挥专业化管理的效果。饭店、饮食业联号的发展中尤其要注意这点。

饭店组织的制度化程度应与饭店规模成正比

组织的制度化（正规化）是要花成本的，就是说，不同的饭店规模，其组织制度化程度应有所差异。此外，在饭店成长的各个阶段，制度化的程度也应有所不同。因此，饭店顾问要善于发现两个核心问题：

1．是否存在饭店规模小而过分制度化现象？

2．是否存在饭店规模大而制度化不足现象？

小型饭店权力集中，信息集中，因此，以相对“非正式”的方式来保持其灵活与机动更好，如“请示汇报法”、“口头指令法”、“碰头会议法”等等，都属于这类管理方式。

而规模渐增时，内部运行便应该日益“制度化、规范化、层级化”，而且，分工愈细，联系工作愈需要遵循正式的程序，服务亦然，而且在控制上也要适应这种较为复杂的环境，否则，就会出现混乱。

许多饭店在高速扩张、成长，但其制度化程度未随着提高，因而造成许多后遗症，使得规模扩充，只见其弊而不见其利。

相反的，如果小型饭店勉强将大饭店制度引进，便会徒增过多束缚，反而失去了原有的活力。有些小饭店被大饭店合并后，绩效大幅下降，其原因之一，便是大饭店将本身制度强加于对方身上而引起的。

这也是实施饭店连锁管理时应特别注意的。

饭店组织架构应适应环境变化

环境变化，比如市场形势、自然条件、国家或地方政策、区域社会的产业结构、文化、科技、教育、消费习惯与支付能力等等，都将影响到饭店组织架构的设计与调整。饭店顾问必须拥有这样的广域视野，否则，将很难提出切合“当期实际”的诊断报告。

采用分权式的复杂组织，唯有在环境变化快、市场竞争激烈的情况下，成绩表现才好；反之，较集权而简单的组织架构，唯有在环境稳定而竞争少的环境中方才适合。就是说，当环境变化快而不确定性较高时，组织应具有高度的弹性，以适应外界变化；而当环境较稳定时，则宜采取较机械式的组织架构，以确保效率及有效控制。

饭店组织的应变能力

这一问题，在环境变化不稳定，而策略上有随时进行调整的必要时，尤为重要。其实，整个饭店组织架构问题诊断的核心，都在这“应变能力”四个字上，“随变而变”是应变，“以不变应万变”也是应变，关键在于对时机的分析与把握。

因此，这也是饭店顾问的最大价值所在。

三、组织分工

饭店组织的“复制成本”与“间接成本”

这个诊断的核心，在于确认饭店人员的专业能力能否得到充分的发挥。

有时候，饭店为了减少部门之间协调的频率，而成立许多职能部门，每个部门中自行拥有其所需要的办公人员及设施。这样一来，固然可以减少部门间的冲突及协调成本，但各部门间由于无法共用人才和设施，造成了经营上的不经济，这就叫“复制成本”过高。

这种做法，由于将各种连续性的业务或专业人才及设施分散到各部门，也会使他们的专业能力为之减弱。

所谓“间接成本”是指在职能部门的组织结构中，每一个部门都需要其自己的人员及办公场所等，这些成本与服务效率没有直接关系，所以称为“间接成本”。

这些都是部门过多所导致的结果，在诊断时，饭店顾问应该注意这种成本是否过高，并以此来推断饭店组织的分工方式得宜与否。

经理的控制幅度

考察饭店每位部门经理的控制幅度是否合适，旨在判别饭店是否因控制幅度太广，而降低了监督指导的作用，或因控制幅度太窄，而增加了管理成本，并限制了部下能力的发挥。

经理控制幅度应与员工素质、市场环境及工作特点相配合。一般而言，人员素质较高，独立判断能力强时，经理的控制幅度可以较宽些。当部门工作性质较一致而单纯（如客房部），或彼此间协调的需要较少时，经理控制幅度可以较宽些。若工作性质为必须严格依照规定来处理的，如饭店总机、中西厨房，经理的控制幅度就应该窄些，以收严密控制的效果。

控制幅度窄，自然造成组织层级及各级管理人员的增加，此种管理成本也是组织诊断所要考察的指标之一。

饭店产品拓展过程中的组织分工调整

饭店产品增加以后，如果不在组织上作特别调整，则对原有产品的销售较易，而对新的服务产品销售较难。比如，在原本的中餐厅内，开设了一个“素餐角”，增加素餐服务，这时，如果我们不增加一个素餐小组或素餐部来负责这项任务，那么，“素餐角”的存在，将可能在经营中被我们自己完全忽略，同时也因缺乏专人负责，而令新产品无法很好地被客人认可，造成推广过程中的极大阻碍，以致最后，被大家公认为“不成熟”而遭淘汰。

一般情况下，我们可以增设一专门部门，负责该产品的促销，以解决这个问题。

基层岗位场所分散易发生控制困难

有些别墅式饭店或新合并、增设的饭店常有地点分散的情况，因而造成指挥、控制困难。这是因为任何物理距离都会影响人的心理与行为。如在宽阔的空间里，人会因为自觉渺小而不安，希望找一个“驻足点”，但如果空间局促，则人会感到压抑，想“出去散散心”。

一般而言，如果“驻足点”分散，如在饭店的分体别墅之间，或饭店集团分散在不同地点的饭店，或大型饭店内的不同岗位，距离远、空间大，人会在行为上表现出“散态”，进而造成协调困难，甚至出现认同感低的情形。

这种情形，亦为分工合作造成影响，甚至有些分店因在当地根基深厚，更不易调度，甚至出现各自为政的现象。

这时候，饭店顾问应考虑从机制上提出解决问题的措施，而不是仅止于简单的“强调”或“要求”，而过于苛刻的“一刀切”的做法，甚至可能招致负效应。这些机制层面的措施可以包括以下八点：

1．统一企业经营理念，统一入职培训，并定期进行延伸式的理念培训，即在同一理念的前提下进行的专业、管理、文化培训，以进一步统一理念并丰富理念的内涵。

2．尽可能多地规范识别标志、装饰、用品用具或服饰等，以统一的视觉识别来增强对饭店的认同感。

3．统一文件等公文的格式，召集定期或不定期的会议。

4．组建各分散岗位主管的主题沙龙。

5．共用一些设施，如洗衣房、出租车公司等。

6．统一服务质量、消防安全、卫生等公共项目的检查制度，并具体落实。

7．组织全员活动，如各类比赛、集会、旅游、参观考察等。

8．如果是饭店集团，可由不同饭店高管人员组成管理公司等，建立“利益共同体”。

基层岗位专长分散易造成指挥困难

一般饭店或饭店管理集团，都会在总经理室下设人事部（或人力资源部）、总务部、公关部等公共性的部门，它们各自所辖的业务性质截然不同，所以，无论是有哪一种专长背景的主管上级，都不易顺利地同时指挥这些部门及所有专业人员。

这时候，饭店顾问要特别关注三点：

1．“管理”本身是大家共同的专业。因此，可以从这个角度，引导上级发挥“协调与服务”作用，同时，能对核心的、共同的业务点，如财务、人员编制等，进行“合理控制”（不是通常意义上的严格控制）。

2．引导上级经理充分发挥下属主管的专业能力，自己不要当专家，更不必冒充专家，即使是专家，也要善于倾听。

3．要求上级经理善于学习，以不至于被下属欺瞒，同时，要有高于下属的见识和视野。

部门划分应配合业务需要

在饭店部门的划分上，可以有许多不同的方式，不必拘泥于某一个模式，或简单地认为哪个好哪个差。

销售组织可以依地区分，再依服务产品分；也可以先依服务产品分，第二层级再依地区分。如下图所示：

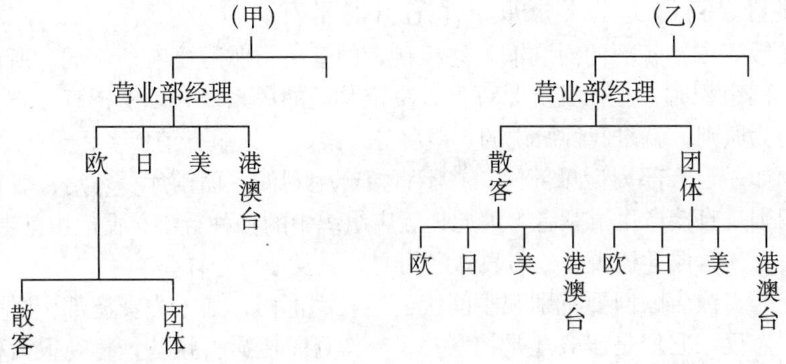

销售组织示意图（甲）　　销售组织示意图（乙）

对于这两种组织划分方式的选择，应视休闲、旅游、商务等市场需要而定。当一个地区内销售业务需要密切配合，而两种饭店产品在分配通路及实体上并无二致时，宜用“甲”型。

若两种饭店产品在策略上的意义不同，如 A 为格外具有潜力的主力商品，需要特别受到照顾时，则宜用“乙”型。

若业务需求改变而组织未能及时调整，必然会阻碍业务目的的达成。

人员安排的均衡

饭店人员安排，常常会因为业务状况或业务重点调整，使得有些部门工作量太少，另外一些部门则人手不足，出现忙闲不均现象，所以，要适时进行调整。但现实的情况并不简单，因为业务部门的要求常常被行政部门搁置，所以，饭店顾问的一个重要工作，就是分析规定的编制能否配合业务的需要，并进行机动调整。

通过定编分析工作，我们可以发现，在饭店中，是否有些部门目前已无作用，应裁撤而未裁撤；有些事实上属于临时性质的业务，却由一长期性组织来负责处理，虽然业务已经完成，却未裁撤或归并，造成该部门冗员众多。

饭店管理者应该在这些人员能力尚未完全僵化以前，将他们调到其他部门，以保持饭店组织的活力。

四、部门关系

部门之间的主从关系取决于它们的相对贡献

在饭店中，各部门对利润或终极目标的直接贡献程度有所不同，所以，在设计部门组织时，应依其贡献程度，决定其间的关系，并以支持直接产生利润的部门为原则，就是我们所说的二线服务一线，一线服务消费者。

例如，财会部为后援部门，并不直接产生利润，而前厅、客房、餐饮等业务部门则是直接产生贡献者，因此，饭店组织中的种种行事，便应由前者支持、配合后者。就像学校教务处与教师之间的关系及地位一样。

这时，饭店顾问要特别观察间接创造利润部门，如人力资源部、财务部等的工作态度，它们是服务还是控制？是支持还是阻碍？这些，将在很大程度上决定饭店的市场化程度。因为有相当一部分二线经理把自已定位为“管理者”、“控制者”、“权力支配者”，而不是“服务者”，他们不知道管理与控制的实质是服务，不知道一旦以控制思维替代了服务意识，便已经成了饭店发展的绊脚石这一现实原则。

当然，饭店顾问在表述这个意见时应该注意技巧，因为这可能触及一些行政人员的痛处，以致诊断遭遇抵触。

部门间的相对地位和重要性，与饭店所面临的各种问题相关

在瞬息万变的商业环境中，能化解不确定因素的影响而保障饭店经营正常运行的部门，如营业、公关等部门的重要性就应相对提高。如果这些应受重视的部门未获得应有的重视，那么，饭店应对外界市场环境冲击的能力必然大为减弱。

这时，饭店顾问应该关注三点：

1．直接上级是什么职位？能否确保迅速决策（拍板），还是要反复上报，在等待行政部门的批复。如果是后者，那么，问题将非常严重。

2．各级人员获得的授权有多大？

3．饭店其他部门人员对应受重视的部门的态度怎样？这些态度产生的原因是什么？

很多时候，问题出在这些部门太受重视，而招致嫉妒或反感，实质是配套政策没有到位，使得个人的情绪因素取代了理性的思考，饭店顾问应及时提醒饭店政策制定者。

重视关键部门的三个要点

1．饭店可能存在口头重视某一关键部门，大会小会都讲，但这一部门在组织内职别层级过低，从而限制了它应发挥的作用。因此，应予调整。

2．各部门共同需要的管理性服务部门，应置于饭店组织的中央位置。试想一想，如果财务部、人力资源部、安全保障部隶属营业部，那么，对于其他部门而言，就很难感到会获得相应服务。

3．管理(服务)性部门要做好对自己的定位：管理性服务，而非管理性控制。

管理职能部门的定位

饭店组织运行中经常发生的另一个问题，是上级过分注重管理职能部门本身的工作效果，而减弱了对一线部门的服务。

这个现象的起源有两点：

1．一般办公室排列法，是将总经理办公室列入饭店行政区域，使得行政口各部门人员更容易围绕在总经理身边传达信息，而将业务部门的人员隔得远远的。

2．管理职能部门自身的工作特点，是必须“执行文件”，并由此而决定了行政人员的控制倾向。

显然，无论直接还是间接的“拒绝服务”，都是错误的，因为管理部门的成绩，必须经过一线部门的工作才可能体现出来。没有一线的成绩，他们的成绩没有任何意义。所以，他们的角色，应定位为服务于一线部门，是谓管理性服务。

此外，上述情况还可能引发管理职能部门因考虑本身工作的方便，而在无意之中给一线部门的运作带来麻烦。

当然，饭店管理层或饭店集团的考核指标设计也具极大的引导性，如某饭店考绩文件中明确了对管理职能部门成本、费用控制等的指标，而偏偏忽略了他们的服务本职所在。

更为严重的是，这种情况常不为他们自己所察觉。

因此，饭店顾问非要在这些常为人们忽略的细节上下一番真功夫不可，否则，将很难帮助饭店完成组织发展任务。

五、权责划分

饭店中所有重要决策，都应有人负责

在问这个问题之前，首先要经过决策分析，列出本饭店共有哪些重要的决策，然后，再一一确定权责。

决策负责人必须是特定的个人，而不是委员会或会议之类。

我们经常听到有些饭店的重要决策由“某某委员会”决定，其实，这正是饭店高管人员推诿责任的方式之一。

任何“委员会”都可能被一些拥有非正式权力的人员所左右或影响。通过“委员会”的挡箭牌，可以使他们的意图得以实现，而在后果不佳时，却不必承担决策错误的责任。

这点务必认清。

主管经理缺乏独当一面的能力，凡事交由委员会或经理会议来决定并负责，是一种极不应当，却又常见的饭店组织问题。

饭店顾问必须找出这方面的问题，确定饭店中所有重要决策是否都有人在负责。如果没有，就要改变。

权责划分应建立在垂直命令体系之上

在饭店机构之中，是否人人皆有明确的部门归属？是否人人都有其明确的负责对象？这是本项考察的核心。

权责划分，必须建立在明确的指挥体系之上，因此，在了解权责划分时，指挥体系的澄清为其基本步骤。

饭店的指挥体系，首先是垂直命令体系，即自上而下，一级管一级。作为原则，

应明确三点：

1．每个下级员工只向一个上级负责。

2．上级可越级检查工作，但不能越级指挥。

3．下级可越级申诉，但不能越级报告。

基层员工是否明确绩效责任的归属

饭店顾问应考察饭店基层部门人员是否明确绩效责任的归属，这很关键，因为如果事事都须由高层经理来负最后的责任，就意味着饭店管理有问题。

如果事事都需要由高层经理来判断与决定，则该饭店将无法严格地责成基层管理人员发挥其责任心及潜力。而且，高层经理也会因为经手的决策太多，而降低了工作效率与决策质量。

反过来说，在工作与决策的划分上，如果部门经理对任何工作都只能负责一部分，而且，在决策判断所需信息上也掌握得不完全，那么，基层员工对决策及绩效，也便自然难以把握了。

由新产品开发看权责安排得当与否

核心问题在两点：

1．新的服务产品开发是否有特定人员负责？

2．他是否享有推动此项开发工作所必需的权力？

这是一个很灵验的测试题。

比如，饭店开发新的客源市场，需经市场研究、项目设计、人员促销及现场服务，而这些工作，要由不同部门协同完成。但对各部门而言，他们平日都有极繁重的例行工作，新开发的服务业务，对他们而言，充其量只是其总工作量的一部分而已。加上对新开发产品并无具体责任，因此，难免轻视新的服务产品。

因此，新服务产品的开发，应在组织上设定特定人员专门负责推动，才可能避免上述现象发生。

当然，专门负责人必须具有足够的权力与地位，才足以担当这一重任。这对习惯于频繁推出新服务产品的饭店而言，可能会得心应手，因为它们知道这个安排非常重要。但很多时候，那些平时很少有新产品、偶一为之的饭店，却会忽视这一点。在这里，若不能对管理权责加以特别设计，则大多数产品开发方案将会被搁浅，最终不了了之。

上级管理部门权力过大会影响基层部门发挥作用

某饭店的人力资源部经理直辖各部门的服务质量管理、员工招聘、考评、定薪、奖惩等所有工作，这样一来，各部门经理便只能负责服务生产而对上述支持性业务无从插手。

这是一个典型的上级管理部门权力过大，影响基层部门发挥作用的例子。

饭店内部存在着各类的上级管理人员，自然影响了部门经理统御权的完整性以及对整体责任的担当能力。

过分的集权与过分分权，都是不正常的。

目标管理法

问清三个问题：

1．每一部门的使命与目标是否明确？

2．是否根据目标来制定各部门绩效的标准？

3．各部门的目标是否皆与饭店整体策略相配合，或由饭店整体策略延伸而来？

每位部门经理或每位主管拥有指挥权的目的，在于完成上级所交付的任务。因此，若要检讨某部门或某人的权力是否过大或不足时，便必须与其承担的使命和目标相对照，才能明确。

一切绩效标准的制定，都要与目标相一致。

同时，这些部门的目标必须是由整体策略延伸而来的，这样才能通过各部门目标的实现，来执行饭店的策略。

饭店顾问要在这里做足文章，因为还有些时候，由于过度强调目标管理而制定出“过度详细、苛刻”的考绩，而造成饭店面临三大窘境：

1．敬业精神消失。敬业精神的出发点应是发自员工内心的信仰：“工作的报酬是工作”。然而，过度考绩会破坏这一点，敬业精神可能会为“给多少钱做多少事”或“完成指标万事大吉”的思想取而代之。

2．挑战意识消失。人们挑战的意愿永远来自自觉。然而，当目标在前的时候，谁还会越过它呢？反过来，员工对经理的期待，甚至只看“谁能讨来最易达成的指标（目标）”，而不是更高更好。

3．团队思想消失。团队思想来自合作的喜悦。考绩会造成近乎残酷的“内部攀比”，令合作意识荡然无存，甚至会发生相互拆台之事。

饭店顾问有责任把握，并提醒这些“尺度”的问题。

协同作业与责任分担的七原则

饭店无缝、连续的工作性质，决定了饭店业务流程要经由若干部门、不同岗位、特定或不特定的人。那么，各自的责任划分是否应该明确呢？

回答当然是肯定的。

最终服务产品的质量责任，能否划归到各个不同的生产阶段？同时，新服务产品（如菜肴、婚宴新项目等等）的开发工作若发生延误，其责任将能否追究到每一个参与部门？这些责任又该怎样明确呢？

就是执行岗位职责的规定与服务流程的细节要求。

不过，两者永远是一对矛盾，而矛盾影响服务质量的情形，大都发生在流程之外，即在同步执行流程时发生并行（不交叉）状况，不交叉，就意味着没有协同作业。因此，我们要解决在协同作业过程中，谁的“声音”应大，谁的“声音”应小的问题。

这具体应有七个原则：

1. 在所有“声音”中，谁离外部顾客更近，谁的“声音”就更大，而不论他是本部门还是他部门，是上级还是下级，是大部门还是小部门。

2. 在外部顾客与内部顾客“声音”的比较中，外部顾客的“声音”通常要大于内部顾客的“声音”。

3. 在专业领域里，本专业部门的“声音”，通常要大于非本专业部门的“声音”，但应负的责任也应更大（不能简单地说拒绝有理）。

4. 服务对象的“声音”永远大于服务者。

5. 上级的“声音”是否应该比下属的“声音”大，同样取决于以上四条标准。

6. 两个或多个部门面对外部顾客都在忙时，“声音”相当。此时若互比“声音”大小，争论流程上下，就根本不是在工作，而是搪塞责任，或变相地拒绝服务与营销了。所以，应打破流程框框，迅速、灵活地采取“直线工作法”：直接找能够最快解决问题的部门、人员或自己动手解决问题。

7. 内部顾客“违规”或外部顾客“无理取闹”时发出的“声音”，不符合这里“声音”的概念，只能是“杂音”、“噪声”，须依法清除。但有关判断则要掌握明确的证据，并应慎之又慎地加以处理。

二线人员能否成为一线（人员）业务的后盾

饭店的公关、销售、用品采购、后勤、人事、培训、财务等二线（非直接创收）部门，是否负担起“内部缓冲”的责任，以确保位于饭店组织核心、前沿的前厅、客房、餐饮、娱乐等一线服务团队（直接创收部门）发挥功能，在受到市场冲击之后，不必撞到墙壁，而是获得和缓而有力的推动，使业务得以顺利进行？

一线服务部门是饭店的核心所在，这点不容置疑。所以，若欲发挥其效率，就必须在一线与外界变动的环境间设置一个“保护层”，方可令其顺畅地运行。而缓解震荡的“保护层”的角色，即应由饭店的二线部门或称为后台部门来担当。

在某些饭店里，这些二线部门并未积极承担起“后台”责任，使一线服务部门必须自行面对一些服务需求及原料供应方面的波动，因孤立无援，而影响了服务效率、效果。更有一些饭店的后台部门仅以一种“管理者”（喜欢强调自己的权威）的姿态出现，从而彻底破坏了自己应有的定位。

要知道，如果一个人搞错了自己的定位，那么，无论他有怎样好的愿望，都可能南辕北辙。

当然，这些状况在一般性的咨询过程中，是不易被发觉的，但饭店顾问必须关注到这些，因为它是影响饭店运营绩效的深层原因。

运营模式与职责

这里要考察的问题，是饭店部门选择了怎样的运营模式。一般有三种模式：

1. 以费用控制为中心的运营模式。
2. 以利润管理为中心的运营模式。
3. 以投资管理为中心的运营模式。

选择模式，实际上就是为自己定位，因为它们必须配合各自的业务特点以及饭店组织所处的发展阶段特征。

费用、利润、投资回报管理等的安排，在每一家饭店，都被视为代表了不同程度的授权与责任归属。简单地说，如果该部门经理只能在业务上对费用的支出负责，则应选择以费用为中心的运营模式；若在业务上可以对短期收益及支出两者负责，则可采用利润中心的管理模式；若在业务上赋予其自行决定投资计划，并拥有调派技术力量及资源的权力时，则宜以投资为中心的运营模式来确定其责任。

各部门责任的大小，应以其业务性质与需要为主要判定依据。

例如，某饭店给客房部设立了赢利目标，并把他们无法控制的收益额也纳入了责任指标里。此目标设定，明显地背离了该部门的服务特点，结果不仅无益，还必然引发混乱。

六、分权状况

分权是否得当

分权不得当，可能是说应集中办理的事项，却由各部门分别处理，或应分别处理的事项却“一锅粥”地处理，结果都可能是“一锅粥”。

在饭店中，有些事务，集中处理可以发挥“规模效益”或“专业化效益”，如采购与仓库管理、现金控制等，应该集中办理。另有一些决策，考虑“涉及面较广，影响范围也大”，其决策权亦不易分散，如人员的晋级、岗位安排等等，也应集中处理。

反之，若集中处理将破坏“规模效益”或“专业化效益”原则时，如跨专业的餐饮出品与客房产品，就不能胡乱归并，如餐饮出品中的中餐、西餐，也要分权以落实责任，即不应由一个厨师长同时管中西餐。此外，这些内容通常范围局限明确，即“涉及面不广（限于本职），影响范围也不大（限于本部门）”。

一个饭店中的各项业务或决策的分权程度是否合适，必须根据这个原则，针对实际情况，来一一检讨。

合适的人应在合适的岗位上获得合适的授权

这个命题的核心，是要考察饭店中最能掌握某专业信息、最能了解该专业情况的人，是否享有适当的决策权。

饭店中，任何决策的正确与否，或时机当否，都要建立在充分把握信息资料的基础上。因此，能迅速掌握信息，而且对情况最了解的管理者，应该赋予他对于此事的决策权。

信息的掌握者，有时是饭店中的高级管理者，有时则为基层管理人员，甚至是员工，所以，分权也不能“一刀切”。一般而言，分权程度是否合适，要根据信息及其来源来检讨。比如，饭店网络信息管理员对饭店网络信息的安全应负重要责任，但他可能是现场的技术人员，而不是经理，但他们应该获得授权。再如，人力资源部经理应把握饭店所有人员的薪资标准，而这个信息源将使他必须获得一定的管理授权。

很多饭店犯一个错误，就是行政职位越高，获得的授权越大，包括对客服务折价权限，而对客服务信息的最直接把握者应该是一线管理人员与员工，因此，他们应获得相应的大于其他人的授权。

信息的时效性与授权模式

掌握决策权的人获得决策信息所需的时间，能否赶得上情况变化的要求？这个问题跟上边的问题一样，只是探讨角度不同，权作一个必要的补充。

就是说，如果决策权的掌握者获得信息的速度慢，而决策的时效要求又特别高时，就说明或预示着，决策权应转移给能更迅速获得信息的有关人员。

古语说，“将在外君命有所不受”，即是因为战争进行时，战况瞬息万变，必须由处于第一线的将领全权判断决策，若还让后方的皇帝保留了若干现场指挥权，令第一线的将领时时请示，必然会严重地影响军事行动效果。饭店管理亦然。

可以考虑实施“双轨授权法”，即将行政授权与经营授权分开来，前者如资金审批、政策核定、人员安排等，按行政级别授予决定权，后者如现场折扣、宾客投诉处理、贵宾安排等，按“谁离客人近谁负责”的原则安排。

授权的变化

决策权的掌握者，是否因级别太低而未能对决策对象加以全面考虑？饭店业务量增加后，是否及时提高了分权程度，以免部门经理或高层主管工作负荷过重而降低决策效果？

这是一个关于授权是否有效的大问题。

在小型饭店里，总经理对饭店的各项业务都不得不全盘掌握。但在饭店扩大以后，总经理也必须跟着升格，去注意一些因饭店扩大而带来的新问题，如部门间的协调以及通盘政策的制定等等。

因此，他应当将过去所从事的作业性业务管理，逐渐地交给下级的部门去负责，以集中精力，从事高层管理的工作。

只有肯授权，授权的行使才可能有效。

分权程度应配合环境变化及环境的复杂性

当外界市场环境发生变化时，竞争将加剧，信息处理及决策的时效要求，都会跟着提高。这时，应提高分权程度，以取得饭店管理的弹性及反应速度。

当环境的复杂性提高时，饭店将同时面临着不同特质的环境，因此，也应当提高分权程度，让不同的下级部门来处理不同环境中的问题。

当然，这也要具体问题具体分析，饭店顾问必须收集整个市场竞争对手的资料，以找到最恰当的方案。

第七章

流程管理

一、饭店服务流程的考察

二、服务流程

三、协调状况

四、授权及员工参与

五、激励

一、饭店服务流程的考察

静态与动态

在饭店中，静态的结构只是其运作的基础，在这基础上，还必须从事许多动态的活动，才能保证使命的完成。

这些活动，可以用一种“服务流程”的方式来表达。这些流程，涵盖了饭店组织完成使命中的大部分工作，如服务流程、决策流程、解决问题流程、协调流程、激励流程、授权流程，以及信息沟通、信息传递流程等等。

“红头文件”与“蓝头文件”

饭店文件的制定，大体可以分成两类，一类事关政策、原则或临时任务的，称为“红头文件”，如员工守则、财务制度、权限规定、关于某事项的通知等。

另一类，是关于操作方法、流程、标准的，一般称为“蓝头文件”，如中、西、自助餐收银办法及管理流程、员工行为标准、实习生工作办法等。

这样的划分，可以帮助我们知道哪些事情应该做静态管理，须关注稳定性，哪些事情应做动态管理，须强调其灵活性。

饭店基本流程的十二个问题

每家饭店为了达成使命，都必须进行一些基本活动。这些活动不限于人才引进、采购至服务产品出售，还包括了饭店目标及策略的拟定、客源市场的确定与争取，以及有关策略性信息的反馈等等。当然，还要包括活动背后的思想及观念。如此，则整个饭店管理的基本流程，才算完整。

因此，必须探讨如下一些问题：

1. 饭店的经营理念、市场定位、管理策略明确了吗?
2. 它们是通过怎样的方式拟定出来的?
3. 是谁在决定这件事?
4. 根据什么资料或假设，来拟定这些目标与策略的?
5. 目标市场是如何确定的?
6. 市场促销与为客人提供服务所遵循的基本原则是什么?
7. 饭店各类经营所需材料是如何采购的?
8. 劳动力的供应状况怎样?

9．服务生产流程是否完善？

10．促销活动的重心是否把握到位？

11．饭店营销项目的售后服务能否配合到位？

12．应用哪些策略性的控制方法，来确保饭店成员沿着正确的方向前进？

这些无一不是规定饭店基本流程的环节。但显然，饭店顾问在这一阶段的工作，还不必深入到服务操作的细节，而只是探讨饭店经营者的经营理念在饭店活动过程中显现出的部分“影迹”。

了解这些，将有助于对问题方向的真正把握。

此外，由于这些基本流程的有无或好坏，与饭店运营的最终效果息息相关，而且对饭店的组织设计也有些指导性作用，所以，尽管未必与狭义的饭店组织问题直接相关，却是我们进行饭店咨询所必须事先了解的，否则，就会考虑不周，甚至挂一漏万。

饭店例行性决策流程的十三个关键点

饭店上下每一位成员所采取的每一步行动，背后都包含了一些决策，因此，饭店作为一个组织，也可称之为一个决策的体系，而贯穿这个体系始终的，是决策流程。

在进行饭店诊断过程中，我们须先确认这样一些问题：

1．在饭店中，大约有哪些重要的例行性决策要做？

2．这些决策都由谁来做？

3．完成这些决策，究竟是根据哪些信息？

4．这些决策是由某个人单独决定的，还是由许多人集体决定的？

5．有哪些上级的政策或指标，可以作为下属各级人员决策的指示或参考？

6．这些政策是明文规定的，还是隐含在大家的“体会”、“约定俗成”或“经验”中的？

7．决策与决策之间是否有关联性？

8．如果有关联性，则在前厅部所做的决策，将以哪种方式传达给客房或其他部门，以供他们在进行有关决策时参考？

9．决策权是否太过集中于少数人？

10．决策者的时间、精力及所掌握的信息，足以应付这些决策的要求吗？

11．决策权是否分散在各部门？

12．这些部门如何联系，以保持决策的一致性？

13．饭店各部门如何避免各行其是、各自为政？

解决饭店问题流程要注意些什么

除饭店例行性决策流程，另有一些“临时性”决策的程序，即解决问题的决策流程。

有些问题虽然存在，却不一定会在短时间内造成严重的后果，对这种潜伏性的问题，有些饭店不可能将它们发掘出来，有些饭店则非要等问题已相当明显才会引起注意。因此，在解决问题的流程中，最重要的，是发掘问题的流程与能力。

我们需要检讨一下，这家饭店在发掘隐藏性的问题表现如何？是否有一定的方式和合理的流程来进行这项工作？

发掘出问题以后，如何处理以及由谁处理，也是值得重视的。这里又牵涉到成员对问题的责任问题。有些饭店一旦发现问题，大家的第一个反应就是“推”——如何把责任推给别人。这对解决问题就会造成很大的困扰。我们可以从饭店过去处理问题的记录上，观察出这类现象出现的频率。

和解决问题流程有关的观念，是建设学习型组织。

饭店组织和个人一样，需要从不断的解决问题中，积累经验，改进办事的方法。同样，饭店组织也有智愚之分。在对解决问题的流程进行观察时，我们会发现，有些饭店对其所犯的错误，似乎是一再发生而毫无改进，而且在处理方式上，始终维持着“推”、“拖”和无效率的状态。这种现象，表示该饭店组织的学习能力差，无法从经验中追求自我成长。

除此之外，解决问题的参与方式、授权方式以及采取行动以后的反馈等，都是值得注意和了解的组织流程。

饭店服务流程控制的九个问题

与以上几个流程密切相关的是服务流程。服务流程，指各级经理、主管和员工在实际行动中所采取的步骤。对服务流程的诊断，需要我们参考饭店工作说明书，去实际观察和访问，以了解这样一些事实：

1. 他们究竟是以什么方式为客人提供服务的？
2. 他们的工作方式与工作说明书一类文件里所记载的是否一致？
3. 如果不一致，为什么？
4. 如果一项工作由若干人负责，那么，他们的服务流程是否相同？
5. 若不同，为什么？
6. 他们是根据什么原则在实施这些服务流程的？
7. 他们参考了哪些信息与事实资料？
8. 每个服务人员的作业，在服务流程上是否互相影响或互相衔接？

9．他们之间配合得如何？

由以上这些内容中，我们会发现，服务流程、决策流程、解决问题流程之间是不容易区分的。这里，只是为了使陈述更有系统性，才将它们分开来介绍，而在具体咨询与诊断过程中，应将它们合在一起考虑。

对服务流程的观察应列为诊断工作的重点

这里的流程，主要指服务流程。

服务流程，是饭店中一切组织流程的基础，我们必须通过服务流程，更进一步地去研究其他的组织流程。

想要掌握饭店问题的核心，就必须深入了解其服务的流程。对服务流程愈了解，则对潜在问题的洞察力便会提高。饭店顾问在考察服务流程时，要注意以下三点：

- 态度表现。
- 场所选择。
- 抽样过程以及记录。

以下试逐一说明。

1．饭店顾问的态度表现：真诚学习

如前所述，饭店顾问常被误认为是上级派来评估员工工作绩效的，尤其是在作流程诊断时，为此，饭店顾问必须事先澄清这一误会。

因为任何一位员工，在其内心深处，都会感觉到他的工作方式或工作内容，存有若干不合理或不明了的地方，因此，他会很害怕在饭店顾问的追问之下，暴露自己的弱点。

这就要求我们在态度上表现出格外的亲切，不可有任何可能引起对方防卫性行动的举止和言谈。

在访问的过程中，须时时考虑到对方的心理状态，如与员工谈话，则在衣着上应配合工作场所的环境，避免造成彼此心理上的鸿沟。若与高管人员会谈，也应在穿着上和他们取得一致，以促进双方彼此的认同。

这些形之于外的仪表，传递的是饭店顾问的态度，也反映出饭店顾问的内在素质。

饭店诊断与医疗上的诊断不同。在医疗作业上，受诊者的被动成分比较高，绝大部分要靠医生凭其专业知识来解决问题；而在饭店诊断的过程中，饭店的问题，必须要由饭店顾问和饭店成员共同来发掘和解决，因此，双方在地位上，应该是平等的。

而在咨询诊断过程的某些阶段，尤其是在对服务流程的了解上，饭店顾问实际上是处于学习者的地位的。我们必须虚心地去请教和聆听工作人员的

经验——一个人在某个工作岗位上工作了若干年，其经验中必有相当的可取之处——我们可以试着把理论和这些经验结合在一起，来探讨问题所在。

因此，这种学习态度必须是发自内心的，抱着这样的态度，想获得对方的信任与合作，应该是不难的。

2. 选择访谈场所的技巧

除了态度要注意外，访谈场所的选择也是一个值得斟酌的问题。

访谈可以在远离工作场所的地点进行，也可以在工作场所进行。这两种做法各有利弊。在工作场所访谈的优点，是在访谈过程中，被访谈者可以随时提供与工作有关的资料来辅助说明，缺点是可能影响其他同事工作，而且，因为有上级或同事在旁，受访者不能畅所欲言。有时，在个别访谈过程中，其他人员不待邀请便自行加入讨论，使个别访谈变成了座谈会，会令原来的预期目的难以实现，访谈效果会打折扣。

在工作场所以外的地点访谈，其优缺点和在工作场所访谈，正好相反。

3. 抽样及记录

咨询访谈中的另一个实际问题，是工作人员的抽样。由于饭店人员众多，无法一一访问，因此，不得不采用抽样的方法。

这种抽样，虽然不必严格地依照统计学的要求抽取样本，但仍然要考虑样本的代表性，抽样范围务必要覆盖各部门、各层级人员。而且，在时间和经费许可的情况下，对同一职位应该抽样选两三人作为访谈的对象。因为每个人对自己工作的了解深度不同，工作的方法也未必一致，为了避免样本因太少而造成的统计结论偏差，最好能多选取一些样本，以相互参照，并由不同的角度与说法中，去认识这个职位的内涵。

访谈必须作书面记录，以避免发生信息的混淆与遗忘。由于访谈和记录的工作一人不易同时进行，因此，最好能由两位访谈员（饭店顾问）共同进行，并交替发问及记录。

如果一人既提问，又同时记录，则必须会减少思索被访者答案的时间，既容易使访谈失去重点，又会让访谈的主题脱离饭店顾问的控制。

当然，两位饭店顾问一起作访谈，则要求两人之间协调配合与思路一致，这需要两人事先沟通准备。

准备工作要做足

了解服务流程，需要与各层级的人作访谈，访谈时间又都相当长，因此，必须先拟好访谈对象名册，以及访谈顺序与计划，并将这份计划交给饭店有关负责人，经其认可后再实施，以使饭店内能对这些访谈尽量配合，并且，不致因为访谈而影响了正常服务业务的进行。

从这个角度看，具体的服务操作，如铺床、摆台、擦酒杯等的业务操作诊断，就相对简单得多了。我们可以参照工作说明书，以一般客人的身份，加以观察，便可以形成判断了。

这类做法相当于“暗访”或“明查”，后边详述。

二、服务流程

一点说明

上边说过，每一个流程都不是孤立的，只是为使问题更加具体化，做起来更加方便，我们“勉强”将饭店总的流程，划分为服务流程、协调、授权与参与、激励与奖励等内容，使包括决策与解决问题的流程等较为抽象的概念，更加具体化一些，以达到与饭店管理行为结合在一起的目的。

规范化与灵活性相适应

这是一个矛盾体，既然规范了，就要避免灵活，这是一般的理解。或许在西方人的思维里，这是天经地义的。但市场的现实要求我们善于应变，即确保饭店处理业务的规范化程度与饭店市场环境的变化速度及饭店策略的弹性要求，互相适应。

当环境变化速度较快，或对策略上的弹性要求较高时，处理饭店业务的规范化程度宜低，以收必要时通权达变的效果。

于是，需要一个机制来处理这方面的问题，如成立饭店规范化小组，针对当期的问题，制定相应的政策，指导实际操作。

这样，就能将灵活性置于规范的管理机制之下，确保饭店服务流程能在“方便”而不“随便”的轨道上运行。

规范化小组（或其他）要有所作为

规范化小组（或其他）是否有所作为，要看对以下三个问题的回答：

1．是否经常探讨饭店工作流程的合理性与必要性？

2．谁负责这项工作？

3．有无正式流程来描述这项工作？

饭店服务流程数量繁多，不可能全都合理而有效，因此，应该有人专职或专责从事各种服务流程的研究改进。

况且，过一段时间以后，饭店业务方面必须有所更易，因为市场在变化。此外，随着员工的流动，饭店组织结构及人员素质也可能有所不同，因此，各种服务流程也需相应调整。

尽管一些固定的服务操作流程是要求依惯例进行的，但其中大部分原本是属于“借用”或参酌其他流程而来的，所以，对其中不合理的部分，应主动加以改进。至少，应该有改进的愿望，而不能迷信老传统。

不少饭店制订的服务流程三年不变，还有人喜欢将流程装订成册，甚至作为教材出版，其实是一个很危险的信号，它宣扬了“不变”的观念，应坚决摈弃。记住：规范是用于指导行动的，要执行，但作为管理者（规范化小组）而言，那更多的是需要不断打破的。

员工是执行服务流程的主体

没有员工参与的服务流程诊断，注定会失败。那么——

1. 员工是否对与其有关的服务流程，都有相当程度的了解？

2. 他们是否了解这些服务流程背后的理由与目的？

员工对服务流程背后的理由及目的的了解，不仅有助于他们掌握服务流程，而且还有助于他们提高应变力，并在工作中寻求改进的办法。

以客人订房单的处理为例，如果服务人员对其流程相当理解，便知道这个流程的重点在哪里，通常不会出现大的纰漏。同时，他们也会思索若要达到同样目的，是否能有一个“更便捷、更稳妥”的替代方法，这样，服务人员就有可能发现并提出具有创意的改进意见。

量体裁衣

处理饭店业务的规范化程度，是否与员工的特性相适应？

这是一个很让人挠头的问题，但同样很重要，在流程诊断中不能回避。

不同素质的员工，对“自由型管理”或“保守型管理”的偏好，有所不同。对受教育程度较高，智商高、经验丰富，而且，深受家庭“非权威式环境”熏陶的员工，饭店或部门经理应推行规范化程度较低的管理办法，“点到为止”，“积极鼓励”，以符合他们的个性，这样才可以使他们在一个“比较自由”的气氛中，发挥创意与潜力。

反过来，对于文化程度不高、经验较少的员工，则应强化规范，以确保他们“不犯错误”。这时候给他们太多的“自由选择”可能害了他们。“保守型管理”看似死板，但可保证这一类型的员工服务达标。

这是量体裁衣的管理法。

当然，能否做好，首先取决于经理或主管本人的素质，饭店顾问要给予高度重视，并能因势利导地引导他们进步。

公文发下，大家是否仔细阅读

问清三个问题：

1．饭店部门间的公文流程是否制度化？

2．是否因不够制度化而造成推动无力、无人负责的情况？

3．是否存在公文发下来那一瞬间即成废纸而无人问津的现象？

在大型饭店内部，上下级间事项的交办以及平行部门间的协调，需要正式公文往来，宾客信息也需要通过正式的备忘录传达，政策文件也可以包括在这里。

然而，我们常常发现：剃头挑子一头热。公文“发出者”对公文满怀期待，或至少认为自己完成了一件事，公文“核准人”也认为可行，甚至公文的“批准者”（通常是总经理）也签了字，但终端“阅读处理者”（通常是员工）却并不认真，以至于直到出了问题才想起看公文。究其原因，是因为饭店缺乏一套处理公文的流程，即在草拟、核准、签发之后，缺失了“催办流程”，以至于拖延，进而影响整体的效率与效果。

饭店顾问在这里应用“PDCA工具”开展工作，即可检查出流程的哪个环节出了问题。“PDCA”分别代表“计划”、“行动”、“确认”、“处理”四个环节。

哪个环节有问题，就集中力量解决哪个问题。

饭店可能因历史悠久而产生服务流程僵化现象

历史悠久的饭店，必然有一套办事先例以及经验法则，这虽然有助于工作的顺利开展，但却有时难免妨碍了创新的可能。加上饭店成员对其内外环境十分熟悉，更容易形成作风上的保守以及流程上的僵化。

我们可以深挖七个问题的潜在答案：

1．有没有饭店近两年来在服务流程上改进的实例？

2．如果有，有多少？

3．员工对服务流程是否知其然而不知其所以然？

4．有没有流程培训？

5．设计了员工自我修复的机制吗？

6．考核流程了没有？

7．总体考核的成绩如何？

通过检查这些问题，饭店顾问即可推断出饭店服务流程是否僵化以及僵化的程度，然后，提出“治疗”方案。

服务流程规范化程度的设定

饭店顾问应充分关注各部门服务流程的规范化程度，考察其是否适应各自的工作环境。就是说，任何时候都不能认为越规范越好，或相反。

一般而言，在工作内容相对稳定的部门，如对客服务部门（岗位）或财务部等，应强调一级管一级，即层级化程度宜高，服务流程也应更加规范且严谨。而在产品研发、公关、促销等工作环境较不稳定的部门，制度则应比较宽松一些。

饭店顾问应从这个角度，注意服务流程有没有因工作环境不同，而有适当的变化。比如，有些饭店要求公关销售部人员必须着制服外出工作，有些则不然，恰说明了这种“灵活性”的必然。

三、协调状况

部门之间的策略协调

饭店各部门之间，在策略上是否有足够的协调性，非常重要。这是饭店业务的特殊性决定的。这个特殊性要求饭店比其他行业都应更加注重业务流程和策略发展之间的匹配。这就需要规划一个良好的协调流程，否则，就会出现各自为政的情形，甚至会在客源市场上自相竞争，如上午市场部人员刚刚拜访过的客人，在下午又迎来了同一饭店的餐饮销售人员。

策略上的协调，是所有协调工作中最重要，却也最容易被忽视的工作之一。关注策略的协调性，饭店最高管理者责无旁贷。

作流程诊断时，饭店顾问发现这方面的问题并不困难，因为被调查人员大都会自然地提及，并大都会表明自己的态度。饭店顾问只需用心倾听就好了。

会议协调与多方合作

饭店顾问要从以下两个问题中做出关乎协调效率的判断：

1．是否有很多决策必须在会议中解决？

2．是否有太多的事项，都需要由许多部门协调办理？

我们非常清楚，饭店组织架构设计的目的之一，是依托良好的工作划分，使每个人各司其职，尽量减少彼此协调的需要，流程设计自然为其重要一环。

一家饭店里，如果会议太多，而且每次会议，总经理都非亲自参加不可，否则就无法达到充分协调的目的，便可以说明该饭店责权分配不当，不仅显示出协调方面潜伏着困难，而且也可能说明在组织架构方面有设计不当之处。

决策效率

决策效率的高低，也是反映饭店协调状况的一个重要指标。一个决策是否能很快地制定出台，关键在于决策所需的信息及权力是否能够迅速获得。

这个问题和上边的问题类似。如果决策所需的信息和权力都分散在各个部门，协调工作必然吃重，饭店运行的绩效将因为对协调的需求过高，而受到不利的影响。

协调力度调整的三个方向

任何时候，协调力度都不能一概而论，“一刀切”的方法不适合。就是说，协调方式的选择，以其能否适应饭店工作环境变化的速度，是否配合工作性质的要求并表现出适度的弹性而定，很关键。这里，有三个方向可以参照：

1．一般而言，在业务内容相对稳定的环境中，部门间可依靠规范及其细则规定等来协调。

2．在较不稳定的环境中，就要靠计划、备忘录来协调。

3．在波动极大的工作环境中，协调唯有依赖相互的机动调整。

因此，协调方式的选择，应视情况，谋定而后动。

负责协调的人员的地位及职权

有责无权的职位形同虚设，还可能因地位不足而使责任人过分承受了双重压力，造成身心俱疲的后果。

在传统上，部门间的协调工作，由各部门的共同上级来负责。但有时，由于上级工作负荷太重，或所需协调事项的专业性太强，协调工作可指定平行部门来负责，如饭店财务部虽与各部门平行，但财务事务通常都由这个部门来处理。

这里的问题，是地位平行的协调者，应获得专业授权，若无相应的职务及足够影响力，则不仅无法顺利完成协调工作，而且在协调过程中，会成为两面不讨好的角色，承受双方的压力。

如在餐厅中，让服务员担当厨师与客人之间的协调人，而服务员在餐厅中的地位不高，因此，常常承受双边压力，而造成心理上的压迫感。又如，饭店的不同服务过程，分别由不同部门来协同完成，即共同负责，于是，当有劣质服务发生并遭客人投诉时，就必须由各部门共同协力才可找出问题症结，而若这项协调工作由一向不受上级重视的某一个当事部门经理承担，其在正式地位上与各服务部门平等，又缺乏额外赋予的影响力，协调工作自然难以顺畅，这位经理也会因为“求人难”而在心理上感受到相当大的压力。

这类情况比比皆是，但饭店经理身在其中，可能熟视无睹。因此，饭店顾问要承担起这个责任。

四、授权及员工参与

谁来做决策

对饭店未来有重大影响的决策，是由高层管理部门制定吗？对这个问题，大多数高管人员都会说“民主集中”或“高层决断”，但实际情况可能不然。因此，饭店顾问应去了解高层管理者在授权上的具体做法，以及他们在决定某一事件应授权到怎样程度的考虑标准。

充分授权固然有助于提高士气，但高级管理人员必须能明辨各种决策的轻重缓急，以作为应否授权的标准。

有时，高层人士没有认识到某些决策的重要性，而未主动地去制定这些决策，也等于一种不当的授权。

部门经理与员工应共同了解每一项决策的授权程度

主管经理对下属有三种不同程度的授权：

1. 研究型授权

“去了解问题，把事实资料报告给我，然后，由我来作决定。”

2. 报告型授权

“让我知道你在做什么，待我同意后再开始行动。”

3. 彻底授权

“采取行动，没有必要和我做进一步的联系。”

考察一下，饭店上级与部属之间所称的“这次授权”，究竟是哪一种？何为“这次授权”？因为授权的方式必须由每项决策的性质而定。但无论何种方式，有一点是共同的，即上下级之间必须对这次授权的程度作沟通，方不致因为双方的理解不同，而造成授权上的失败。

饭店应有明确的政策来辅助授权行为的实现

在许多饭店中，授权不成功的原因，是缺乏明确的行动指导原则来给部下作参考准则，因此，必须时时请示，等于没有授权。这时要分析出现这种状况的原因，是上级的工作习惯？是下属不愿意承担责任？是双方没有把话说清楚？

是执行过程中遇到了阻力？原因不同，解决的方式自然不同。

或在执行上发生严重偏差，等于错误授权。这时，也要分析原因，是执行者刚愎自用？是授权方式选择的失误？抑或是执行者故意？糊涂？等等。

在咨询时，对饭店既有的政策及决策流程的了解，可以帮助饭店顾问判定是否有这样的问题存在。

这也强调了饭店文化的作用。

授权不是放任

授权不是放任，包括局部的放任都不允许。因此，在授权之前，上级应给部属以适当的接受培训及试办的期间，同时，明确授权是针对结果，还是针对行动本身。

针对结果授权，是指部下了解上级所要求的目标，然后，自行决定行事的方法。

针对行动授权，则未明确说明特别的目的，以及这个目的与整个饭店目标体系的关系，仅赋予部下采取某一行动的自由。

如果饭店中的授权多半属于后者，而未强调目标，则授权的效果必然大受影响。

饭店工作氛围

主管经理会不会因为恐惧失去其地位、权威、作用，而在心理上抗拒授权？是否所有的工作都有人负责？能否在事先无法知道所有工作（和决策）的项目的情况下，即能主动负责并协调？

对这三个问题的考察，将回答饭店工作氛围的问题。而工作氛围，不仅决定了工作效率，而且影响了服务效果。

饭店要完成其使命，要做许多工作，一般采取完全授权的模式（可能并不说明确），即这些工作全都有人负责，每人都有责任。

但在较动态的经营环境里，大多数情况下，员工事先无法得知将来有哪些工作，包括管理人员在内，都无法明确接下来将出台哪些决策，这种情况下，完全授权的效果将受到制约。因此，必须培养员工主动负责与主动协调的精神，即采取报告型或研究型授权的模式。

也有时候，我们考察到的授权模式具有混合性特点：有时这样，有时那样。其实不然，那可能是我们的工作还不够细致，误把一个周期当做一件事来考察了。

这就涉及到饭店文化的问题：饭店的管理者是否抱持开放的态度？有没有一个融洽的工作环境？大家能否很开心地做事？

倘若做不到开放、融洽、开心，则上述的授权模式将很被动，员工们将在动态的环境下，仍维持一切照章行事的面孔，对上级未明文指示者概不受理。如此，则饭店将很难圆满完成层出不穷的新的工作任务。

许多饭店在市场结构改变而必须面对竞争时，反应迟缓，往往就是这个问题造成的。

从群众中来，到群众中去

饭店的改革事项与做法，是否为员工理解、接受乃至于参与，是饭店顾问必须考察的又一个重要环节。

这是因为饭店内的任何变革，都会影响到员工利益，而且，改革举措还需要通过员工去完成。

有些饭店，重要行动的决策完全由上级决定，然后，未加解释即行交办，往往引起员工心中的疑惧，而且，由于对事情的本末未能了解，在执行上难免有挂一漏万之处，同时，心理承诺的愿望也比较低。

因此，要注意把握“从群众中来，到群众中去”的基本工作原则。

五、激励

激励制度与饭店目标相一致

饭店的激励制度，是一个重要的引导工具，因此，能否有效地将员工的努力导向饭店目标，这个制度将发挥重要作用。

例如，饭店目前着力推广西餐点心，则执行该项产品销售的员工奖金，就可以高过销售其他产品的人员；饭店若想开发某一类客源市场，也可以在奖金制度上予以差别化。这就是将激励制度与饭店目标相结合。但有些饭店在制定销售奖金时，未能考虑成本及利润，因此，出现了一味追求销售量而未顾及获利率的问题，即激励制度与饭店目标之间存有矛盾。

此外，饭店目标有时会改变，因此，激励制度也应该随之调整，唯有如此，上级的目标才有可能落实，才叫做管理。

很多饭店都不喜欢调整制度,并称之为“维护制度的严肃性”,其实是可笑的。

激励应与控制取得平衡

控制，即针对授权效果进行管理。其中最基础的一项工作，是信息反馈。“PDCA”这个关于控制的循环模式，其所依据的，就是信息。激励，则是针对完成工作任务情况的处理，或奖或罚。其所依据的，也是信息反馈。因此，这些信息反馈的渠道、方式、时间、频率、准确性等至关重要，如此，才能收到相辅相成的效果。

反过来，如果大家各行其是，没有“PDCA”，没有信息反馈的配套政策，则在执行上将因缺乏数据支持而致无的放矢。如此，则不仅失去激励效果，甚至取得反效果，因为激励错一个人的代价，远远高于批评错一个人。

如果还需另以高成本来收集所需数据，则在成本和效益上就会失衡，造成事倍功半的结果。因此，控制与激励政策应是一体，应从信息反馈的角度，取得有效平衡。

谁决定员工的升迁

每一位员工或基层管理人员的直接上级的评估，能否影响该下属的升迁及奖金？还是一切都要由最高管理层决定？

这既是激励政策的问题，也是饭店管理风气问题。

韩非子认为，君主必须掌握刑罚与奖赏这“二柄”，才能统御臣下。许多饭店高层管理者了解这一点，所以，把对员工的奖惩权全部保留在自己手里。殊不知，这样一来，就严重减弱了基层主管的影响力。

一般而言，员工对董事长或总经理的向心力及服从性都很高，但对直属上司的指令却常常表示怀疑，或者违背，或者毫不重视，从而使饭店组织的力量无从发挥。这是在家族性饭店中常见的现象。这种做法，除了使组织力量无从发挥外，对基层主管的士气也会产生不小的打击。

饭店管理高层应刻意强化下属管理层级的权威性。

员工晋级制度

员工晋级制度关乎员工的切身利益，所以，应是饭店的核心政策之一。对此的考察，应关注到三个根本问题：

1. 饭店是否根据对目标的贡献来奖酬员工？

2. 饭店对特殊专业人才的薪酬，是否因为要与本饭店内的工资水平（标准体系）看齐，而失去了在人才市场上的竞争力？

3. 饭店专业人才的升迁机会是否太少，以至于许多专业人才宁可放弃其专业领域，而转入行政体系，以获得升迁的机会及社会地位？

饭店缺乏合适的管理人才，是目前全国性的大问题。过去，专业人才发挥能力空间小，相对贡献也不大，因此，其职位升迁机会不多，升迁的上限也比较低。现在，虽然情况发生了较大变化，但专业人才升迁到某一层级后，转入行政体系仍被认为是极其自然的事。

其实不然，饭店专业技术复杂性在增加，这就要求专业人才长期潜心于其专业领域中，也唯有如此才能发挥其专业影响力。为解决对专业人才的激励问题，饭店必须为这类人才设计一个新的升迁途径，使他们的要求获得满足。技术与行政双轨制同步晋升制度，可能是一个很好的解决方案，如网络部可能仅有一位员工，但他可以成为一位技术经理，并享受行政经理的待遇，从而实现同步晋升。

当然，仍有不少饭店，由于粗糙的行政晋升制度的限制，使专业人才不安于位，管理技术因而无法生根，影响了整体的进步。

激励政策对员工的影响力如何

激励政策对员工的影响力如何，要通过以下五个问题得出答案：

1．员工的努力程度，对其本身的利益，如升迁、奖金等，是否有直接影响？

2．有无适当的奖惩制度？

3．奖惩对员工行为的影响力有多大？

4．饭店对员工赏罚的限度是怎样的？

5．奖惩制度是否依据饭店成长阶段而有适当的调整？

当然，答出这五个问题要作很多考察，而其中最重要的，是要分析在饭店发展的不同阶段，其奖惩制度是否有不同的应对，而非一成不变。

在饭店起步期（第一阶段），中小饭店的奖惩应为非正式的、个人的、主管的，目的在于维持其控制，并将小部分资源分给重要功臣作为激励。在发展期（第二阶段），奖惩制度就应较为结构化，奖惩通常是基于双方所同意的政策，而不是凭借个人的意见或关系来进行。到了成熟期（第三阶段），奖惩制度应更为确定，决不致因人而异。因此，当饭店不断成长，不断升级时，奖惩制度也应该跟着逐渐制度化。

而这一切努力，都在于保障激励政策（制度）对每一位员工都发挥影响力，并能（通过理性的调整）持续保持影响力，至少应确保它不是可有可无的。

激励制度应有助于部门间协调

很多时候，激励制度中的奖金政策可能会造成部门间的失调，因为出现了部门之间的比较与竞争。因此，饭店顾问必须弄清：

1．奖金制度是否促成了各部门间努力目标的差异，甚至于互相背反？

2．饭店部门间有无因奖金分配不均而发生冲突？

比如，营业人员以销售业绩为奖励依据，而财会部门以坏账比率为考核标准。这样一来，二者的目标就会发生矛盾，彼此在心态上也可能发生冲突。

又如，营业人员以销售量为目标，而对服务部门则以服务质量与效率为考核标准。在此情形下，营业部门可能为了增加销售量而满负荷接单，甚至超负荷接受会议订单，这必然影响服务质量与效率，使服务人员的奖金受影响，并产生多接不如少接的心态。

两个部门之间的矛盾（主要是心理矛盾）也就自然产生了，并最终影响到团队合作。

饭店顾问必须发现这其中的问题，并提出调整建议。一些饭店集团实施宾客满意度调查，并设立对整个饭店而非个别部门的奖罚标准，还有些饭店把营销人员的业绩考核部分地与服务部门挂钩，都是为了避免部门之间出现协调困难的问题。

激励制度应有助于强化团队意识

问清两个问题：

1．激励或奖金制度是否过分强调个人之间的竞争，并因而打击士气，影响团队合作？

2．工作性质及工作要求是否有足够的挑战性，以激发员工内在成就感的需求，并获得这方面的满足？

有些饭店实施营销员个人指标考绩制度，结果造成员工之间为争夺客源而背心离德，营销部变成了“个体户”部门。

另一些饭店则实施部门整体考核制度，避免了上述问题，同时又通过评优秀员工的活动，使个别业绩拔尖人员受到激励。

还有些饭店实施交叉激励，如对营业部考核，客房收入占其考核指标的70%，宴会收入占30%，从而避免了部门业务方向可能出现的偏颇。

此外，还要注意全员心态的调整，增加大家的共同关注点。这就要求每一位上级都应该是下级的激励者，而且，对员工的激励方法，当不限于奖金与升迁，如赋予员工具有挑战性的工作，认可员工完成的工作等，也是重要的激励手段。

总之，缺乏正向激励的饭店，往往也可能是生产力比较低下的饭店。

第八章

对话与控制

一、饭店对话
二、对话流程
三、对话实况
四、控制、评估与处理

一、饭店对话

对话，无处不在

饭店运营必须建立在良好沟通的基础之上。沟通的实质，是对话。而实现对话，必须有对等的平台。

锅炉和鲜花很难对话，因为不在一个平台上，锅炉跟柴油、柴油车、油库等就能说到一起来了。话虽如此，如果有人力介入，则鲜花与锅炉的对话也是可能的，如在锅炉投入使用时举行一个开工仪式，要用鲜花布置会场。

饭店总经理与基层员工的对话很难成立，但如果有一个“总经理接待日”，或设立一个信箱，或总经理开放网络讨论，则对话将顺水推舟。因此，饭店政策的本质，就是一种对话平台，其内容所宣示的，则是对话机制。

电脑的桌面设计很讲究“人机对话”氛围，要建设“人性化平台”。

饭店里的人跟餐桌也要对话，否则就不成服务。怎样对话？于是有椅子、餐巾、料碟、水杯等等，让你一目了然，你知道它们在说“请坐，准备享受美餐”。到底美不美？于是菜单告诉你“很美”。都是对话。

在客房里也一样，热水壶在茶几上，壶身上有一个纸帖，写着“出水口热，小心”。男洗手间墙面上挂着一幅画，是让客人站在那里对话的，反过来的墙面上镶着一面镜子，也是对话，免得人空对空墙。还有写字桌上的布置，要与靠椅上的客人有对话，而如果椅子靠墙，则可以在墙上镶一面镜子，以便写字累了的客人回头时面对的不是墙，而是镜子里的自己。

日本航空公司的空姐为乘客服务时，首先是用托盘端茶水，向每一位客人问候、送水，用完了再回前舱托出来，如是者不下几十遍，为什么？是要完成对话。一一对话。对话就是服务。

很多客人的投诉，都是因为没有对话造成的。比如在餐里吃到一根头发，如果身边有服务员不断殷勤地服务，发现了问题，自然会妥善处理，反之，身边没有服务员，发现问题却没有对话，只好生气，等见到服务员时，已火冒三丈了。

这些，都是对话。对话可以是嘴巴的（语言），也可以是眼睛的（视觉）、鼻子的（嗅觉）、耳朵的（听觉）、舌头的（味觉）、手指的（触觉）、情绪的。对话无所不在。

对话与控制

对话，是为了处理饭店内的种种信息。对话流程的管理，是饭店管理的重要内容。

也许，饭店对话的流程，在表现形式上不如一般服务流程那么具体，但它却贯穿饭店所有服务流程的所有环节，几乎无处不在。其中，相互关联度最高的，应该是管理控制流程，因为后者所依赖的是充分的信息反馈，而对话本身就是信息传递以及对信息的处理。

“熟视无睹”现象及其原因

饭店的外部环境与内部的运营，每天都有新的发展，而这些新情况对饭店可能会有重大的影响。因此，饭店各级决策者，必须时时掌握这些新动向，也只有这样，才能制定出合乎理性的决策。而即使是一般员工，在对客服务时，也要时时面临着作决策。为此，饭店的各层级员工对内外部的变动也要时刻留意，做个有心人。

“关注环境的变化”，这一点，所有人都明白，但却不是所有人都能做到的。因而，饭店顾问极有必要仔细考察：是不是在员工中存在一种叫做“熟视无睹”的现象？他们是否对内外部的各种变化表现得漠不关心？一些问题直到被饭店顾问指出，才说“噢，原来如此”。

这种现象的成因大致可以分为三方面：

1. 市场或业主等外界的压力不足，饭店管理者对一切都不觉痛痒。
2. 员工素质低下，麻木而不能自觉。
3. 饭店的对话流程设计有缺欠，有碍于大家发现新情况，或积极反馈新发现。

之所以要重视这个问题，是因为我们已经发现，凡对发生在内外的各种新情况漠不关心的饭店，通常，对话敏感性甚低，而其整体的业绩，也多不乐观。

对话敏感性（1）：员工与管理部门

具有对话敏感性，表现为饭店各级员工都关注对话，并时时能通过对话，实现精神上的、情绪上的、业务上的、管理上的互动，达成自我激励、解决实际问题的效果。

对话敏感性的高低，首先，可以通过员工与行政部门之间的对话状态——员工对本饭店高层级制定的目标、政策方向等方面的构想是否了解来判断。比如：

1. 员工能否很快知道饭店在这些方面的新信息？
2. 员工以什么方式来获得这些信息？
3. 他们是否积极主动地去了解这些事？

4．他们是否认识到上级在这些方面的做法和决定，会影响到他们的个人工作和个人决策？

5．各级员工是否能根据上层的决策、饭店的目标，来调整他们个人的决策和行动？

考察并解决这五方面存在的问题，旨在奠定（或重新奠定）饭店的对话平台，从而，在了解整个饭店管理现状的基础上，解决饭店的最基本问题。

饭店的对话平台较之一般商业组织，有一个比较特别的地方，就是几乎每一个服务作业都有时间和空间的分散性，如“三班倒”或“四班倒”制度导致同一岗位员工很难实现面对面的对话，又如不能“串岗”的规定，又导致同一时间在岗的不同部门员工难以面对面交流，进而形成高管员工对基层员工对话的阻隔。

饭店成员对这样的现实，大都习以为常，因此，饭店顾问应以局外人的角度，研究饭店管理层对员工的工作心态、想法等是否关心，是否了解，是如何去了解的，了解以后采取过什么行动，等等。然后，由这些问题的答案，推测出管理者对员工方面的信息所具有的敏感性。

对话敏感性（2）：上下级之间

直接上级和下属之间虽然距离很近，但二者间的对话也一样存在问题。而大部分起因在于上级的对话意识：有没有把对话放在日常工作最重要的位置上，并形成习惯？

一些饭店设立员工恳谈制度，或提出对话指标的要求，但结果往往只能治标，不能治本。因为对话是要用心去做的，否则，极易沦为形式主义，自欺欺人。所以，应考察饭店经理对对话的认识以及能否做到“随时、随地、随人、随事”，自然而然地进行。

一般而言，如果彼此所掌握的信息可以互相交流，则对正在进行的工作以及所面临的问题，就较容易达成共识，而这个共识，对团队精神的发挥，有极大助益。

反之，如果彼此之间漠不关心，整体的力量就无从发挥了。

对话敏感性（3）：部门与部门

在传统的商业模式中，协调各部门的运行，主要是上级经理或总监的责任，但在时时处于动态经营环境里的饭店，单靠上级的协调是不够的，必须由各个部门“自动自发”地去了解彼此的情况，自行协调，才能奏效。

在这种情形下，部门间的对话就变得非常重要，而彼此的对话敏感性也必须维持在一个相当高的水准上。

部门间的对话敏感性，在动态环境中，或在按不同功能组建的饭店组织架构中，是格外重要的。因为在动态的经营环境下，部门间的非例行性联系比较多，需要自动自发的精神。而在功能式的组织架构中，各部门之间的相互依赖性比较大，因此，协调与对话就相当重要了，换言之，饭店的各部门必须形成一个主体，才能发挥作用。

我们通常称这个敏感性，为“团队意识”或“团队精神”。

因此，饭店顾问要去考察部门之间的对话状态，以探察饭店的团队状况，为对话与控制流程的诊断提供基础信息。在这个过程中，我们能发现饭店团队是否曾主动地提供过为其他部门所需的信息？有无部门间定期协调会议制度？执行状况好吗？有无部门间互相联系的公文？内容是什么？出现问题怎样解决的？结果如何？等等，这些都很有价值。

对话敏感性（4）：饭店与外界

如上三者，或员工与行政部门之间，或直属上下级之间，或部门与部门之间，都可以涵盖在饭店内部对话（信息流通）的层面。内部对话当然重要，但对饭店更重要的信息，则来自外界，并深刻地影响了内部对话。

国内外客源市场的起伏，餐饮原材料价格的跌宕，劳动力供需关系的变化，竞争对象的新攻势，乃至于经济、立法、科技等种种新的发展趋势，都会影响到我们这个行业的基本运行。而对这方面的认知，不仅饭店最高管理及计划部门要关注，每一位基层员工，也都应高度关注。因为饭店各级员工都要做决策，而决策的依据，除了上级的政策、指示之外，更多的还要自己判断，而判断正确与否，一大半系于对“各种情况”的了解，即能否实现真正意义上的对话。

因此，饭店成员对外界环境的了解与认知，有助于每个人的服务判断，而只有人人都能认识到本饭店目前及未来的压力和处境，大家才会同心协力，化解部门间因本位主义而造成的种种隔阂，为一个共同的、更高层次的目标去努力。

在这里，如何设法使饭店员工不断地以开阔胸襟提高对外界认知的深度，是管理者的一项重大任务。

对话敏感性（5）：基于知识的对话

广义的对话尚应包括知识。

在这个知识爆炸、各种科技与管理成果的发展一日千里的网络时代，学习新知识的重要性，自不待言。

可事实上，许多饭店中的绝大多数的员工，都远离了新知识发展的潮流，而是处在信息孤岛上，其学识方面的水准，甚至永远停留在当初离开学校走进饭店的层次上，甚至有了退步。他们所知道的，只是如何去办理职责内的事务以及与其有关的各种条文规章，对其他知识，一律不闻不问。

这种现象，对饭店的发展非常不利。饭店顾问应在推动知识对话方面要有所贡献，特别要弄清如下三个问题：

1．饭店各级成员对各方面新知识涉猎的程度如何？

2．他们获取新知识的来源是哪里？

3．他们在工作中恰当地应用了新知识吗？

更进一步说，求知及运用新知，应不只是个人的事，而应是整个饭店的事。探讨知识对话，更应该是研究饭店作为一个组织采取了什么具体行动来帮助员工接触到新知识的大问题，或至少关系到饭店培训部在其中发挥了怎样作用，饭店能否成为一个学习型组织的问题。

二、对话流程

信息的“投入”与“产出”应平衡

除考察饭店员工对各种对话的认知以外，我们还可以由更客观、具体的角度，来观察和评估饭店实现各种对话的流程，以及流程的应用状况。

这个流程涵盖在各个部门传递出去的信息与接收到的信息，我们称之为“信息投入”与“信息产出”。良好的对话状态，应该是“投入”与“产出”相平衡的。

饭店顾问可以由信息的种类、数量、频次、方式等，系统地去了解饭店对话的实际情况。

信息投入

每一个部门，为了业务上的需要，必然会接受各种信息，这些信息，可能是上级的指令，也可能是其他管理部门送来的统计分析，也可能是下级班组的报告，还有客人投诉。因此，饭店顾问首先要做的，就是去分析那些记录（如果有的话），并回答好以下十二个问题：

1．部门究竟接收了哪些重要的和次要的信息？

2．这些信息在性质上，可以分为哪些类别？

3．它们分别来自何处？

4．这些信息对本部门中哪几个人发生重要影响？

5．它们对哪些业务发生影响？

6．它们发挥了怎样的影响？

7．这些信息在数量上如何？

8．传达方式是用口头的还是书面的？

9．传达的规范化程度如何？

10．有无正式的档案管理系统来留存这些信息？

11．信息的传达在时间上是否有规律？

12．如果是定期获得信息，则每次间隔时间有多长？

信息产出

信息产出方面的情形与信息投入大致一样。

不过，当一个部门不仅是信息的接受者与使用者，同时，也是信息产生者与传达者时，饭店顾问除了考察前述有关信息种类、数量、传达方式以及频次因素之外，还应进一步了解以下三个问题：

1．此部门所产生的信息，是根据什么原则来选择传达对象的？

2．是根据什么原则来选择欲传达的内容的？

3．此部门有无配合对方部门的需要，而决定信息表达的方式及传送的时间？

对话流程及其复杂化倾向

许多饭店，尤其是大型饭店运营上发生的问题，往往就起因于对话流程设计有问题，或传达者应用流程的技巧、责任心出了问题。

例如，饭店营销员工无法及时获得前台、客房业务部门在服务上的业绩分析报告以及客人意见等，从而造成促销工作与实际的市场需求的脱节。这很可能是对话流程设计有问题，如饭店要求直接将客人意见报告送总经理审阅，而总经理的通报可能限于经理阅读，而营销员工看不到报告，除非经理悉数传达。

又如，一线服务部门未将接待计划中与人力需求有关的部分及时通知人事部门，造成服务人力不济和人事部门的困扰，则可能是执行流程的人的问题：忘记了，或只考虑本位的事，而忽略了对后台支持的要求，等等。

这类问题，说起来永远是简单的，无非“信息投入部门的员工未能主动向需要信息来进行决策的部门提供其所需资料”罢了，但正是因此，操作起来却永远有“那么一点点”困难，究其原因，人的因素太难以把握了，包括缺乏主动协调意愿，还有饭店中未能建立起合理的对话机制——流程，更为严重的是这个流程将面对操作者的理解、情绪、个人想法等诸般变数，于是，复杂化了。

不过，由繁入简，正该是饭店顾问的拿手好戏，因此，必可以从中发现问题的症结，并推进整改。而在这方面的改进，也必然能收到立竿见影、有助全局良性发展的效果。

政策文件、执行细则与执行者

饭店对话的成败，除上述因素外，还应关注另一个重要的议题：饭店政策、执行细则与执行者之间的对话。

不少经理苦恼：大家千辛万苦制定出来的书面政策及操作细则，往往不到三个月，就成了废纸，而即使在开始，它充其量也只不过是一个文件而已。言下之意，如果没有适当而持续的对话，它不会自动在饭店运营中发挥作用。

因此，饭店顾问不仅应该观察饭店各项政策文件，还应关注文件与执行细则之间的对话，更应关注文件、细则与执行者之间的对话，这样才能全面地了解饭店对话的实况。当然，这里还包括一些临时性的指令。具体而言，就是：

1．文件、细则是如何传达的？

2．各级员工对这些政策、细则是否了解？

3．这种了解对他们的行动与决策是否有具体的影响？等等。

“专题”调研报告

当饭店走上正轨，按照“PDCA”的规则，应不断有相应的调研报告提出来，作为阶段性的小结或启动下个行动的提案。这些调研报告，可由饭店内部员工撰写，也可委托外界专业人士来进行。研究的内容，可包括饭店市场预测、服务技术改善、人事制度、未来发展策略等极为宽泛的主题。常用的内容有部门或饭店的月度、季度、年度总结报告、计划报告、预算报告等。

但在这里更应强调“专题”报告，不少饭店可能一份都找不到，因为根本没有做这件事。这种情形必须改变。作专题调研报告，是员工自我学习、提升的一个手段。也只有员工们的能力提升了，饭店业绩才会提升。

饭店顾问应仔细阅读这些报告，从中一定能获得非常有价值的资料。它除了帮助我们对此饭店有所了解外，还可以显示出饭店对哪个方面的发展是格外重视的，同时，对饭店成员的素质，也可有一个深刻的了解。

基于对话的立场，饭店顾问的分析可以围绕以下十个问题：

1．报告的数量和质量如何？

2．研究的主题与饭店的关键问题是否有关？

3．这些研究是谁发起的？

4．为什么要发起这些研究？

5．研究的结果有无应用？

6．对饭店决策发生了哪些具体的影响？

7．各部门之间是否了解彼此曾进行了哪些研究？

8．调研报告有无传阅？

9．历年的调研报告有无存档备用？

10．各个专题研究的结果有无产生综合效应？

对话流程不能孤立存在

以上，我们罗列了饭店对话的内容及对话流程的诊断方向，这并不是说对话流程是独立存在的，它必须与决策流程保持着密切的联系。

事实上，饭店里的所有问题，都不能截然分开，那种看似泾渭分明的分工态度，其实是不符合饭店工作特性要求的，甚至可能起到分化饭店团队的副作用，要警惕简单的二分法。

因此，饭店顾问在进行咨询与诊断时，也不应一件一件事单独来进行，而应是合在一起去收集资料，提出解决方案。至于本书的章节区分，只是出于论述的方便，而将主要脉络展示给读者。

三、对话实况

开放员工与外界的接触渠道

饭店是否鼓励员工在不违反店规店纪的前提下，与外界接触，以吸收新的想法、做法呢？

这是一个重要问题，是与否之间，将决定员工的工作视野。或有人担心，员工经常接触外界，会影响到本饭店中心规范的稳定性，乃至增加员工跳槽的可能性。这确是许多保守的饭店经理所不愿见到的。

但反过来想，与外界接触可以增加饭店组织的活力，而缺乏活力的组织，是很难健康而朝气蓬勃地生存下去的。

因此，经理们的心态首先应开放，对于那些不利点，加以注意或制约就是了。“严防死守”的做法是不可取的。

对外界变化要有反应机制

饭店对外界变化是否能够及时应对，饭店顾问可考察两点：

1．饭店有没有建立一个适当的外部环境观察机制，以随时了解外界的新机会与新威胁？

2．在发觉外界环境的某项因素发生变化，而有必要做进一步调研时，饭店是否在组织上和流程上，能提供政策与措施的保障，以支持迅速开展这项工作？

通常，饭店的与外界必然要发生联系的人员，包括部门经理，尤其是营销、市场企划、餐饮、酒吧等服务部门的专业员工，都能感觉到环境的变化，但很多时候，他们充其量只能感知到问题的存在，而无法对问题做较深入的了解。

因此，饭店顾问应推动饭店提供适当的方式或设计，即建立信息反馈机制，以迅速地将观察到的信息进行进一步分析研究，得出基本结论，供决策者参考。

重点应放在市场营销、公关企划、采购供应、人力资源四个部门上。

对员工开放言路

作为组织设计与管理者，饭店部门经理大都希望自己下属的问题到此为止，在自己手里小事化了、大事化小，以避免出现不必要的“混乱”。因此，饭店组织也在其运作原则中明确“一个员工只有一个上级”。当然，大部分饭店同时制订了“上达天听”的突破口，即规定“上级可以越级检查，不能越级指挥；下级可以越级申诉，不能越级报告”。

尽管如此，这还是限制了员工的言路。毕竟，东方人是含蓄的，非万不得已不会突破言路界限。因此，饭店顾问应仔细考察这个问题的实际状况：

1．饭店内言路是否真的开放了？还是形同虚设？

2．有无在组织规则之下的对话机制？

3．对新建议和新构想的审核、评估，是集中的还是分散的？

4．员工提出的新构想，能否传达到权力核心人士？

5．员工的建议发挥了怎样的作用？

6．这样的实际案例有多少？

总之，对员工的言路是否开放，取决于饭店能否建立起一个开放的环境，令员工同样具备一个开放的心态。心不开放，一切开放都是假的。而这里，各级审核者的态度影响甚大。

信息收集与反馈体系

重点解决两个问题：

1．饭店有没有建立起一个系统地收集有关饭店“健康状况”信息的体系？

2．内部信息的反馈，能否及时传达到适当的层级或具体对象？

饭店的“健康状况”，通常以饭店运营绩效指标来表示，如住房率、投资回报率、员工流动率、客人投诉率、员工满意度、宾客满意度、成本率、费用率、存货周转率、应收款回收状况等。这些，都应有一个一一对应的信息收集渠道与流程。

同时，要有定期检查这些指标完成情况的制度，再加上执行者的执行力，最后回归建立具体执行结果的档案。

如上四个关键点，一个都不能少。

前边讲过，饭店在控制方面常常出现的一个失误，就是未能及时将可以借以改正行动的信息，传达给可以采取行动的人。

例如，服务质量问题的反馈，往往只让高管员工用作对下级的评估，却未及时报告给在现场负责的中基层管理员工，而实际作服务的员工甚至根本得不到任何反馈。这样一来，虽然上级可以了解基层现状，但却于事无补，无法及时采取补救的行动。

饭店顾问可以通过暗访加明查的手段，来发现信息收集与反馈体系是否在发挥作用。

好的饭店管理，应善于挖掘问题

发现一个问题的存在，可能需要综合好几方面的信息。如果有关一件事的信息分散在不同的部门，则饭店管理组织就很难迅速注意到问题的存在。例如，在按功能划分的饭店组织里，某项服务项目的获利能力是否低下，常常不易被发现，因为收益信息在营业部门，而成本信息在一线服务部门。或如饭店实施多元化经营，则产品品类众多，此时，倘若缺乏“专门的”信息分析系统的支持，则获利能力低的产品很难被发现。

为此，饭店顾问应帮助饭店建立、完善一一对应的信息反馈体系，以迅速挖掘问题。如果每位基层经理都能在顾及营销的同时又能关注到成本，那么，任何一项产品获利能力的变动，就都会被发现，且能建立起日常性的业务危机预警系统。

善于主动发掘问题，而非等待问题出现之后再行被动处理，恰是好的饭店管理的重要标志之一。

利用网络的对话应“恰到好处”

信息泛滥是饭店对话面临的又一个问题，尤其在实施电脑网络化以后，很多信息的处理都依赖电脑，而且，非常容易因设计不当，或取数不当，而误导饭店决策者。因此，饭店顾问在进行咨询时，应从全面管理的角度分析问题，断不可迷信电脑系统及其数据信息。

一方面，若发现数据的流量相当充分时，饭店顾问应仔细请教各级经理，考察他们对手边的这些资料是如何应用的。这样，不仅可以指出信息的流通是否过密，是否有误，而且，也可以对各级员工的决策方式及决策能力，做一全面的了解。

另一方面，还要考察经理们关注网络中的哪些信息，哪些报告是根据网络信息编制的，再反过来浏览网上信息，进行判断。

日常工作所需要的信息，如当地市场、饭店服务质量、各部门管理问题等信息，是一定要到现场，从客户、员工那里亲耳听闻，才有意义的。因此，要特别警惕虚假信息的侵蚀，更不能容忍编造虚假信息。过去，曾有人根据网络现成的市场分析报告，结合手头有限的数据，直接把人家的结论变成自己的结论，提交给饭店决策者，还博得了喝彩。这不仅是彻头彻尾的弄虚作假，自欺欺人，而且会带来非常严重的后果。饭店顾问应有能力发现这样的问题。

同时，若发现信息流量不足，如方向、手段、技术不能满足经营管理的需要时，也应及时采取行动，提出整改建议。

总之，利用网络对话，要恰到好处，要与亲力亲为结合起来。因此，以下各问题对于判断网络对话的尺度很有借鉴价值：

1. 饭店对话流程，是否与决策流程结合得起来，且相得益彰？
2. 信息的时效性与形式，能否配合决策的需要？
3. 有决策权责的人，是否能得到必要的信息？
4. 与决策无关的人，是否获得了他不需要的信息？
5. 与决策无关的信息，是否也在大量流通？

关于对话平台的三个问题

认真考察以下三个问题：

1. 饭店促销、现场服务、菜品加工、饭店产品企划、研发等部门之间，有没有规范的途径（平台）来交换信息（对话）？

2. 若其他部门主动提供及时而有价值的信息，饭店有无适当的奖励办法（另一个层面的对话）？

3. 饭店内的非正式组织（私下结成的圈子）能否承担起对话的功能，并发挥了积极作用？

如果三个问题答案都是肯定的，则标志该饭店已经建立起了一个较完善的对话平台，反之，则需重新校正。

道理很简单。比如，在以团队客人为主的饭店，前厅部所掌握的客人信息，也许对餐饮部、商场的绩效（营收与服务质量）有决定性影响。其他情况亦然。因此，饭店所有平行部门之间，都应有对话平台：渠道与机会。

不过，如果事与愿违，为其他部门提供信息并不被上级认为是一件“功劳”(倒不一定是要颁发奖金等)，甚至被认为是“多此一举”的话，则掌握信息的部门未必会热心积极地提供这种服务，该平台将遭到破坏。

又如，我们发现，不少饭店销售员工在市场上获知一些与餐饮部门有关的信息，若没有饭店特别的安排，则这些有价值的信息可能永远无法传递至餐饮部门。这样，规模化经营的潜在利益就无法发挥，也意味着饭店尚未建立起真正意义上的对话平台。

非正式组织是饭店中一支非常重要的力量，人们会因为“情投意合”而在正式组织的夹缝中，建立起自己的对话平台，形成我们常说的“圈子”。有“圈子”不是坏事，但如果“圈子”的平台反制甚至破坏了正式组织的平台，则问题将相当严重。为此，饭店顾问要静观默察，以发现这个力量及其分布状况，要加以正确引导，使之有助于饭店对话的实现。

对话应是双向的

理论上讲，对话一定是双向的，否则不成其为对话，但对许多人而言，这无论在意愿上，还是在能力、技巧上，都需要培养与训练，而且，现实中的很多对话状态，五花八门，甚至令一些“自言自语”或“发号施令”看起来也像对话，这就有问题了。

于是，饭店顾问要考察两点：

1．饭店各级经理、主管对双向对话，有无正确的认识?

2．他们有无运用这种对话方式的意愿与能力?

由此，我们可以推导出饭店的管理风格，并进一步提出有益于对话实现的建议。

下行、上行、平行、斜行对话，一个都不能少

饭店组织中适当的下行（如经理与员工）、上行（如员工与经理）、平行（如经理与经理）对话机制或流程，是大家非常熟悉的，在此暂且略过不谈。饭店顾问要在这里重点考察的，是斜行对话的状况。

斜行对话，多半发生在大型饭店或饭店集团中，表现为中央集权管理部门对下级一线专业岗位人员的直接对话。例如，饭店集团工程总监对客房方面的技术指导或信息收集，有时可能不必通过其部门经理，而直接跟有关的、具体的下属人员进行合作。这在对话效率上，必然提高很多。

当然，这类对话应限于技术、专业层面，以避免影响整体对话机制的平衡，或破坏既有的对话氛围。比如，事关人力资源、营销、采购供应等超越技术层面的情况，应取下行对话方式，而取斜行对话，则可能遭到抵制、拒绝或被敷衍，造成尴尬局面，无法实现真正的对话。

与外界对话要关注重点

每家饭店的经营策略都不同，因为各自的弱点及机会不一样。因此，每家饭店收集外环境信息的着重点，也应与此配合，要有专人负责，要抓住重点。

换句话说，任何饭店与外界的对话，都应有一个总的策略为引导，而且，

要确保负责这项工作的员工知道取舍，集中力量于关键性的项目上。前者应在饭店的岗位职责与分工上加以明确，后者则应通过对话流程提出要求。如企划部的对外发言人，营销部的市场信息把握渠道，等等。

这样做的另一个理由，是无论我们怎样开放饭店的对外窗口，对话能量也是有限的。因此，与外界的对话能否集中力量于关键项目上，就显得特别重要。

此外，还有一些对话可能是有害的，是要禁止或警惕的。如非专业人员与媒体频繁接触，不相干人员过多地涉足政府事务，穿梭于不同层级经理之间的“个别人员”等等。

饭店顾问要花一点时间了解这方面的问题。

对话可能因部门冲突而被削弱

饭店对话常常会因部门间的冲突而被削弱，而这种冲突又常常与部门利益相关，所以，常常不可避免。这类问题若发生在部门（或员工）间必须密切合作才能完成工作时，影响尤为严重。

饭店顾问应致力于寻找最直接的原因，并提出解决方案。大多数时候，问题就在对话机制本身，如因个别员工的对话“口气”而导致部门间的对话中断；或如一些考评机制过于强调了部门或岗位之间的竞争，而强化了本位主义、保守主义，造成了无法对话的现状；或如分工安排不当，造成自上而下的对立，使得对话根本没有平台。这时，应首先“换脑”，进行观念培训。此招不奏效，应“调职”。再不行，必须“换人”。

饭店将因流畅的对话而精彩，因对话不畅而一团糟乱。

四、控制、评估与处理

控制对象的把握应与饭店策略一致

饭店管理控制的最重要目的之一，是要确保饭店计划中的业务指标都能完成，并获得社会（客人）、政府、业主（股东）、员工四方面的好评。然而，饭店毕竟是“劳动密集型”企业，千人千面，众口难调，真正做好控制并不容易，因此，控制性的对话，必应“执简驭繁”。

这就要求饭店管理团队，能集中注意力于与策略成败密切相关的重点行动方面，以收纲举目张之功效。而在具体做法上，应关注两点：

1．“一切行动听指挥，步调一致才能得胜利”。

2．饭店没大事，服务没小事，养成抓细节的习惯。

任何饭店服务与管理的失败，都是细节管理不到位所致，尤其是大家司空见惯的迟到、早退、吃零食、不化妆、说话没礼貌、饭前便后不洗手，等等。

控制制度不是一成不变的

饭店的控制制度是否配合着经营计划的实施？如果是，则控制的方向正确，如果不是，应进行调整。不少经理人讨厌“变来变去”，认为“稳定压倒一切”。其实，不能以变应变，而只是僵硬地守住教条，恰是真正的不稳定因素。

而且，我们制定任何控制制度的目的，都不是为制度而制度，而是为服务于经营或管理目标，才行控制之道的。就是说，控制与计划必须是相呼应的，而许多控制制度无法顺利运行，就是因为在计划阶段，没有订出良好的目标和进度等，使得在控制工作上无从下手。

此外，还可以考虑在年初的三、四月份，进行一次政策或制度微调，如增加一些解释，等等，再在年底的十一、十二月份进行一次大调，以适应下一年的工作目标。

这样，则既能保证控制制度的相对稳定性（即不是乱调整，使之丧失权威），又能保证其具有相当的应变能力（即不是不调整，使之成为废纸）。

控制制度应配合部门业务

控制制度不宜简单地、完全地“一刀切”，反对者或许要说，不“一刀切”成何制度？当然，如果能够“一刀切”，最好是“一刀切”，但有些项目，必须配合各部门的业务性质。

有些部门，如客房口、餐饮口、采购部等的营收、管控工作，可以明确地看到具体的成果，因此，对它们的控制项目，可以偏重于“结果”导向。另一些部门，如财务、会计、总务、人事、培训等，在饭店中的主要功能是辅助一线部门，本身所能表现出的具体成果往往不多，因此，对它们应着重在“流程”或“过程”方面的控制。

再如“统一打卡”制度，可以适应大多数员工，但营销部门是否能够豁免？未尝不可，因为他们的工作性质不是准点来准点走，还有经理人员，都可以考虑灵活对待。

当然，如果因灵活而造成了放任，并影响了饭店整体的纪律，则应进行调整，但也不能因此就否定灵活性的价值，因为放任现象的出现，是实际控制能力的问题，而不单是制度问题。这要分清。

这里要特别注意，一般饭店都有一个通病，即因后台支持部门不必创造具体成果，而完全放弃了对他们的结果控制，进而造成后台的服务意识低降，控制欲望增强，以至于前后台矛盾重重，影响到一线部门的服务质量与经营成果，危害极大。

策略评估要制度化

控制制度的对象，不应仅限于作业性工作，整个饭店的绩效以及策略方向，都应该放在控制的范围之内，而且，要有制度化的做法。

因此，策略评估，就是考察饭店决策有没有做无用功。这些决策，主要包括用人政策、市场定位、设备投入、经营方针、服务理念、功能决策、产品规划、财务控制等八方面。为此，饭店顾问必须问清三个问题：

1．饭店以什么方式来评估八大策略上的绩效？

2．如何收集有关信息？

3．这些活动有无形成制度？

如果方向错了，事情可能南辕北辙。比如，现代饭店消费者已经不再喜欢热量高的食品了，而养生的药膳可能大行其道，则即使前者的作业效率再高，也无法避免因策略偏差而被时代淘汰的命运；反之，后者即使效率不佳，但只要掌握住正确的经营观念，仍能达成一定的“效果”。

再者，饭店策略评估不是单一的经营项目评估，不能简单地拿单一指标完成与否为评价标准。比如针对用人政策的评估，一位部门经理的经营指标完成得非常漂亮，但不能仅凭这一点就认为这位经理优秀，而要加入更多的其他指标，如个人遵守店规店纪、完成授课时数、与员工恳谈人次数等等，才立体，才可以，才有方向性。不少饭店做不到这一点，以至于很多经理的素质无法提升。

这就要遵循“PDCA”（计划—执行—检查—处理）的基本规则，先以制度化的形式来设计，年初公布标准，月度、季度或年度评估、处理。其间，还要围绕这个核心，明确信息收集方式与办法的细则，落实信息收集的责任人或岗位，使之发挥作用。

评估与处理应促成行动

根据“PDCA”的规则，凡事都应有一个评估，并得出一个结论即获得处理。评估与处理，可以来自外部，但更多的，还应由内部自行解决。比如，一线服务部门在获得上级评估或客人评价的信息反馈后，有无采取适当的行动，以修正其作为，就属于这类问题。

任何控制的作用，都应表现在反馈后的修正行动上。

然而，往往由于制度、管理执行上的缺陷，或当事人怀有推诿的心理，而在获得反馈信息后，并不采取改正行动，而仅一味推卸责任，甚至置之不理，使得前期的很多工作努力化为乌有。

这种反应，使得控制制度的设计初衷完全落空，我们称这种状况为“失控”。

控制制度应有预见性

饭店的控制制度有无预见性，将决定该制度能否发挥指导作用，也决定了其是有用的指针还是无用的废纸。

有预见性的控制制度设计，应确保一些指标能预知其结果，当不利因素出现时，饭店管理者可预先防范或及时修正。

例如，销售额、直接人工、直接材料、办公费用等都会影响税前盈余，而税前盈余的多少又影响了未来某一期间饭店所拥有的现金水准。因此，当管理者发现当前的市场或成本发生波动，就可以预测出将来的现金水准波动程度，因而可以未雨绸缪，预先准备。这就是有预见性的控制制度的含义。

而失败的控制制度的特征，往往是专等人犯过失，然后加以处罚，因此，不具备建设性，亦如警察躲在暗中窥视违章停车，毫不制止，而只待停车，便出来罚款一样。

饭店顾问要认真考察饭店控制性文件中所传达出来的这类信息，对于那些失控、无效的制度，要提出修改建议。

经营环境越复杂，控制力便应越强

饭店的任何制度都不是一成不变的，控制制度亦然。因此，饭店顾问要注意观察，饭店的控制制度能否随着经营环境变化而有所调整。总起来说，不断加强控制，应是每一家成长型饭店制度建设的必然路径。

饭店顾问可以通过比较过去与现在的控制性文件的表述，来发现这其中可能存在的问题。

一般而言，随着饭店内外经营环境的变化，饭店组织架构、管理格局、方向都可能进行相应调整，于是会出现制度分化。而这个分化越激烈，最后就越需要整合。这种情况下的整合，一定要依靠复杂的控制制度与对话系统。

因此，控制制度应随着经营环境的变化，而有所加强。

评估指标也非一成不变

在饭店不同的发展阶段，主要绩效考核指标应该因当时的策略重点不同而有所差别。一般而言，试营业阶段，重点在图生存，因此，主要绩效指标应为作业上的质量与效率。

在第二阶段，主要依靠扩充目前市场和销售能力，以及对垂直体系进行整合来获得进步、成长，因此，主要绩效指标应为销售额、预算绩效、规模成长等。

而在进入多元化经营的第三阶段，主要目的在追求利润机会并防止僵化，因此，核心绩效指标应为投资的利润率，以及将来必将出现的对股价盈余比率、客源市场占有率等方面的追求。

饭店员工的自我发展与态度，也要在此讨论。

控制制度有时要“因人而异”

当然，这个“因人而异”不是指随时随意的变动，而是要适合当期员工整体的素质水准及当期心态。如果过度超越了这个现实性，或未达到，则无论宽严，再好的东西都可能变味儿。而一旦制度不能为人接受，便难以发挥作用。

一般而言，知识水准和成就动机较高的员工，比较偏好自我控制及自我修正的控制制度，因此，在设计管理制度的宽严时，应适当简明扼要，以便有管理发挥的空间。

反过来，员工的知识水准一般、按部就班，或一班调皮分子，则应条分缕析地设计，将可能的行为一一列出来，将前因后果一一讲清楚、道明白，才好用。

由是言之，完全的拿来主义，是不行的。

而一成不变的态度，更有害。

控制程度应随分权程度提高而有所改变

分权所分的，是决策权和办事权，而饭店控制所要求的，是决策及行动的结果反馈，二者应相辅相成。因此，分权程度提高后，对结果的控制程度也应相对地提高。

大部门的控制

所谓大部门，在此就是指控制幅度较大的部门。

每家饭店都有大部门小部门之分，如一家200间客房的饭店，可能同时拥有1000个餐位的餐厅，于是，相对于90名员工的客房部、50名员工的前厅部，200名员工的餐饮部就是大部门。

但问题是在很多饭店，大小部门采取的控制机制完全相同，评估办法也完全一样，自然造成了评价的不公平。比如，经理要为员工流失率负责，那么，50人的团队与200人的团队，能够一样吗？集中在一个工作区的团队与分散在十个工作区的团队的管理能一样吗？当然不同。

在大部门，经理与员工之间以面对面的方式进行督导和控制的机会比较少，因此，需要较正式的控制体系和对话体系以为补足。比如，在大部门设立二级部（中餐部、西餐部等），而二级部指标与前厅部、客房部相近（不一定完全相同），便是一法。

控制对象应该是工作结果

控制对象是工作结果？还是个人？

这是一个根本问题。要明确：控制制度应该就事论事，因此，所控制的应为一有特定目标的业务，而非负责这项业务的个人。

控制方式应与时俱进

在控制制度（原则性）执行过程中，有一个对控制方式（非原则性）把握的问题，应注意，要时时适用于新情况，否则，极可能扼杀饭店成员的创新与进取精神。

控制方式及控制项目（对象），经常是依据以往饭店业务性质发展而来，行之日久，各级员工在这个控制体系下便安之若素，因而往往就不去追求新的目标或研究新的服务技巧与方法了。甚至有时，由于控制制度过于严格，使员工丝毫不敢逾越规矩，则创新的动力就必然消失殆尽，服务的个性化也就无从谈起了。

饭店顾问要充分观察这一方面的问题，要协助饭店把原则性与非原则性的事务区分开来，取得控制与激励的平衡，以创造一个“团结、紧张、严肃、活泼”的工作局面。

成熟饭店的指标管理

成熟饭店的标志，是饭店进入多元化经营，或即使没有实际的多元化项目，经营者也有精力搜寻更多的收益机会。因此，会出现八仙过海各显神通的景况。

但实际情况可能远非如此简单，因为饭店内各部门的成熟度可能千差万别，甚至完全不在同一个循环阶段上。因此，要有不同的策略重点，并使这些策略重点反映在绩效评估指标上，使之相互搭配。饭店顾问要有此战略眼光。

例如，饭店配餐中心处于成长中，前途美好，但目前亟需资金扩充，短期尚无法产生现金盈余。而饭店大型洗衣场的对外服务业务则处于衰退中，虽然目前赢利甚丰，却随着洗衣业务的社会化发展，前途有限。此时，若在战略上，将后者的盈余去补充前者，以期将来可以取代后者的贡献与地位，便是良好的搭配。

由这个简单的例子中，我们可以知道，各部门在一特定的时期里，对饭店的贡献或作用是不尽相同的。因此，饭店对各部门，或饭店集团对下属各饭店所赋予的目标、使命，也不应相同。

这些相异的要求，应该充分地反映在各分部的绩效指标上，以期实现更加有效的指标管理。

评估结果的反馈

大部分饭店员工都关心外界对自己的评估，因此，各部门经理应有技巧地将绩效评估结果，反馈给每一位部下。

不少饭店出于“经营信息保密”等原因，不喜欢让员工知道更多，其实视角狭隘，因为任何经营结果的信息都是“过期的”，如果经理死守这一点，将大大地影响管理与创新的心态。反过来，如果经理能将经营状况或他对某一部下的绩效评估反馈给后者，对后者将来的努力方向，通常都会有良好的影响。

当然，反馈工作，尤其是对员工个人表现的反馈，是需要技巧的，若缺乏技巧，则容易引起部下的敌意、不满，甚至部下会离职。

因此，由这里，饭店顾问也将发现经理的一些实际能力问题，要给出有针对性的整改建议。

评估与处理是为了员工进步

在饭店绩效评估过程中，部下能否得到自我发展与自我改进的机会，是关键。因为绩效评估的主要作用，不在于评判或奖罚，而是希望部下在了解自身绩效以后，能自我改正缺点，充分发挥长处，并在这种过程中得到自我的成长与发展。

评估的量化指标要适当

很多饭店追求绩效评估项目的量化指标，其实，过度量化管理并不利于饭店的发展，因为它会使员工忽略长期性且不可量化的目标，最后是捡了芝麻丢了西瓜，得不偿失。

例如，要求基层经理维持高度的士气，或要求高层管理者重视社会责任等，都是饭店管理中最重要的项目，但无法量化。如果我们的评估忽略了它们，怎样的后果，可想而知。

就高层次而言，灵魂是不可量化的。而人如果没有灵魂会怎样呢？饭店也一样，理念是灵魂，思想是灵魂，能忽略吗？不可忽略。它们将作为维护饭店基业长青的精神基础，发挥最重要的作用。因此，对评估的量化指标追求要适当，同时，可通过促进“过程管理”，来重视非量化目标的达成。

评估的主观性与客观性

仅以主观印象或抽象事项（如责任感、进取心等）为依据来评估员工绩效，当然是不负责任的。那就犯了主观主义的毛病，不可取。服务的具体绩效（结果量化指标）仍是最重要的部分，必须纳入，而同时，诸如个人日常表现以及对上级交办事项的完成情况等，也须纳入评估指标体系之中。只是，这些非量化指标的设计，因不可定量，便只能定向（目标），定进度（程度），并体现在流程里，做起来比较麻烦，所以，在事实上，经常被忽略。

饭店顾问应致力于发现这方面可能存在的问题。因为只有这样，评估才可能客观。换言之，在评估上，对部下行为的主观印象及办事的具体结果二者都要注意，不可偏废。

日常表现评估，就是过程评估。其现实作用，在于上级能实时地把握每一位下属的进步实况，而不是到年底聘任，或面临晋级时，才想起评估一下，敷衍了事。这类评估常被员工称为“走过场”，以至引发员工反感，因为其结论大都由主观印象而来，没有实际意义。所以，饭店管理者应高度重视日常评估。

日常评估确实麻烦，但如果做好了，则受用无穷。在操作上，应形成评估制度，要有记录，有档案，以便应用。比如评选年度优秀员工，就不一定要依赖年末的一次评估，而可以从一年四季的分期评估记录中择取长期优秀者入围，其客观性将远远大于前者。

又如，当部门经理认为某一下属不适合某一岗位，提出调岗或降职建议时，上级一定要问：凭什么？如果没有日常的评估记录，则该经理的建议将是主观性的，而只有拿出全年的评估记录，才有说服力。

评估，应避免“走过场”

评估是否走过场，除了上边提到的要点之外，还可以考察两个问题：

1. 绩效评估是否确实在做，还是每年轮流分配成绩奖？

2. 绩效评估的时间是否配合了各种业务的周期特性？

有些饭店业务在性质上需要较长时间才能看到效果，如培训与研究发展，其绩效评估的期间就应该比较长；而一线服务部门，则绩效评估的期间就应该比较短。

令行禁止

对话、评估以至控制，无非要达到令行禁止的境界。而不能令行禁止，则反证对话、评估、控制工作没到位。

比如，许多饭店对“行文”的期限控制很严，那是办公室主任的责任，上有总经理直接督办。至于实际事情办了没有，却因管理流线拉长，而不闻不问，造成普遍的行文不办事的现象。

该现象的成因，一部分是因为负责控制工作的部门级别太低，故只能在公文流程上追踪，而无法深入追究工作的实质内容，更遑论奖励或处罚。同时，也可能是经理的工作太忙，只顾发号施令而忽略了他验收成果的责任。

饭店顾问可以由旧的公文档案或交办单中，抽样追查，以获知这一现象的严重程度。

最后的咨询结论，一定要纳入“PDCA”规则里。

或许，我们就事论事的规则，能做到这里已经可以了。但问题远没有结束，因为令行禁止如果仅仅停留在言谈举止，而不能入心，成为员工的自觉行动，长期的效果，仍会是事倍功半。因此，以下五个问题，必须同期解决：

1．是不是每一成员都了解饭店组织对自己的期望？

2．是否知道被评估的项目是哪些？

3．这些项目是否都在自己的可控制范围内？

4．控制评估的次数是否太频繁，而妨碍了正常的对客服务作业？

5．是否因为周期太久而失去了反馈的意义（作用）？

第九章

员工与经理

一、员工心态与士气

心态

员工心态，也就是心理学上所称的态度，它代表了一个人对某些事物在价值偏好上的倾向。

饭店员工对许多与饭店有关的事，都具有不同的心态或倾向，这些心态或倾向，会对他们在服务中的行为，产生决定性的影响。

在心理学的研究中，有许多现成的量表，可以测验出受试者态度上的许多特质，但饭店顾问并不需要如此精细和科学，而且，心理学上所测定的态度，对饭店咨询也未必有很大的用处。

饭店顾问在观察员工心态时，应重点把握员工对客人、饭店、上级、部下、自我、权力、时间、空间、工作以及对与工作有关人士等十方面对象的态度。

对客人与饭店的态度

对客人的态度，其实，是所有工作态度的综合反映。

对饭店的态度，则是指员工普遍认为本饭店对他们来说是怎样的一个地方。比如，是一个赚钱谋生之地；是一个打发时间的社交场所；是一个发挥潜力，实现自我的地方；等等。

员工所持的是哪一种态度，对他的服务效率、职位满意度所产生的影响，是显而易见的，这也是无须赘言的。

对上级与部下的态度

对上级的态度，是指员工对他的上司的一种认识：是一种行动上的限制者呢？是对工作要求上的监督者呢？还是可以依赖和合作的资源呢？这些态度的形成，固然是受组织氛围及上级个性的影响，但就态度本身而言，都会不可避免地影响员工的工作绩效。

对部下的态度，是指身为经理或主管的人，对待他们的部下，是怀着怎样的心态。他可能认为这些部下全是毫不顶用的草包，只可作为他满足权力欲望的来源；也可能认为部下是可以通过压榨劳动力来帮助他实现自我表现的对象；也可能视部下为合作伙伴。

对自我的态度

对自我的态度，是指饭店员工对他们自身的看法，包括他认为在饭店的这个职位上，能够享有多大程度的社会地位与威望；对饭店乃至对整个社会而言，他是不是真的有贡献；他对自己的未来抱着怎样的愿景——是乐观进步，一片光明的呢？还是永远庸庸碌碌，平凡一生呢？

对自身的看法，或所谓自我的态度，虽然有很大一部分，是他的个性使然，但也有不少是饭店的职位政策造成的。

一个饭店里，如果上下都是感到暮气沉沉，似乎每个人对自己都不心怀美好希望，也不认为自己有任何重要性的话，那么，这家饭店的问题，恐怕已相当严重了。

对权力的态度

权力，是任何组织中都存在的一种必然现象。

无论是正式权力或非正式权力，如果能适当运用，对饭店目标的达成，都会产生积极影响。反之，假设一个饭店的各种权力的行使都呈无力状态，则这个饭店必然会陷入瘫痪，更谈不到目标的达成了。

对权力的心态，是指各级员工对权力的看法：它是一个争取的对象呢？还是谋求个人利益的工具呢？还是可以协助达成工作目标的助手呢？

在一个饭店里，大部分人，尤其是居于高位者，如果对权力都抱着前两种看法，则这个饭店的运营状况将令人担忧了。

对时间与空间的态度

员工对时间的态度，是指大部分人，究竟是生活在过去？未来？还是现在？生活在过去的人，可能一味缅怀从前辉煌的日子；生活在未来的人，则未免会忽略目前的小节。

因此，饭店顾问应通过咨询工作，帮助他们在心态上，将未来、现在与过去三者，维持在一个恰当的平衡点上。

对空间的态度，指的是员工在心理上的视野开阔程度，也就是胸襟气魄的意思。有些人能够放眼世界，有些人目光则只囿于斗室之间。

这方面，太大太小皆非所宜，要看个人在饭店中所担任的职务而定。

此外，在饭店中，各种人的见识要互相搭配才行。整个饭店，上上下下，全都是志大才疏也不好，每个人都精微细密，兢兢业业也不行，必须要各种人都有，才能彼此取长补短，《西游记》的唐僧团队就是这样，所以，能终成正果。

对工作及与工作有关人士的态度

饭店中每一个人都会在工作上，直接或间接地与其他人发生往来关系。这些人或部门可能包括饭店的董事会、客户、供应商、工会、同事、质检部等。

员工对他们的态度，可能是友善的，也可能怀有敌意；可能认为休戚与共，也可能视同陌路；可能互相认同合作，也可能互相竞争。

这些态度与心理倾向，对饭店绩效、员工职位满足度等都会产生极大的影响，它们还影响着整个饭店的工作氛围。

对上述林林总总，饭店顾问除了应用心理学上的量表外，更多的，还是要靠个人的观察和体验。顾问应通过饭店的蛛丝马迹来推测饭店员工的心态，例如，员工在提到某人时的口吻和用词，以及员工之间彼此交谈和开会中的表现，等等，都可以提供一些侧面的信息。

士气

士气，也是员工心态的一个重要表现。

士气，主要反映了员工在饭店中对他们的工作、客人、同事、上级、部下以及整个饭店的满意度。

士气是影响饭店生产力和向心力的一项重要指标，因此，饭店顾问应该格外注意。

测量饭店员工的士气，通常可以使用标准化的量表，如问卷等。如果不使用量表，饭店顾问还可以通过访谈来探查整个饭店士气的高低。

影响士气的重要因素之一，是饭店组织氛围。

饭店组织氛围，是指员工所感受到的组织特质中，能够影响其行为的那一部分。这些饭店组织特质，可能包括竞争压力、领导作风、组织的有效性等。

二、心态实况

信任感

饭店中，一切改革和工作调整，对有关的人，都是一种不确定的情况。此时，个人为了本身职位与权力的安全，难免会做出防卫之举，进而形成改革的阻碍。在这种情况下，唯有彼此信任，才能避免问题发生。

然而，在信任感低落的饭店，不仅改革会发生困难，包括饭店顾问的工作，如提供信息、合作程度等，都会遭遇困境与被动。

诊断饭店成员间的信任程度如何，饭店顾问应至少弄清两个问题：

1．员工之间、员工与管理部门之间的信任感如何？

2．会不会因为彼此缺乏信任感，而造成改革或新制度推动的困难？

员工互动

这里要考察的重点，是以下八点：

1．饭店成员是否支持求新求变？

2．他们是否积极寻求工作改进？

3．员工是否普遍有自动自发、互相支持、主动协调的精神？

4．是否大多数饭店成员都认为本身的工作有意义？

5．员工是否认为可由工作中获得自我成长和愉快？

6．是否大多数员工都了解饭店的目标及使命？

7．他们是否接受和认同这些目标和使命？

8．他们是否能认识到本身工作与饭店使命之间的关系？

获得肯定答案的组织氛围，表明饭店组织的员工互动状况良好；如果相反，那么，饭店顾问应提出合理的整改建议。

三、士气与饭店氛围

基层部门规模过大可能影响员工士气

饭店或部门规模过大，对员工的士气、工作满意度、缺勤率、客人及员工投诉率方面，都有不利的影响。

这是因为在人数众多的饭店或部门，个体将自觉非常渺小，并因此徒增心理上的压迫感，从而影响士气，乃至服务生产力。

饭店顾问应致力于建设部门中的部门，或通过建立规范的控制与对话渠道，提升员工个人的自我认知。

中层管理者会因权责小而士气低落

在中小型饭店里，由于饭店的最高主持人掌握所有重大决策权，因此，其他层级管理者的相对权力就相当有限，因此，士气往往低落。饭店顾问应通过心态调整，改变中层管理者士气低迷的状况。

向心力

饭店成员对饭店的向心力如何，要看员工是否将饭店视为自己一生事业中的重要寄托。

针对这个问题的诊断，饭店顾问应找出饭店是由哪些人或哪些部门来负责关注员工心态的，要倾听员工对各项福利需求改变的态度。这很重要。同时，还应找到证据，确定饭店过去对员工福利等措施的调整或改善，是在什么情况下发生的。因为由高层管理者主动地、顺应潮流地推动调整，与士气已有明显问题时才谋求改善，做法是截然不同的。对前者，只需顺水推舟，更上层楼即可，而后者的工作将复杂得多，不仅要改变思路，还要清除旧有的影响，重建新的大厦。

主动发掘问题的精神

有些饭店的经理，为了达到组织内表面的一团和气，而不鼓励员工主动发掘问题、提意见。这种做法，不仅损害了组织的向心力和组织活力，而且，会因为这种不敢面对问题的鸵鸟政策，而使潜在问题日益恶化而不自知。

还有些经理，则因为本身缺乏修养与自信心，并且在其潜意识中就喜欢“听话”的部下，不喜欢有独立意见的员工，这样也会造成类似的不良后果。

饭店顾问因此而要回答好以下三个问题：

1．饭店是否鼓励员工主动发掘问题，自行解决问题？

2．饭店是否鼓励员工提出他们在工作上的感受与意见？

3．有没有这样的制度？

然后，针对否定的答案，提出自己的整改建议。

四、素质与能力

与心态、士气相关的考察项目

除去员工心态与士气外，还有一些重要项目很值得研究，而且这些项目的研究难以用相对客观的量表去衡量，而必须要饭店顾问在进行饭店组织架构与运营流程咨询时，运用洞察力和慧眼去观察，求解。

这些项目，包括员工能力与素质、权力结构、组织冲突、个人前景、领导及指挥等等。当然，它们也都与员工心态及士气等息息相关。

员工能力要配合饭店发展的步骤

能力，这里是指完成工作的能力，包括三方面可衡量的内容：知识、操作技能、对话。

在今日饭店业的经营环境中，大家都知道要千方百计地去寻求突破，或主题饭店，或经济型，或考虑规模效应，或在某一特长上大做文章，都是这些努力的结果。

然而，在大中型饭店中不同性质的部门，或在饭店集团下属饭店里，采取什么经营模式并非第一位的，首先应该做的，是要考察员工能力能否配合饭店发展的进程，即能否与该模式相匹配。如果没有人，宁可迟些动手，以避免更大损失。这是因为虽然思路很先进,但现有人员难以接受,结果可能留不住人才。反过来，如果人员能力具备，却没有新事业的推进，同样会招致失败。

因此，我们看到不少饭店，尽管投资商资金充裕，新项目亦充满机会，但仅仅由于人才缺乏，而使大多数尝试都半途而废，以至于从此不敢寻求突破。

任何时候，饭店人才的培育，都不应局限在本行业或本职岗位上，应广揽贤才，也只有这样，才能保证在将来有拓展机会时，才不致因人力的缘故，影响到策略弹性。

此外，饭店或饭店集团的人才储备，一定是一种政策下的产物，即要肯做人力资源的投资，在职数、培训、薪资待遇等诸方面，设立基金，否则，培养人才可能等于空话。

员工素质

员工素质，乃是一种通过做事细节来反映个人工作风格、人品、想法层次及其对上级意图理解能力的指标。

素质分业务素质与个性素质两类。前者在于做事，后者在于做人，两者相辅相成，方能相得益彰。因此，只有业务素质，而缺乏对话能力的人员，应安排在技术岗位上,而只有业务素质与个性素质都优秀的人员,才宜进人管理团队。

但现实中的情况，可能不尽如人意。一些业务素质优秀者，常常会优先被吸纳进管理团队，因为怕他们跳槽，结果，反而淹没了他们的才能，他们自己也很苦恼。

有鉴于此，饭店顾问应协助饭店建立技术与行政晋级的“双轨制”，使任何人才都各尽所能。

一般而言，饭店要培养这样一些人：上级说一句话，下属即能从执行或辅助执行人的角度，迅速理解，并充分落实在本职工作与协调性质的工作中。我们说这个人素质很高。反过来，经理讲一个小时都听不懂，或虽听懂了，却行动迟缓，或干脆没有行动，或做反了方向，或在做的过程中无法获得别人的主动协助，等等，则说明其素质不高。

员工能力与素质培养应与饭店目标一致

能力与素质既有与生俱来的成分，也有通过培训可以取得进步的一面，所以，饭店首先要把好招工关口。

其次，目标（标准）的设计很重要，要有一定的难度。比如跳高，先以1米高度为目标，那么，90厘米上下就可以算优秀；如果以1.5米为目标，则1米的高度可能刚刚及格。目标不同，绩效表现也完全不同。

但无论怎样，后期的能力（如操作技能等）培养都是必须的，而每一项能力培养的功课，都包含着素质提升的内容，两者实际上是一体。为此，饭店顾问应先搞清以下七个问题：

1．饭店有没有员工招聘指导手册？

2．饭店是否实施了具体的培训计划？

3．饭店设计了怎样的日常训练课程？

4．饭店有没有专门的培训预算，以使员工在服务技术上满足客人日益提高的要求？

5．各级经理、主管是否将“训练部下”，视为其管理工作的一部分？

6．饭店有没有针对“训练部下”进行效果评估的政策？

7．员工能力与素质的培养与发展是否为饭店的目标之一？

把这些问题的答案归纳起来，我们能够发现员工培训、培养目标是否与饭店发展真的一致。如果不一致，饭店顾问则要进一步弄清问题出在哪里：是课程设置不成体系，与饭店目标之间缺乏逻辑关系？是培训专题没有前瞻性？是培训政策制定者认为设定更高的培训目标（标准）于实际运营无益？还是培训工作的计划性不强，推动起来有难度？

饭店员工的能力培养是一个系统工程，需要花相当长的时间、相当大的精力，才能有所收获，所以，过程评估很重要，而且，目标的实现正蕴涵在每一个过程之中。

饭店管理能力应随饭店成长而有所提升

一般而言，起步期的饭店，无论是单体的还是集团的，多采取单一地点、单一功能的经营方式。这取决于经理的思路、能力与态度。以后，饭店渐渐成长，业务就可能涵盖多个地区、多个功能，最后走向多元。这也取决于经理能力的提升程度。

饭店成长与转型是一个必然，对经理管理能力要求的变化也是必然，因此管理是否跟得上，总是关键。跟不上，就可能扯后腿，导致饭店成长的停滞或退步；跟得上，则能维持。但良性的发展，应在于如何确保管理能力与饭店发展相适应。

所谓管理跟得上，其实就是饭店经理（主持人）的角色定位，能不断地随着饭店的发展进行调整。例如，在开业期，经理的主要管理工作为提高工作准确性与效率；在发展期，如在多地区有分号，则协调工作上升到主要位置；在整合经营期，主要精力要放在服务生产与营销的配合上；而到多元期，饭店主持人的主要任务则必须是在大环境中寻找新机会，并决定在如此多的事业或分部之间，如何配置资源，等等。

每一次饭店“升格”，上级经理都应该将上一时期承担的部分职责交给部下去做，而自己进入一个新的管理领域。

饭店星级评定，饭店挂了星级牌子，而经理则要调整自己的定位。目前，我国普遍存在同星级饭店服务标准参差不齐的现象，究其原因，大都在于饭店管理者的能力没有随饭店成长与转型而有所提升。

对高管人员的期待

饭店高管人员管理水平的提升，永远是问题的关键。

愈是大型饭店，愈是组织架构复杂的饭店，对高管人员观念与能力的要求也愈高。

观念与能力，指一位管理者能够从整个饭店或集团的高度去看问题，认清饭店组织中各功能之间的相互依存关系，并能创造本饭店与整个饭店业、社区等力量之间的和谐关系的基本素质。

这种观念与能力的水准，必须随着饭店规模的成长而提升。参加培训班或各类证书班，是提升的途径，但更多的，还要靠自学自修与独立思考。然后，走出去，多观摩学习，多接触有学识有能力的饭店经理人。

认真把握这个原则：别人晒太阳，你自己不会温暖。又曰：师父领进门，修行在个人。

饭店组织架构转型与经理心态

目前，饭店的组织架构大体分为两类，一类叫功能型架构：上层为总经理、副总经理，其下为分管前厅、餐饮、客房等部门经理，再下辖岗位主管、现场领班至员工。功能型组织结构比较通行。由于此结构比较僵硬，有些类似政府机构，所以，也称为“机械式官僚架构”。

另一类叫事业部架构，一般比较适用于饭店集团或大型的、综合性的饭店。上层为总部，由总裁统领法律、规划、财务、人力资源等辅助岗位，之下设事业部，每一个事业部可能就是一个饭店或一个大部门，拥有独立的采购、设计、营销、生产等部门。比如，某饭店拥有700间客房、2000席位的会议中心、2000席位的餐饮与宴会设施，另有一个标准的1200席位的剧院，就可以局部采用事业部架构，以增强经营的活力。

如此，就涉及由功能型管理体制转为事业型管理体制之后，功能型饭店的经理有没有能力，应对通才经理职务要求的挑战，尤其在心态上，能否迅速调整。

毕竟，在功能型饭店组织架构里，各级经理、主管的任务，只限于履行他职责所辖的功能而已，对于各功能之间的整合以及全盘的策划未必关心，也一向没有机会发展这方面的能力。而当饭店改组成为事业型时，就要介入诸如承包、接管、代管等工作，则这些经理，甚至于其手下的主管、领班，每个人都似乎成了一个小型饭店或餐馆的“主持人”、“总经理”，自己即成为一个相对独立的公司负责人。这时，他们不仅要同时负责服务的产与销，而且必须对事业部未来的发展，有通透而长远的考虑。与功能性架构的情况完全不同。

一般而言，“通才经理”所需具备的能力及心态，是功能型架构下的经理在短期内很难掌握的，只是很多经理对此不以为然，以至于许多饭店集团在改组初期很难上轨道，却不知这才是主因之一。

饭店组建临时或专项机构，考验经理的协调能力

有时，饭店为组织一次大型活动或接待大型会议，便需要组织一个临时委员会或专项小组来实施。

在这个机构中，指定负责人的主要任务，是整合与协调各个不同专长的部门，使各部门中的员工，都能明确专项业务的目的与工作要求，各自做出他们的贡献。

在这种情况下，该经理在专业知识上便需相当广博，心态上也要不偏不倚，而且，由于参与专项业务的员工各自有原编制的上级，每人的背景与立场又不相同，因此，在沟通、协调人际关系，以及整合不同意见等方面，必须有独到之处，方可胜任。

许多这类小组工作进行不顺利，都与其领导人个人能力大有关系。

公关能力

在复杂、变化多，而要求创意高的工作环境中，部门经理是否有高度的规划、协调、引导员工参与的公关协调能力，以及主动与平行部门取得协调的能力，将非常关键。

而这种能力，在例行工作环境中，可能无法充分表现，也无法得到锻炼，所以，饭店可以组织一些活动，来激发大家的创意，或通过一系列的专项活动，来提升经理的公关协调能力。

拥有最起码的公关协调能力，是对经理素质的一个基本要求。因为即使在最平凡的环境里，也可能发生这样那样的意外。对员工也一样，服务知识、操作技能与对话能力三者，一样都不能少，其中的对话能力，就是公关协调能力的一部分。

隐忧

在很多饭店，经理级别越高，所受的正规培训的机会也越少。他们可能要求员工接受培训，自己却从未意识到自己在退步。

不受训亦不进修，是饭店经理，尤其是资深经理或优秀经理的最大隐忧。饭店顾问应对此给予高度重视。

五、员工前途

饭店策略调整应优先维护员工晋升政策

员工的升迁前途，会不会因为饭店策略转变而产生不利影响，是一个与员工利益切身相关的问题。如果政策有损于员工的职业发展，即便仅发生一次，则饭店的政策也将失去员工的信任，想要恢复会困难重重。

饭店层级与人才晋升的矛盾

饭店管理层多，员工虽然经常有小幅度升迁的机会，但是，人才依序由基层升迁到真正有影响力的职位，可能需要的时间太久。因此，很难使人才在年富力强时发挥更大的作用。

反过来说，如果饭店的各阶层控制幅度大而层级数少，虽然人才升迁比较迅速，但对大多数的员工来说，即使是小幅度的升迁机会也很难得到，难免会影响到大部分员工的士气。

所以，这是一对矛盾，应该充分平衡，而不走极端。前述行政晋级与技术晋级的“双轨制”是一个解决途径，但毕竟大多数人还是希望进入到行政系列，故此，“双轨制”不应是平行的，而应有交叉政策，如规定可平级调动等。

职业划分太细导致员工横向调动困难

对员工而言，过细的职业划分也是升迁途径中的一个阻碍。

有些饭店，从人力资源开发的专业立场出发，非常认真地从事职位分类等人事管理作业，也确实在推动业务的专业化上，发挥了积极作用，但结果造成职责划分过细，不仅限制了员工升迁的机会，也使员工失去了依靠职位轮调来训练与成长的可能。

所以，饭店职责划分，要考虑与员工升迁途径达成平衡。要鼓励业务部门在其中发挥作用，可通过交叉培训与轮岗来尽量拓展员工成长的空间。

六、权力与冲突

推动饭店工作要靠实力

有些饭店，管理人员群雄割据，各自拥有资源和立场，使最高管理层在政令推动及资源调度上遇到极大困扰。在一些大型、历史悠久、采取分权模式的饭店中，这种现象最为常见，也较严重些。其他各类饭店，也或多或少地存在着这种倾向。因此，一般饭店主管不敢轻言分权、授权。

但同时，饭店也是需要管理实力——除了正式的授权之外，还需要个人的权威或影响力等“软实力”——配合的场所。所以，饭店顾问不能轻言哪一种模式好或差，只看时机对与不对。

这个时机对与不对的评估，可以通过下面四个问题来获得清晰的白描：

1．饭店决策能否很快地推行？

2．决策是否牵涉面太广，以致推动困难？

3．饭店或部门决策者是否具有足够的影响力？

4．一个决策定下来，有没有一个有权责的人专项推动，并为结果负责？

如果回答是肯定的，那么，只需坚持就可以了；如果都是否定的，则整改的时机已到。第一个问题描绘出饭店管理现状的总图；通过第二个问题可以发现总图本身有没有问题，要不要退图；第三个问题描绘了经理状态；最后一个图的要点在于描绘执行者与执行力状况。

权力分配应有利于饭店目标的实现

饭店顾问要观察、了解三个重要现象：

1．分散在各级管理人员手中的权力，是有助于饭店总目标的达成，还是常常被用在争取个人利益上？

2．权力是否受到外部环境及内部规章制度的制衡？

3．经理是否在利用权力破坏饭店的规章制度？

这些问题既涉及到组织架构与授权体系，又涉及到管理者本身，触及层面比较深，因此，调整起来也会遇到阻力。

绝对的权力必然会发生问题，这是规律。老饭店在这方面的表现尤其明显。因此，应让经理们面临适度的“环境压力”，否则，权力的运用很难纳入正轨。这个环境压力，包括培训、自我提升、上级的检查、评估、考核、人员调动等等。换言之，适当的绩效考核是绝对必要的，而且，还要保障考核内容能不断根据实现饭店目标的需要，进行调整。

除环境压力外，饭店内部的规章制度，也是制衡权力的一种工具。饭店顾问要审查其在“PDCA”体系中的运行状况，并提出长抓不懈的办法。

至于个人的问题，完全可以纳入一一击破的范畴，给予处理。任何一家饭店都有规章制度，但有些饭店却没法树立其权威性，那绝不是条例设计不好，而是因为经理为使自己的权力不受束缚，而率先破坏所致。其中，习以为常或不以为然的“无意破坏”的危害尤其大。

拉帮结派的弊端

物以类聚，人以群分，是普遍的规律。对饭店的组织建设而言，是坏事，还是好事，关键看经理之间的派系问题，是否严重地影响到团队的合作。

如果派系不影响团队合作，甚至有利于团队合作，其作用应予激励。但一般情况下，派系都不可能不影响团队，所以，应高度警惕。

作为普遍的处理规则，如果影响不严重，应以适当的引导为主；如果严重，则应迅速通过调岗、调职等行政手段，给予打破。打破的时机，应选择在派系已经发生负面影响，但更大的影响尚未形成之前。

部门间工作冲突的三个原因

服务业务的上下游划分，是饭店工作的重要特征之一。由于彼此间有前后相依的关系，因此，在工作进度、服务质量责任等方面，非常容易发生个人意见相左及团体冲突。

这种冲突，除了人际关系因素外，主要原因，应在服务流程的整体规划不良上。因此，在管理上要双管齐下：一者，重新设计人际关系对话方案，这是饭店经理每天都要做的工作；二者，调整或完善服务流程规范，并进行培训、考核，直至成员完全掌握。

部门间产生冲突的第三个爆发点，在于共用有限资源。这些资源包括预算、空间、员工、设备等等。这种冲突发生的主要原因，大都在分享资源的规定及办法不完整或不合理。因此，饭店顾问要着力在这方面进行调整。

员工间的冲突

员工间冲突状况的考察，饭店顾问可以问这样一个问题而得出判断：

必须在一起共事的员工，其间如果发生冲突，是否必须到饭店高层管理者那里才能解决？

答案可能多种多样。首先，我们应认可冲突的正当性，即冲突不可能被消灭。比如，饭店营销部员工与前厅部员工在承诺服务项目上有意见出入：前者说客人需要，一定要满足；后者说没这个条件，怎能随意承诺。都有道理。那么，这种冲突，最终可能要到双方的上级经理那里才能解决，也无可厚非。

不过，一定要把握一个“度”，就是不能让这种事件频繁发生。因为事件频发，必然导致上级经理不堪重负。

此外，还要从原因上探寻缓解冲突的方案。饭店顾问应考察两个潜在问题：

1．是否因组织架构设计不当，使必须协调合作的人员分属不同的大部门，而造成立场的不同与协调的困难，并形成潜在的冲突？

2．政策是否欠明晰化，以致于每遇决策，都必须由基层人员来自行判断，而各基层人员由于部门立场不同，判断的结果就不会一致，并因而造成彼此间的冲突？

两个问题有了答案，问题便已经解决了九成。

业务经理与行政经理间的冲突

处于经营一线的业务经理会因为年龄、地位、资源等原因，而在心理上，抗拒处于后线的行政部门人员的意见。这是一个比较普遍的现象。

这种冲突的起因，一方面，是在饭店专业化程度提升过程中，不断引进专业的行政人员所致。这些专业行政人员通常年纪较轻、学历较高，但饭店资历、地位较低，与饭店一线那些由基层服务员一步一步走来的经理的情形正好相反。

另一方面，是工作性质不同。后台工作环境相对单一，容易形成规矩至上、按部就班的工作思路，而一线面临种种必须应急的变故，追求变通，于是二者间会发生冲突。

就常识而言，这种现象无法消除，只能协调。因此，上级经理或冲突双方应把握这样三个原则：

1．设身处地地为对方着想，首先不要在态度上表现出不耐烦，尤其是行政人员，要明确自己的服务定位。很多冲突的升级，都源于双方的态度，而非事情本身的严重性。

2．饭店后台人选，尽量由一线人员中引进，以便于相互之间的理解。

3．一线人员要树立规范意识，因为任何规范的直接作用，看起来是约束，实际上都是为了保护我们自己。

饭店集团成员之间的矛盾

相对于饭店集团或大型饭店总部而言，下属饭店总经理或大部门经理常常会感到权力被上级行政人员剥夺，因而出现了拒绝提供情况、减少向行政人员汇报工作的情况。这既有个人个性的问题，也有工作方法的问题，一般假以时日，又有正确引导，都能调整。

再就是饭店集团体制建立后，各分饭店或分部间的冲突与不正常竞争的情况，可能加剧，要引起饭店顾问的高度重视。

因为在事业部机制之下，除了对一线经理能力的要求有所不同外，各部门之间的关系，也将因各事业部门之间的获利情形互相独立，甚至是矛盾的，而由合作转向竞争。冲突对象，包括客源、接待订单价格及服务内容设计、设备及人员共用等多方多面。

根本的解决方略，在于五点：

1．在全面规划上，力求避免同地域发展。

2．若在同地域发展，则追求产品（硬件与服务）差异化（如会议型与商务型等等）。

3．若既在同地域，产品又没有差别，则合并部分经营项目的管理模式，如统一集团采购，或将同区域饭店的主题餐厅统一管理起来，或增加集团设施（洗衣厂、菜肴初加工中心、同品牌点心厂等等），统一为各家饭店提供对等服务。

4．强化饭店管理公司的功能，加大消防、卫生、验货、宾客满意度、员工满意度等方面的检查力度，开展各类竞赛与员工活动，引导健康的竞争方向。

5．建立各饭店总经理或各大部门经理对话机制，通过强化协调，减少人为的冲突。

七、领导与指挥

各级经理的领导作风应合乎员工特性与工作需求

领导作风可以是任务导向，也可以是员工导向，在取舍之间，必须考虑员工特性及工作性质。而员工的特点与工作性质，需要经理与顾问独立思考、集体研讨来发现，不能一概而论。

饭店顾问应首先实施员工满意度调查，来发现员工的特性，包括有共性的期待、出生地、性别与年龄、有共性的困难等等。如员工大都是 18 岁到 20 岁之间，则组织活动就要考虑到他们所熟悉、欢迎的内容，日常谈话的方式要关注个性，允许他们发表意见，以适应他们的心理特点。

至于工作性质，则早有定义，如客房部的工作，强调规范性，而应少些个性发挥；前厅部则既要关注个性接待能力的发挥，又要注意规范的把握；餐饮部的规范性与个性各占一半；财务则强调规范性；酒吧强调最大限度的个性；等等。

接下来的问题，是要把合适的员工放到适合他们个性的岗位上，或参照他们的个性，采用不同方式，安排他们的工作，以切实发挥作用。

这是饭店各级经理日常管理的重要工作。

饭店应有计划地安排高管人员的继承者

饭店高管的继承者安排，在中小型，或规章制度尚不健全的、人治重于法制、中国人情味道浓厚的饭店里，尤其重要。在这里，一人以兴，一人以败，高管能力对饭店未来成果的影响极大。

一般而言，杰出的创业者是否能培养出优秀的接班人，是中小型饭店能否继续生存成长的第一要素。

经理共识与饭店文化

饭店经理在经营管理理念上是否一致，将决定彼此的专长与个性能否互补，进而影响饭店的工作效率与效果。

这是一个饭店文化建设的大问题。只有饭店文化的建设，能确保经理之间，在经营管理的大方向上，看法相去不远。

饭店顾问可以分别请教对经营方向有具体影响力的高管人员，然后，比较他们对未来看法的异同，做出文化共识上的判断。

至于专长和个性方面，则应该互相取长补短，才能够发挥团队作用，避免偏颇的决策。这也跟饭店文化有关。所谓饭店文化，就是大家共同拥有、理解、应用一个理念。在这个理念之下，不必别人耳提面命就知道什么该做什么不能做，自然有利于专长与个性的合理搭配。

所以，饭店顾问应成为饭店文化建设的支持者。

管理形态不应一成不变

饭店经理的管理形态好与不好，从来没有绝对的标准，这要看饭店市场环境对管理的要求而定。一般而言，有这样五个规律，供大家参考：

1．市场竞争性强、变化快时，经理的决策过程应较不正式。

2．饭店员工的专业素质好，服务生产力高时，管理者应高度重视细节。

3．经营风险大，机会多时，应适当鼓励创意与冒险。

4．饭店技术稳定、竞争少时，决策过程应较正式。

5．饭店技术水准低、竞争方式变化少时，经理可以较专制并利用直觉判断。

总之，管理形态不配合市场环境的改变，为经营上常见的一项缺欠，饭店顾问不可不察。

影响决策与指挥的六个问题

或许真理不会掌握在多数人手里，但集思广益总是更有利于众志成城，共同抵御风险。因此，饭店顾问要考察六点：

1．饭店高层经理的经营决策，是由一人决定，还是群策群力？

2．饭店有没有因地位差异、权力结构、自我保护等原因，而减弱了集思广益作决策的效果？

3．每一个饭店成员是否只有一个命令来源？

4．若必须有两个或两个以上的命令来源时，对命令服从的优先顺序，有无适当的规定？

5．饭店高层经理有无越级指挥的习惯？

6．基层人员是否常常越级报告，而造成中层经理失去作用及缺乏对情况的了解？

在家族式的饭店中，高层经理的“大家长”心态，常驱使其越级指挥。这种作风固然可以增加基层人员对他的认同，但却会破坏组织的管理。

这是许多高层经理自己应该认真检讨的。

正式组织与非正式组织

非正式组织如果运用得当，可以补充正式组织的不足；但若过分使用，难免影响正式组织的正常运行。例如，部门与部门之间业务往来密切，由于两部门内员工关系良好，许多往来就不经两位部门经理，直接处理了。这样，固然减少许多程序上的麻烦，提高了协调的弹性，但久而久之，不但使正式组织与经理失去作用，而且还会因两位经理长期被隔离于日常业务之外，而渐渐失去对业务状况的掌握。

此外，一些高级经理亲属的用权情况，以及靠人情关系才容易办事等现象，都会损及正式组织指挥系统。

为此，饭店应该把握两条底线：

1．基层经理应握有适度的奖罚权，使其能对部下发挥应有的影响力。

2．应向各级管理人员反复强调，不应允许任何形式的非正式组织的影响凌驾于正式组织之上。

否则，会造成正式组织的运作不畅，甚至瘫痪。

这是原则。

八、饭店管理常识

饭店管理者的职责

饭店管理，就是运用饭店内外所有相关资源来获得工作成果，而人力资源开发与管理是中心。具体而言，管理者的职责可分为两部分：

1．通过他人来完成工作（管理功能）。

2．事必躬亲地去完成工作（实务操作功能），缺一不可。

管理的四个基本功能

1．计划：决定做什么和怎么去做。

2．组织：用最佳的方法去安排资源。

3．指导：推动员工或部下努力工作。

4．检查：衡量工作表现及成本。

管理者把握言传与身教比重的三个原则

1．高管言传与身教的比重为8∶2或7∶3。言传，就是要发挥组织、管理功能，如订计划、提要求等；身教，是指发挥指导、检查、处理作用。

2．中层管理者言传身教比重为5∶5。就是说，他们的工作，一方面要体现在管理上，另一方面则应体现在资源分配的操作上，必要时应亲历亲为。

3．基层管理者言传身教的比重为2∶8或3∶7。他们要以行动来进行工作引导，以身作则。

管理者应具备四方面基本知识和技能

1．管理方面：要清楚了解组织结构与组织的目标、政策以及管理原则。

2．实务操作方面：要明白工作程序、工作标准和工作的操作细节。

3．人际关系方面：要了解、理解员工，并有能力影响他们的态度和行为。

4．思想意识方面：掌握思想工作方法，并能预测到不同方法将产生的不同效果，以在必要时加以调节和补救。

管理者的四大基本责任

1．向上级管理部门负责，保障任务完成。
2．向下属或员工负责，中心点是怎样满足他们的工作需求。
3．向公众负责，提供令顾客满意、令社会满意的服务。
4．向政府负责，遵纪守法。

经理职责的四个内涵

1．目的性：为什么要做这项工作。
2．权力：主要指权限的范围。
3．责任：向谁负责，负怎样的责任。
4．任务：要完成哪些任务，什么时间完成。

经理向管理部门承负的十大责任

1．准时完成任务。
2．控制成本。
3．维持标准。
4．执行政策。
5．改进工作方法。
6．保持纪录。
7．向上级反馈信息。
8．汇报员工工作状况。
9．维护饭店形象。
10．保护财产。

经理对下属、员工承负九大责任

1．公平分配工作。
2．指示必须明确。
3．评估成绩。
4．培养人才。
5．向员工传达有关饭店政策方面的变更。
6．处理各方面投诉。

7．商议及执行纪律，并能发现、解决现实中存在的问题。
8．保证员工的人身安全。
9．使员工工作愉快。

经理向公众承负五大责任

1．尽量清除公众在饭店内活动的障碍因素。
2．对公众的帮助需求予尽力协助。
3．告知最新消息。
4．有礼貌。
5．有效地处理投诉。

经理向政府承负的三大责任

1．遵守国家的法律条例、规章制度。
2．确保从业员工与政府合作。
3．避免发生各种违反原则的问题。

工作标准的内涵

工作标准是一项关于工作表现的声明，必须能够令标准的制定者与执行者双方都满意，即取得上级要求与自己部门实际执行之间的平衡。

它可以用来衡量从业者的工作能力。以工作标准的执行情况来衡量，管理人员可以发现哪项作业需要培训，以拟订未来的工作计划。

需要工作标准的三个理由

1．确保上级要求的工作能够保质保量的完成。
2．明确哪一方面需要改进。
3．使工作个体能够不断从工作中得到满足。

好的工作标准的四个标志

1．上下级一致认可。
2．行得通。
3．可以评估、预测、衡量。
4．具有稳定性。

五大用语——含混不清的标准表述

1.“这样就够了”。

2.“足可以了。”

3.“尽快……”

4.“合理地……”

5.“……可取”。

这些表达的含义十分含混，日积月累，往往会使标准面目全非。

明确工作标准五个要点

1. 量的标准：“多少”。

2. 质的标准：“怎样”。

3. 时间标准：“何时”、“多久”。

4. 成本标准：“多少”。

5. 方法原则：“用什么”。

标准的制定者要不断地用这些问题自问。

让员工把工作做到最好的四个诀窍

1. 明确工作内容。

2. 告知上级希望他们达到的标准。

3. 明确工作中的程序、细节。

4. 检查工作进展如何，适时加以激励、表彰、批评或处分。

管理失败的四个原因

1. 不愿花时间改进自我的能力和工作方法。

2. 没有充分了解自己的工作。

3. 缺乏必要的知识和技能。

4. 与下属关系恶化。

优秀管理者的八个特点

1. 表扬工作好的下属与员工。

2. 确定工作标准。

3. 理解下属，并对个别下属有深刻的认识。

4. 以诚恳的态度听取下属的意见。

5．向下属通告关于他们工作的进展状况，并讲明上级的期望。
6．明确指示工作的程序。
7．旗帜鲜明地纠正低劣的工作表现。
8．懂得培养、使用、选拔、推荐人才。

不好的管理者的八个特点

1．当众指责下属。
2．对个别下属有偏爱。
3．说话前言不搭后语。
4．过分监管。
5．不能有效地维护纪律。
6．不能控制自己的情绪或行为。
7．不懂得有效地分配工作。
8．滥用职权。

第十章
饭店“卓越经理”评估

一、饭店经理评估

二、促成“卓越经理”的自动自觉

三、促成“管理”向“管理服务”的转变

附录一　规范·细节·经理

附录二　要评估，但不能迷信评估

附录三　关于实施2008年度酒店管理绩效评估的通知

一、饭店经理评估

通过经理评估制度，促进咨询成果转换

毋庸置疑，饭店顾问的工作是咨询、诊断。但咨询、诊断不是目的，目的是要“治病救人”，是帮助饭店发展。因此，导入经理评估制度，并通过评估，直接作用于咨询成果转换为推动饭店经理自觉行动的进程，即成为现代饭店管理的重要手段之一。

而且，经理评估也是咨询、诊断工作的一个组成部分，因为大政方针制定以后，“干部就是决定因素”。

同时，经理评估也是对经理的集中培训、引导过程，更是对咨询、诊断成果的一个检验。

经理素质评估的四个基本面（二十八点）

其一，个人能力，包括九点：

1．自学能力。

2．经营、管理问题的综合分析能力。

3．口头表达能力。

4．书面表达能力。

5．本职业务操作能力。

6．现场决断能力。

7．推动制度与业务创新。

8．身体适应工作。

9．礼貌对话。

其二，工作绩效，包括五点：

10．办事效率。

11．办事效果。

12．在经理、员工中的威信。

13．服务与经营创新成果。

14．荣获各类先进称号。

其三，个性素质，包括六点：

15．遵守纪律。

16．把握基本原则。

17．求实。

18．对外竞争态度明确且敏感。

19．有自知之明。

20．做事坚韧。

其四，知识结构，包括八点：

21．市场常识。

22．理解政府有关政策。

23．管理常识。

24．专业理论知识。

25．人文学科常识。

26．外语。

27．网络应用。

28．服务质量常识。

以细节评估经理素质

对于一个成熟的饭店而言，对经理素质的评估，除了上面四个基本面的指标外，还要关注细节，即要通过探讨当期重点的细节问题，来引导经理素质的提升，其中包括对部门存在问题应承担的管理责任，如：

1．部门准时出勤率是多少？

2．部门员工请假有无按流程审批？违规几次？

3．有没有完成对员工培训的任务？质量评估分数是多少？

4．给饭店内刊投稿次数是多少？

5．跟员工谈话多少次？每次时间多久？有没有谈话记录？所承诺的事项落实了多少？

6．与客人预约后有没有践约？

7．有没有与迎面而来的员工主动打招呼？

8．着装是否得体？化妆是否到位？有没有佩戴不合规定的首饰？

9．跟下属或同事说话是不是礼貌？

10．有没有在办公室吃零食？

……

越是级别高的人员，越容易在这些细节上出问题，而高层管理人员若“宽以待己”，则势必难以要求下属与员工执行严格工作规范，所以，评估要关注这些“似乎没有必要的”细节。不过，这些问题的处理，则不应落实在指标上，而应形成纪律，若违规，随时处理，以求实效。

问题永远出在细节上。

饭店（经理）绩效评估的基本指标

1．营业收入。

2．营业利润（GOP）。

3．宾客满意度。

4．员工满意度。

5．安全与卫生状况。

整个指标按100%计。其中，营业收入与利润指标的设定，应根据饭店运行周期进行调整。如开业初期，应重点强调收入，而利润比例应适当；进入稳定经营期后，指标比例可以对调。评估的基本数据则可以根据营业日报表得来。

宾客满意度指标及其评估本身是一个系统工程，饭店顾问应专门设计评估问卷，与饭店方共同确定及格线。然后，建立电脑派房号系统，每日抽取住客对象，再由饭店设专人（一般是大堂副理或客户关系经理）具体落实与客人接洽、发收问卷事宜。问卷收取后，应向客人赠送小礼品表示感谢。然后，委托专业公司（第三方）进行统计。第三方公司可根据情况进行信息核实，并每月提供一次分析报告。

员工满意度调查的内容，大体分两部分，一是通过第三方公司、饭店集团总部或饭店专门小组，设计员工满意度调查问卷，确定得分指标，并组织面对员工的问卷调查，以了解员工需求、对管理现状的认识、建议与意见等。二是设定经理、员工流动率指标，并根据实际情况进行评估。两者的指标比例，也可以根据饭店运行的具体情况进行调整，也可以只使用一个指标。

安全与卫生状况，以日常定期、不定期检查打分为主。同时，设定事故标准，实施“事故一票否决制”。

下面是某饭店平稳期评估指标设定的比例样本：

1. 营业收入占5%（开业期占65%）；
2. 经营利润占65%（开业期占5%）；
3. 宾客满意度占12%；
4. 员工满意度占6%（开业期只评估员工流失率）；
5. 安全与卫生占6%；
6. 辅助指标完成状况（参见“四类辅助指标的评估”）占6%。

四类辅助指标的评估

辅助指标，又称为保障性指标，指为确保饭店经营长期、稳定的发展，而设定的费用支出指标。这部分费用没有用完的部分，不计入年终利润；或经财务审核不符合定向原则部分，不计入相关支出。一般，该指标应包括

1．设备小修费用支出。

2．广告宣传费用。

3．绿化费用。

4．员工培训费用。

设备小修，是指设备大修之外的日常性维护、维修与保养，两者之间的标准界定，可根据饭店的具体情况制定。设备小修的目的，是为了确保为客人提供的任何产品，能长期符合标准。设定设备小修这一评估指标，可避免能过且过的短期经营思维带来的不利影响。

绿化费也一样不是可有可无的，因为涉及到服务标准维护。

广告宣传费用的支出，则是为了避免饭店在经营旺季不注意形象宣传，或在经营淡季舍不得宣传，而造成后期难以为继的局面。

培训费用的支出跟员工满意度指标直接相关，所以，应有绝对的保障。

下面是某200间客房、800餐位、400名员工、经营五年期的饭店辅助指标设定标准样本：

1. 设备小修费用支出52万元 / 年。
2. 广告宣传费用47万元 / 年。
3. 绿化费用18万元 / 年。
4. 员工培训费用800元 / 人 / 年。

评估形式

经理（以及各级管理人员）评估工作，是饭店工作不可或缺的一部分，但应把握“从简”的原则：综合评估每年频次不宜超过四次；单项指标评估每月不宜超过一次；面向全员的评估活动，每年不宜超过两次，以避免走过场，或劳民伤财。评估的主要形式，可以为以下四种：

1．通过问卷形式进行民意测试

主要对象为全体员工或员工代表，此评估结果可能影响下一年度工作安排。

2．经理会议评估

饭店高管人员（总监及以上级别）以饭店二级部经理为主要对象；部门经理与副经理以部门领班或主管及以上人员为对象。以不记名投票形式进行评估。

3．专业小组评估

参照饭店设定的考核指标，依据统计数据，就其季度或年度完成指标情况进行评估。一般，完成指标者可以参加饭店优秀经理评选。

4．季度优秀经理评选

季度优秀经理评选，一般以饭店内部嘉奖为主，或设“我是如何管理部门的”或“我是如何做好本职工作的”等题目，发表口头演讲，同时，提交书面材料，以利于交流，共同提高。

素质评估与业务评估的影响

经理素质评估，可能影响到下一聘任年度的经理聘任、调职；而业务评估则可能影响到其个人的月度及年终奖励。

二、促成“卓越经理”的自动自觉

第三只眼睛：自我评估

经理素质评估的目的，在于引导经理日常工作的努力方向。因为人是需要有一定压力的，而这个压力，具有导向性，可引领经理走向“卓越”。

我们可以从这里看到“员工的眼睛”——来自于员工的评估。

绩效评估的实质，则在于考察业务能力。当然，业务完成得好并不一定就是“卓越经理”，反过来说，业务完成得不如意，也不一定是“一般经理”或“差的经理”。因为很多时候，经理作用的发挥可能受到多方面因素制约，包括主持业务的时间、饭店的硬件标准、外部市场竞争状况、专业是否对口、上级能力等等。

我们可以从这里看到“市场的眼睛”——来自市场的评估。

通过以上内外两项评估，经理的两面，将完美呈现。但还不是立体的，必须有自我的参与才可以。也只有自我真正参与了进来，评估的目的才能真正实现。

在这里，我们将看到“自己的眼睛”——来自于自己的评估。

经理自评的三个等级：“差”、“一般”与“卓越”

自我评估，就是通过一些具体的指标，知道自己是“怎样的状况”。可以四个等级来自我衡量：

1．差的经理。

2．一般经理。

3．好的经理。

4．卓越经理。

显然，“差的经理”与“卓越经理”是两个极端，所以，通常是少数；而“好的经理”与“卓越经理”的界限,又常常不是很清楚,因此,这里我们选择“差”、“一般”与“卓越”三个标尺,作为我们进行自我度量(评估)的单位。

“卓越经理”的八十六个标准

所有经理,不管财务、服务一线、工程、销售、信息负责人,还是更高级的业务经理、行政经理,都应该把至少75%的时间花在办公室以外,至少要有50%的时间在服务现场,要让员工们感觉到,经理在倾听他们的意见,并能激励员工尽最大努力去工作。

切忌,不要说这句话:我不是对你这样说过了吗!部下出了错,先要在私下提醒,再教之及时改正的办法。

“卓越经理”的标准,大致有八十六条:

1. 树立良好的榜样,以身作则。
2. 决不泄露他人的机密、隐私。
3. 对指示和规定的缘由加以说明。
4. 帮助部下在发言之前整理思路,稳定心绪。
5. 待事持客观态度,不偏听偏信。
6. 遇事让当事人自己做决断。
7. 关心部下及他们所做的事。
8. 不想出风头。
9. 不让部下丧失信心。
10. 部下学习新事物时,亲自给予指导。
11. 富于同情心,善解人意。
12. 坚决,但以公平合理为原则。
13. 注重过程,着眼于结果。
14. 部下或同事遇到困难时,主要让他们自己想法解决,并从中给予最大的支持。
15. 帮助人明确自己的处境。
16. 耐心倾听顾客、同事的意见。
17. 不将自己的意见强加于人。
18. 平易近人。
19. 信守诺言。
20. 能够让他人集中自己的注意力,以不偏离主目标。
21. 工作中身先士卒,吃苦耐劳。
22. 谦虚。
23. 为自己培养成的人才而自豪。

24．评价要实事求是。

25．坚持走出去的管理服务方法。

26．从不炫耀自己的权威。

27．直率、坦诚。

28．给人再试一次的机会。

29．开门、开放管理服务。

30．语言能力要强，言谈容易为人接受。

31．不算旧账。

32．鼓励忠厚老诚。

33．虚心听取意见并切实去实施其中有益的部分。

34．尽量让部下自己确定完成任务的日期。

35．有了成功要表示庆贺。

36．不隐瞒坏消息。

37．给部下或同事以充分的时间来准备讨论。

38．热情。

39．只要认为是有效的、正确的，就坚持到底。

40．耐心。

41．听人发言全神贯注，以示尊重。

42．有幽默感。

43．只要不损及原则，分歧意见多在私下解决。

44．消除部下或同事的思想顾虑。

45．时时让人觉得信心十足。

46．心里话，和盘托出。

47．不是说“我”，而是说“我们”。

48．时时让人觉得努力是值得的。

49．可以谈论自己的烦恼，但决不大发雷霆。

50．有勇气。

51．坚持搞培训。这是需要毅力的工作，并可以作为我们考评经理的重要项目。

52．临危不乱，帮助大家稳定情绪。

53．办事尽量让大家都参与。

54．希望别人成功。

55．乐观。

56．无论出现怎样的变化，都能安心地工作，直到最后一刻。

57．有才华，并以此享有声望，出类拔萃。

58．认识自己工作的价值。

59．刚柔并用，宽严并济。

60．相信他人能做好，能成功。

61．只提可以达到的目标。

62．肯宣讲自己关于经营指导原则和价值准则的看法。

63．领会力强，不必每件事情都要挑明。

64．有强烈的紧迫感和危机感。

65．维护并保护自己身边成员的个性。

66．无论思想还是行动都高于一般人的想象。

67．努力使他的组织成为行业整体中的佼佼者。

68．愿意凭直觉办事，认为感情是事实的反映。在待客服务过程中，这一点十分重要，只要不违背原则，就应全力以赴。

69．充分授权。

70．在部下或同事需要他的时候，总能找到他。

71．能在工作中寻到乐趣。

72．始终如一。

73．努力使事情简单化。

74．容许别人公开提出不同意见。

75．有坚定的信念。

76．不图己名，只求饭店声誉。

77．常代人受过而不抱怨，有功劳则归于别人。

78．精兵简政。

79．把发展看成是寻求卓越的副产品。

80．尊重一切人。

81．想法取消控制。

82．关注并维护饭店核心价值观。

83．把错误看成是学习的机会。

84．对部下始终如一，讲信用。

85．即使有压力，也诚实待人。

86．在饭店内提拔人才。

以上 86 点，大都是众所周知的，没有任何新意，但却是最易为人们忽略的。可见，成为“卓越经理”不容易，除非这八十六条已经融化在我们的血液中。至少，它们将成为每一位饭店经理的努力方向。

“卓越经理”应做出表率的十九个细节

1．为员工倒开水、拉椅子或开门。

2．花时间与下属员工谈话。

3．开门办公。

4．跟部下在工作场所愉快相处，微笑，而不是板着脸。

5．不设专用的食堂或其他专用设施。

6．每日巡视服务现场，与客人友好地打招呼。

7．上班早，下班晚。

8．定期向员工作深入浅出的饭店价值观报告。

9．很好找（见）。

10．开会时，表现坚毅，敢于面对困难，给人信心。

11．叫得出部下的名字。

12．需要时，脏活累活抢着干。

13．少花时间与下属经理海谈，或过多地参加外单位的活动。

14．下属报告问题，亲自到问题现场去解决问题。

15．懂业务，熟悉行家解决问题的基本手段。

16．自己有错误要认错，部下认错要安慰。

17．不完全相信或喜欢书面报告，而乐于与人直接交谈。

18．坚信饭店内至少还有两位同事可以当好总经理。

19．当员工活动的“拉拉队长”。

“一般经理”做事的六个基本底线

如果目前经理尚无法达成“卓越”，那么，退而为“一般经理”，则应至少做到以下六点：

1．待下属如同事。

2．经常注意找机会，让下属去学习、体会一些新工作和新任务。

3．使饭店的准则和行为规范通俗易懂，帮助员工通过目前的行动，来理解这种饭店文化的核心价值。

4．根据某员工最近的成绩和缺点，跟他探讨事业、前途规划和目标，使其有信心。

5．不要因为某人的特殊才干或能力而感到受威胁。

6．尽力鼓励、热情赞誉他人的成功。

我们这样做，旨在使饭店文化的精神得以充分贯彻，使所有人都对饭店行为准则和现行政策方针的宗旨具有高度的敏感，但又不落为它们的奴隶，在执行政策与服务畅通间找到平衡点。

经理的卓有成效的管理服务，归根到底，就是要培养他的员工及其他人员，既珍视饭店的指导思想（核心价值），又能创造机会检验并进行适当的现场指导。

从“一般经理”滑落到“差的经理”的七个征兆

如果作为饭店经理，连上边六个底线都守不住，那么，将必然由“一般经理”滑落到“差的经理”行列。而下边的问题，可能是处于“差的经理”边缘的最常见的征兆。

1．助长别人对你的完全信赖。

2．去控制、去训斥，而不是指导和支持别人的工作。

3．替部下护短，或不让他们知道坏消息。

4．专说别人想听的话。

5．干预应由别人做主的事（决定）。

6．只亲切地对待你相同立场的人，而对立场不同者或不同专业目标的人显得冷漠。

7．过分强调竞争，强调适者生存，而使部下相互倾轧。

“卓越经理”为人做事，总的原则，是要扶持他人，“给人方便，给人自信，给人欢喜”。这是管理服务的精髓所在。

你必须把最有才能的人放到实际工作中去锻炼，自己则只是慢慢地、间接地期待回报，如果做不到这点，一味强调管、教，结果造成人员积压，互不服气，在背地里说短道长，必然事倍功半。

“差的经理”的三十七个特征

1．见不到面。

2．只给员工下达命令，只让他们执行。

3．自我第一，只关注自己。

4．只想个人的报酬、地位以及别人对自己的看法。

5．跟部下在一起不自在，无话可谈。

6．不巡视服务，只在办公室里坐等材料。

7．上班晚，一般都是准时下班。

8．同下属在一起很勉强。

9．夸夸其谈。

10．善于表现自己掌握各种复杂事物的能力。

11．对上级公道，对其他人则只是利用。

12．依靠别人出主意。

13．傲气十足。

14．搞大部头的政策手册，喜欢备忘录和长篇报告。

15．粗心大意，一切公开。

16．自认为从无错误，一味责怪别人，兴师动众，没完没了，甚至为推卸责任而找替罪羊。

17．只在与己利害攸关的事情上，才表现出韧性。

18．使事情复杂化，使之看起来很困难。

19．不容人家提意见。

20．不知部下员工姓名。

21．在需要作决定时动摇不定。

22．决不干脏活、累活，只当指挥。

23．只相信纸上的文字和数字。

24．一切的最终决定权都抓在手里。

25．花很长时间与外单位经理周旋。

26．功劳归自己，抱怨手下人能力太差。

27．避免干得罪人的事。

28．喜欢把摊子铺得越来越大，越来越复杂。

29．出了问题便出来瞎指挥，或叫到办公室里开会。

30．把个人发展看成是首要目标，如提升、长工资。

31．喜欢加强控制。

32．不能发现行家，也不承认行家。

33．信口开河，模棱两可。

34．立场不稳定，投上司所好。

35．搞神秘主义。

36．不让那些有可能成总经理的人留在饭店里。

37．把犯错误与受惩罚等量齐观起来。

三、促成“管理”向“管理服务”的转变

咨询、诊断结果要化成人们的自觉行动

把握两句话，可能受用无穷：

1．观念决定行动。

2．别人晒太阳，自己不会温暖。

饭店咨询、诊断要达成的基本目标，首先是告诉别人怎样做，这是完成本职工作。但更重要的，是要帮助饭店人，把成果用于行动，即变成“自己的东西”，促成“自动自发”，那才有意义。

这个“自己的东西”，就是人的观念。

因此，此前反复强调，要千方百计地消除饭店成员的抗拒、疑惧心理，为的就是要帮助大家形成“自己的观念”，变“要我做”为“我要做”，则饭店将从此朝气蓬勃，力道大增。

管理服务观念：由“控制”走向“服务”

“管理”这个词，很容易让人联想到负责人、机关官员、分析家、审查机构的人们的形象，给一个种“控制、安排、居高临下、压制别人”的印象。

显然，这并非现代的服务业的管理服务，传统的“管理”观念已经落伍了。

真正的管理，是发挥大家的主观能动性，鼓动热情、干劲，是建设性的，是对不合理的束缚的一种突围，并以此求发展的活动。其实质，是一种服务。

我们称后者为“管理服务”。

重新审视“管理服务”原则

成功的原则中，有两点至关重要：

1．对服务组织（饭店）充满自豪感。

2．对服务本职（饭店）工作满腔热忱。

这便要求经理从关心硬数据、资金平衡表等方面，转向关心软件——价值标准、远见、抱负和诚实上。

前者涉及管理服务技术，后者则是管理服务。

在坚持价值标准的同时，要坚定不移地关心、尊重、重视下属。只有这样，经理也才有资格要求员工付出工作热情。

现代管理服务的一般模式

饭店无大事，服务无小事。因此，任何经理都应从小处着手，只要有助于优质服务目标的实现，一切便都不是微不足道的。解决细节问题有三个关键：

1．信心。

2．关心。

3．诚恳。

要通过优质服务和优质产品来关心顾客，要通过宣传饭店观念来树立自信心，保持以诚待人的态度——无论同事还是顾客，这样也便使饭店创新、进取有了最根本的基础。

当然，这种认识不是否认其他管理服务基础因素的意义，财务管理服务同样重要，并且一定要严守原则。但即使在这里，我们仍然强调：饭店所出售的不是财务管理服务，而是优质服务的优质产品，即财务管理服务必须服务于这个中心。

正如美国未来学家柯斯汀所言：“在学校，安排好预算当然重要，但预算好了并不是好学校的标志。出色的学校之所以出色，就在于他们能成功地塑造学生。学校是服务组织的一部分，学生是顾客，同时也是面对社会的产品。”

他还设计了一个现代管理服务的模式：

> 现代管理服务＝
> 关心顾客（外部变量）＋创新精神（外部变量）＋依靠自己人（内部变量）＋通透安排、领导（内部变量）

“管理服务”思维下的“领导”

领导，意味着远见、信赖、信仰、鼓动、干劲、友爱、才干、热情、执著、始终如一、培养各层次的英雄典型、辅导、有效实施“巡视管理服务法”等等。这里，特别要强调远见，以让人信服；强调信赖，以相信别人；强调信仰，以恒定自己的价值取向。

领导，就是运用注意力。善于利用注意力的人不仅是善于运用标准和戏剧手法的人，而且，还是善于讲故事、激励他人的人。

现代管理服务，要求经理们离开自己的办公桌，到处走走，沟通内外：

1．关注顾客

经理要到现场去，保持与顾客的联系，注意到顾客的各种细微变化。

2．改变理论上的同行即冤家的关系以及上下级之间的关系

通过聚会等形式，把大家聚拢到一起，以合伙人身份，共享一切成果、经验。以较小的代价换来家庭式相互配合的意识，一切着眼于人。

3．要有人情味，要营造良好的工作氛围

花一些时间搞公关，以一种并非客套、敷衍的方式向周围的人表示热忱。

4．要创新

要关注创新，让每人都拿出自己的东西来，让每个人都有机会评论他人的东西。

5．充分发挥顾客的创造能力

此间比较常用的工具是顾客意见调查表。

6．宽严并济，核心力量在诚实

重视制度、规范，并不能强化宽严相济的原则。现在，很多经理以为有了

正式的制度，就可以认为即使有点前后不一致或缺乏诚意，也能混下去，因为正式的规章制度本身，的确有一定的影响力。其实这种看法很危险。因为任何一项重大措施（制度、规范），都必须以千百个具体的措施为基础，每一个单独的措施或许微不足道，但合起来的力量却是无穷的。要使这每一个细小部分都紧密的联合起来，这背后支撑的力量是诚实。只有当经理诚心时，管理服务方可奏效。

附录一

规范·细节·经理

今天是八月的最后一天，一年一度的“九八”投洽会即将开始，很多工作都在围绕着这个“焦点”落实。其实,我们每两三个月都会造出一两个类似的“焦点”，活动一下，目的是使我们的工作有一个节奏感，不致太过平淡。音乐、小说、诗歌平淡了就没人听，没人看，没人读诵；工作太过平淡也一样，不仅会失去活力，更可能出事，“无事生非”是规律。所以，与其让事情冒出来折腾我们，不如我们主动折腾一些事来防范于前。

外部因素不可比，内功才是真方向

今年年初，我们确定了“抓规范与细节”的年度工作方向。六年来，这一向是老生常谈，但今年特别提出来，为什么？因为，我们有危机。

一来，我们多少有一点陷在被表扬的“陷阱”里了；二来，有些被还算过得去的经营数字弄得沾沾自喜了。人要有自信，但自信应在内功，不在外边。自我感觉过于良好，说话声过大，就要惹祸了。危机在哪里？在我们正在迷失方向。女孩子追求“一白遮百丑”，天天扑粉，日子久了，还真以为自己是美人，但经不起“真实”的比较。

那么，酒店服务与管理的真实在何处？在内功。真功夫永远不在我们眼睛能看到的表象里，也非那些数字，因为种种先天差异，使得外部比较没太大意义。厦门几乎任何一家四星级以上酒店的规模都比我们大，怎么可比？那是骗自己。能比较的，只在内功：规范、细节、员工状况、营销手段、市场策略等等。上至国家管理，小至家庭作坊，在这些点上都可以比。由此出发去看自己：国内，比上海、北京、香港的；国外，比美国的。寻找这样的参照坐标来比较饭店的服务与管理才有意义，才知道天外有天，才知道汗颜，怎敢自以为是？即使在厦门，我也认为海景假日酒店的服务品质稳定性好于我们，喜来登酒店自助餐评价超过我们，京闽酒店的员工行为管理水平高于我们。在集团内部，厦门宾馆的成本控制、悦华酒店的大型餐饮服务组织、泉州悦华的市场拓展、武夷山悦华的细节管理，都值得我们学习！

“抓规范与细节”，就是抓内功。练武不练功，到老一场空。

良好的酒店管理，是规范与细节充分平衡的管理

另外，我们还有一些同事至今还没真正弄清规范、细节的定义及其关系，因此没动起来，以致于一些管理行为不得要领。

酒店规范，是硬杠杠，相当于交通道路上画的斑马线、单黄实线、双黄实线、安全岛、白实线、白点线、红灯、黄灯、绿灯、各类交通标志、交警、协警、道路状况等等。它们各有各的讲究，但却有两个共同点：第一，一个环节都不能少，可简化、优化，但不能少，少了就要出问题；第二，是先后的顺序不能颠倒，颠倒了，就会发生交通阻塞、事故。酒店规范的性质也一样。规范，是我们前辈经过长期实践总结出来的“防微杜渐、规避危机、提升效率、确保客人基本满意”的行为与操作规则、范例。推而言之，合格的经理，便首先应该是“思考规范、遵循规范、维护规范、制造规范”的带头人。

酒店细节，则相当于立足在交通规范基础之上的交警、协警、广大司机的具体作为，是软环节，包括指挥技巧、责任心、驾驶技术、车辆性能以及上路状况、交通规则知识、守法意识等等，也跟酒店细节一样。因此，抓细节，就是要确保酒店每一成员的行为与表现都能“中规中矩、熟能生巧、沟通协作、挑战创新”。故在这里，经理的另一个角色，就是员工细节行为的“激发鼓动者、指导帮助者、亲身示范者、约束管理者”。

所谓良好的酒店管理与服务，即为规范与细节高度平衡的管理与服务。但近两年来，我们出现了放任细节的情况，管理粗糙起来，如请假销假不及时、员工擅自调班而不报备、在岗期间接私人电话、着制服下班等现象时有发生。放任细节，意味着规范空间被压缩，两者失衡。这个失衡，极可能打破以规范为基础的酒店管理平台，导致部门间、员工间、经理间冲突加剧，甚至造成整体混乱。

细节害死人，非激活不可

酒店的规范每天都在逐步健全，大家也有这方面的共识，我相信问题不大。但是在规范基础之上的细节执行，却有危机，因此应成为管理重点。

耶稣是怎么死的？是钉在十字架上钉死的。但他被钉住的地方都不是致命的“大节”，而只是手掌足心这类“细节”，怎能说死就死呢？科学实验证明，人的肌肉被刺或被钉，就会分泌出对抗性物质，造成肌肉僵硬麻木，时间越久，

僵硬的范围就越大，直到胸部，以至于肺不能呼吸，窒息而死。所以，耶稣可能死于窒息，换言之，耶稣死于“细节”的不作为。

我们抓细节，意义就在于“激活”细节，避免酒店管理与服务被细节窒息。

回顾八个月来的努力

大家回想一下，今年八个月来，我们的每一个“焦点”设定，都没离开“规范与细节”这个方向，尤其关注了细节。

首先，从财务、营销企划、人力资源到前厅经理关于经营、管理与服务质量的数字化的定期分析，已经初成体系，影响也渐次增强。这是我们酒店的一个大进步。我发现，凡能够认真做好数字工作的经理，其综合管理的条理性、绩效，也较突出一些。数字是什么？是细节，是非下功夫、花心力去做所不能得到的。

其次，是我们变过去的“投诉处理”模式为“服务质量案例通报”制度，使每一事件的当事人、岗位员工、部门经理，都经历一个事情经过调查、原因分析、部门整改措施设计、酒店责任追究等过程。这实际上是完成了一次自我培训，看来，效果远远好于“投诉处理”，至少目前的问题重犯率为零，而且，大部分措施同时成为今后处理同样事件的范例，有教科书的作用。为什么会有效果？我想，这是因为“投诉处理”的实质，乃是由外界（上级）施加一次性“解脱措施”，处理了就没事了。“通报制度”不一样，它的出发点是要当事人“自己寻求解脱”，换言之，只有自己能帮自己。而这个过程，无疑又是一场对细节、规范的求知求解运动。

再次，是深化了“蓝头文件”制度的推广。“红头”是管人的，讲规则、规定、处理决定，将来会越来越精简。“蓝头”不同，它是管事的，讲流程、规范、办法，它就是细节。现在，除了酒店大“蓝头”，我们又在四五月间开发了部门小“蓝头”形式，将每一件事情都纳入规范，就是要细上加细。所以说，“蓝头”文件是一个关于细节与规范的平台。

本月，我们还推出了“内部公文”制度，将部门间、上下级间不同格式的行文，统一规范到一个格式，增加了上级阅览流程，既便于部门之间沟通，又便于上级（包括总经理）能随时把握部门之间的一些运作节奏。说到底，还是为了抓细节、规范。也许尚不成熟，但我已经看到了现实需要，今后要在实践中逐步完善。

包括今年的上半年安排的“星级标准”学习与自查自律，都是为此。

在半年工作研讨会上，我们在重申“给人方便、给人自信、给人欢喜”的经营理念的同时，还重点研讨并确认了处理部门间业务冲突的“七个标准”，进一步调整、形成了针对经理工作方式的“多管事，严管事，管到位；少管人，多理人，理好人”的“十八字方针”，落实了日常管理沟通的“五十五字箴言”（“您”，

"咱们"，"谢谢你"，"不妨试试"，"咱们一起做"，"你的看法如何"，"你做了一件好事"，"我承认我犯了错误"，"快乐比赚钱更加重要"，"有没有达成目标和标准"）：这些，无一不指向了规范与细节。

九月至第四季度的工作关键："PDCA"

今天我讲这些，是希望各级经理的思想，高度统一到这个方向上来，然后，利用今年剩下的四五个月时间，使我们的规范与细节质量取得一个突破，使我们的管理素质，有一个提升。怎样突破、提升？两个要求。

第一个要求，是自上而下，严抓各级经理"PDCA"——计划、执行、检查、评估——能力的提升。目标之一，经理要成为"PDCA"的专家，并将规范管理定位在"PDCA"循环体系的建设上；之二，是将细节管理落实在对"PDCA"每一环节的具体落实上。

没有"计划"的折腾，是瞎折腾！但有"计划"不"执行"则问题更大，光说不练，最让人讨厌。我们常讲"执行力"，什么是执行力？就是"执行计划"的能力。

一位经理跟我说，下属没有执行力，那个人不行，布置的事情都干不好。我说：你先拿你给他安排的计划给我看。结果他支支吾吾地说：我每天都会口头安排。后来我也查阅了他的计划，不清不楚：什么任务？目标是什么？几时开始几时完成？地点在哪？谁来牵头谁来操作？授权是什么？都不清楚，这让下属怎么做？我说，这就不是经理了。所以，计划是一切工作的前提，古人讲"运筹帷幄"就是指的这个。经理的第一位本事应该在计划能力上，这非要用心去做不可。"百胜将军"林彪元帅可以在军用地图前披着大衣一坐就是半天，然后一打一个准，二十几岁就当了军长。

当然，有了具体的执行，还要随时检查计划执行的过程是否符合标准、规范。一位经理跟员工说：我不管过程，不要跟我说理由，只告诉我结果就行。看似合理，其实很危险，那些只是电影台词，实质是一种歇斯底里的无奈表现，甚至是一种推卸管理责任的借口。我敢保证，这样的经理，多半不会为下属没完成任务负责。

执行分两类，一是下属完成具体的事，二是经理的检查。经理的执行力必须表现在检查上。可以说，不履行检查职责的经理，就是没有执行力的经理，是耍嘴皮子的经理，是不负责任的经理。

最后是评估，我们的月结会是评估，部门的例会也是评估，大家都能做到。但就单一项目随时评估，就需要功夫了，我们的经理大多忽视了这一点。

我接到过一位经理的投诉：他去向另一位经理询问某件需要协作完成的工作进展如何，那位经理说：已经做完了。这位经理就说：应该告诉我一下。那位经理反过来说：我需要向你汇报吗？

事情“做完了”，但只有自己知道，别人还在等结果，是“做完了”吗？当然没做完，因为还缺乏最后的“评估”环节。谁来评估？一定是第二方或第三方来评估，不能自以为是，自己说好就好。为什么我们的一些计划会虎头蛇尾？就是因为缺乏“评估”环节，也缺乏“评估”意识。

实施经理月度“规范与细节”管理能力评估

第二个要求,还是自上而下,实施各级经理月度“规范与细节”管理能力评估。评估结果与月度经营奖金挂钩，挂100%还是50%，文件出来后，大家商议确定。

评估的具体项目，也由大家定，请今天与会的各位，每人提交建议，于九月五日前，通过OA发给行政秘书，归类整理后，纳入文件。今后，考评内容可能每月相同，也可能不一样，但量上不会超过五条。

考评方式将非常关注细节，如本月你与几位下属进行了恳谈，效果如何，要提交每次恳谈的记录，然后，自己给自己打分。总经理、副总经理再组织一次集体询问，大家一起评分，相关结果通过报告的形式交付当事人。

去年以来，我们在几乎所有的“服务质量案例通报”中都会体现“个人管理档案”字眼，其实，我们至今也没有这样的档案，这次则要建立起来。评估就是引导，帮助每一个人知道自己的不足，鼓励进步。

（某饭店总经理在月度经营会议上的讲话摘要，有删节）

附录二

要评估，但不能迷信评估

——从“绩效主义毁了索尼”想到的

今年年初，日本《文艺春秋》杂志刊登了一篇题为“绩效主义毁了索尼”的文章。作者天外伺郎，曾任索尼公司常务董事，因出版关于索尼公司成功打造经营理念历程的《经营革命》一书而闻名。

索尼公司创业于1946年，到今年，满60年华。它是一颗璀璨的宝石，举世共知。他们实施“大家长式经营”，紧紧围绕创始人井深大社长，形成一个德高望重的核心领导团队，牵引着庞大而高效的“索尼号”列车前行。天外伺郎认为，他们无往而不利的秘密，不在技术或制度，而源于高度共识的创业理念：

“建设理想的工厂，这里有自由、豁达、愉快的氛围，能让每个认真工作的人都能最大限度地发挥技能。”这成为“每一位索尼人共同的灵魂”。有了灵魂，人才能知道什么是可为之道，什么是不可为之事，而不需别人耳提面命。“至于技术及其制度……都是‘副产品’”。

灵魂不灭，索尼凯歌高奏。

然而今天，索尼光辉不再。锂电池燃烧事故令960万台笔记本电脑被召回，更换电池的损失至少510亿日元。被视为“索尼救星”的PS3游戏机携“最尖端技术”风光上市，一日售空，却遭遇关键部件批量生产速度瓶颈，整机数量受到极大制约，预计到今年3月份，亏损将达2000亿日元。而早在2003年，索尼已经出现一季亏损1000亿日元、股票连续两天跌停的纪录。

何以至此？因为灵魂灭了。魂飞魄散，人便生病，久则病入膏肓，即使外表风风火火，实已是行尸走肉。所以，索尼衰败，势所必然。

那么，在上个世纪的几十年间，“索尼灵魂”曾经造化了什么呢？我认为有三：一是“敬业激情”，二是“挑战精神”，三是“团队意识”。这也是大多数日本企业共有的文化。

“敬业激情”，必须遵循一个灵魂（理念）的指引，经由管理团队的“亲手”发掘、点燃才能实现。这里，经理的以身作则非常关键。他们是灵魂代言人。“敬业激情”一旦被上级挖掘、点燃以至迸发，人将忘我、不知疲倦、全身心投入，成为“工作狂人”。这是一切的基础。有此基础，“挑战精神”将被激活，而整个激活过程全在“自动自发”，而非外力。这正是我们所见的日本人工作状态。“敬业激情”与“挑战精神”相辅相成，互为动力，“索尼号”列车轰然而动。当然，运转的列车需要充电、加油、休整，于是，“团队意识”承担了保障功能。“团队意识”乃是一种共存共荣的使命感。千辛万苦与流血流汗，到这里即化作愉快的一杯酒、一声笑，其乐融融。团队好，意味着这个团队充满“自由、豁达、愉快”的索尼氛围，人心不累；团队差，意味着灵魂堕落，人会抓瞎，不仅身体累，心里更累。

美国著名管理学家奇凯·臣特米海教授将索尼的这个循环模式称为“涌流”，并借此建立了“涌流理论”。这个“涌流理论”，原本是用来颠覆美国原创的“绩效主义”的，2004年以来，“涌流理论”在美国一直很有市场。看来，即使在“绩效主义”的祖国，它也出了问题。

绩效主义，就是“将业务成果与报酬直接挂钩，以鼓励员工为获得更好的报酬而努力工作”。这个理论企图把人的能力加以量化，以此做出“客观、公正”的评价。1995年，索尼公司引进“绩效主义”，实施严格的绩效评估制度。他们成立了专门的质检与评估机构，制定了非常详细、全面的考核评估标准，并严格地根据评估结果给每人定报酬。一时间，工作开展得轰轰烈烈，扎扎实实。

……

然而，这个看似严密的制度，却最终动摇了索尼的文化根基，并深大引以为豪的“工作的报酬是工作”的“敬业激情”，以及随时随地鼓励、表扬，促动大家再接再厉，追寻“工作乐趣”的氛围与自发性，被“你努力做，我给你加薪”以及“给多少钱做多少事”的被动的、外部动机所替代了。人们被一个新的魔鬼引领着，从追求“内在回报”的境界堕落到了追求“外部回报”的层面。“敬业激情”开始消亡。

为衡量业绩，各种工作要素都要被量化。但事实上，大多数工作是无法被简单量化的。公司为统计业绩而耗费时间与精力，以至于大家在真正工作上敷衍了事——本末倒置了。

为应付考绩，经理层开始潜心于提出容易实现的低目标，进而使“挑战精神”蒙尘，人们纷纷自保。“绩效主义”还促发了追求短期、眼前效益的风气，一些长远的规划或需要长期努力才能见效的工作，遭遇搁置、冷遇或重心偏移。

除了对个人考绩，公司还要通过对部门的考绩来决定部门报酬水准，导致业务部门之间互相拆台，出现了想方设法“从公司整体利益中为本部门捞取好处”的结局。也因为一切都看指标，使得各级经理养成了用“评价目光”审视部下的习惯，部下从此成为“劳动工具”而不再是有情感的人了。大家开始逃避责任，“团队意识”荡然无存。

“绩效主义毁了索尼”。有人因此讽刺索尼是“上世纪的21世纪型企业与本世纪的20世纪型企业”，成为照搬西方“绩效主义”而遗祸自身的典型。这，正是我们今天要思考的。我认为，今后至少有两点，需要大家认真对待：

第一，是学习索尼经验，把理念坚持到底，做到位。

“给人方便，给人自信，给人欢喜”的十二字经营理念，是我们历经六年的务实探索，才找到并秉承下来的“自己的灵魂”，只能不断充实、丰富，不能违背。做任何事，符合的就做，不符合就不做。跟索尼精神对照起来看，“给人方便”就是创造“敬业激情”，“给人自信”就是创造“挑战精神”，“给人欢喜”就是创造“团队意识”。这三点，铸就了我们的灵魂。大家要认真领会，应用到为人做事上。

经理下指示或出文件，部门会议、内外宣传、技术等级考核，处理员工问题、客人问题乃至每位员工的一言一行，都不能脱离这个灵魂。这点做到了，大家就有了一致的“主心骨”。

刘禹锡《陋室铭》说，“山不在高，有仙则明；水不在深，有龙则灵”。公司也不在大小，有灵魂则兴。全体员工，尤其是管理人员，都是“给人方便，给人自信，给人欢喜”之灵魂的代言人。做不到者，无异于背叛自己，迟早会被踢出局或“自动出局”。

第二，是接受索尼教训，坚持走一条“简单管理”之路。

人的思想空间就那么大，外部制约占多了，自主的余地就小了。简单管理，就是把自主发挥的空间留给员工，“敬业激情”才有基础，“挑战精神”和“团队意识”才有扎根的可能。复杂管理，看似严谨，却可能误导大家为手续而手续、为规则而规则，对真正的、有灵性的工作反而马虎了，实质是一种鼓励逃避责任的做法。大家务必警惕！

当然，企业发展到相对稳定阶段，管理人员会滋生怠惰心理，想把“好的做法固定下来”，或每有问题都喜欢制定一个规则以求固守，初衷是好的，有效，也必要，应该做。但毛病出在希望通过“外部规则”来约束大家“不犯错误”的潜意识，其结果必然在杀死病毒的同时，抑制健康细胞的成长，绝对得不偿失。所以，不能完全依赖于规则这个双面刃。规则是用来执行的，但更是用来打破的，如此，才可避免头脑僵化，才能进步。那么，怎样实现这个目标呢？我认为，就是坚持我们去年此时进行“新市场环境下全员服务、全员营销”主题讨论后得出的结论：走“简单管理”之路。具体说，就是“多管事，管好事，严管事；少管人，理好人，宽待人”（今年增加了“严管事”、“宽待人”六个字）。

“简单管理”的实质，正是“给人方便，给人自信，给人欢喜”理念的具体表现。因此，在执行上，提出这样几点，供大家参考。

首先，有两句话，要列为管理禁语。一是说“不想做就走人”（大意）。这样的话哪怕是在生气时讲出也不能原谅。此言一出，它要么表示你心虚，没有管理自信，要么证明你待人不厚道，心地有问题。应绝对禁止。大家要珍惜跟每一个人的共事之缘。二是简单地说“不行”。在内部执行规定上常易脱口而出，此言对团队氛围破坏力最强，实质是推卸责任，因为这个潜台词是说“我有言在先，出了问题你自己负责”。应改为“我们一起想办法”，或说“你看这样好不好……”。观念一转，办法一定多于困难；观念不转，两败俱伤。再退一步讲，即使最终无法突破，也会因为共同努力的过程而使双方都有所收获。

其次，“蓝头文件”要多要细，“红头文件”要少要略。前者是流程、规范、表格，是执行工具，是要不断推陈出新的，所以是“多管事”，而且要严格；后者讲的是底线、规则，是管人的，所以要少要略，不是不管，是要“少管人”。

再次，对人的控制要宽，对物的控制要严。就是说，应更多地通过硬环境、设备、用品用具的操作来约束人的行为，高度注重硬件基础的建设，是“多管事”，“少管人”。

又次，对员工要宽，对经理要严。一般来说，经理多关注员工做事，员工则关注经理的为人，因此，强调“少管人，理好人，宽待人”很有必要。“理好人，宽待人”，就是尊重、培养、帮助员工完成工作，允许员工有过失，不是简单地“按规定”苛责、处分，而是自己要先承担责任，研究出接下来的操作办法，以保证不犯同样的过错。一切貌似严格的“管人”，包括耍态度、骂人、呵斥，只是管理者的“自我发泄”，不是服务，不是管理，根本无助于员工自动自发力的激发，还可能适得其反。

最后，绩效考核要宽，过程督管要严。前者为的是“少管人，理好人，宽待人”，后者为的是“多管事，管好事，严管事”。

这几点都做到了，“多”就是“少”，“宽”就是“严”，就可以“外松内紧”，“团结、紧张、严肃、活泼”的局面就出现了，看似没管理，而一旦触及标准，预警系统马上作用。

我认为，没有警钟长鸣的管理，才是真正的管理。当然有难度，所以，才需要大家贡献智慧。这里抛砖引玉，更多的，还请大家自己思考，围绕十二字的“理念”和十八字的“简单管理”原则，就各自在执行方面的做法，进行内部总结、研讨与交流，以期提升我们整体的管理意识与能力。今后，每年都要做一两次公开的交流，自己培训自己，毕竟，别人晒太阳，我们身上不会温暖，具体时间由人力资源部安排。

（摘自厦门国际会展酒店 2007 年 5 月《海风报》，有删减）

附录三

关于实施 2008 年度酒店管理绩效评估的通知

各部门：

为配合国际会议中心项目的前期准备，明确在 2008 年不断变化的市场条件下新的管理要点与方向，提升经理的执行力，建立有效工作团队，特制订本评估大纲，就（1）经理绩效，（2）员工满意，（3）服务质量，（4）GOP 管理，（5）营销绩效，（6）员工流动，（7）安全与卫生管理，（8）月奖与年奖分配等业务方向进行评估、引导，以期共同进步。

一、经理人员管理绩效评估

酒店成立经理绩效评估小组，总经理任组长，成员包括总监、人力资源部经理、行政秘书。该小组负责根据本办法制订评估政策、办法、实施时间并推进。若评估涉及小组成员，则该评估人员应规避。

本项评估以各部门二级部副经理及以上经理为对象，以自评、同事问卷等形式，不定期进行。评估内容包括三部分：

第一部分，履行岗位职责状况评估，权重35%。

1. 部门应遵循“一位下级只有一位直接上级；下级不宜越级报告，但可越级申诉；上级不宜越级指挥，但可越级检查”三原则，进行合理的管理分工，明确职责，报审后执行，并作为本项评估的基本依据。

2. 酒店将根据当前情况，从中抽取三至五项职责，并对履行状况一一进行评估。首先，请经理自行回答如下问题：（1）为履行此职责，你采取了哪些具体有效的措施？（2）上级对此提供了哪些具体支持，是否督办？（3）为履行每一项职责，你为下级（含其他部门相关岗位人员）提供了哪些具体服务以帮助他们成功？（4）执行过程中遭遇哪些困难，有怎样的调整计划？然后，一一给自己履行职责状况打分（10分制，下同）。再针对该三至五项职责，以不记名问卷形式，征询下属意见：（5）为履行此职责，你部门采取了哪些具体有效的措施？（6）上级对此提供了哪些具体支持，是否督办？（7）执行过程中遇到哪些问题需要调整？然后，一一给部门履行职责状况打分。

3. 评估小组参照自评与下属评估结果，一一为评估对象履行职责情况打分。原则上，当事人得分以问题（1）、（3）、（4）、（5）、（6）、（7）为主，当双方评估一致性较高时，则标志该经理能做好管理沟通，令行禁止，上下同心，可加分；基本一致，没有明显相悖意见时，则标志该经理能做好管理沟通，具备履行职责的能力，可尊重自评分与下属评估分；双方评估出现不一致或相悖意见时，则标志该经理履行职责能力有缺欠，需要改善，可减分。问题（2）作为对上级管理绩效评估的内容，计入第三部分。

第二部分，执行“客我关系处理的五个标准”状况评估，权重30%。

1. 认真宣传、贯彻“五个标准”，使之成为履行“给人方便，给人自信，给人欢喜”理念的行为指南，以期提升全员服务与营销的质量与效率。

这“五个标准”分别是（1）谁离外部顾客近，谁的“声音”就大，应全心全意超越眼前纷扰，立即为客人服务。（2）外部顾客的“声音”大于内部顾客的“声音”，应超越眼前纷扰，到客人中、到现场员工中去解决问题，而不是躲在办公室或躲在文件里，两者的工作效果截然不同。（3）专业部门的“声音”大于非本专业部门，但责任也更大，专业部门应提供更专业的服务，而非拒绝服务。（4）两个或多个部门面对外部顾客都在忙时，“声音”相当，故此时应打破流程框框，迅速、灵活地采取“直线工作法”：直接找能够最快解决问题的部门、人员或自己动手解决问题，应打破常规，精诚合作，并欣赏他人工作的成功。（5）内部顾客“违规”或外部顾客“无理取闹”时发出的“声音”是“杂音”，须依法有效清除，应敢管敢理，有原则，不当“老好人”。

2. 围绕“五个标准”的执行状况，给自己打分，也请下属或合作部门人员打分。

3. 评估小组参照自评与下属评估结果，一一为评估对象履行“五个标准”

情况打分。原则上，尊重自评与下属评估结果。

第三部分，下属培养状况评估，权重35%。

1. 有系统地培养下属，建设一个有力的工作团队，是确保酒店经营长治久安的根本大计，为此，设部门正职经理及以上人员，为第一梯队；副职至二级部副经理，为第二梯队；领班、技术经理及所有员工，为第三梯队，逐级实施下属培养状况评估。

2. 对此，自评部分应围绕以下问题展开：（1）假如酒店派你外出学习三个月，那么，你将安排谁来接替你的工作，谁来担当副手？谁作为第二副手？（2）写出你下属的三项主要工作职责，一一说明他们在履行这些职责过程中的优缺点。（3）针对他们的问题，你采取了哪些具体措施培养他们，帮助他们进步？（4）培养下属措施的实施计划怎样？目前效果如何？

在回答了以上（1）到（4）问题之后，为自己培养下属状况打分。

下属评估部分则应思考这样一些问题：（5）写出上级为你设计的三项主要工作职责，一一说明上级为培养你进步及帮助你更好地履行职责，采取了哪些具体的传帮带措施？（6）你是否清楚自己的优势与问题？通过怎样的渠道发现的？（7）如果换一个上级你会觉得怎样？

在回答了以上（5）到（7）问题之后，为上级培养下属的努力状况打分。

3. 评估小组参照自评与下属评估结果，一一为评估对象培养下属情况打分。原则上，由问题（1）发现“有没有培养人才的愿望与成果”，如果有且可行，应加分；没有或敷衍，应减分。由问题（2）发现“是否关心下属的成长”。由问题（3）发现“有没有在培养人才方面下真功夫”。由问题（4）发现“有无培养人才的计划与实施目标”。问题（5）至（7）用于佐证自评是否准确。若上下默契，应加分；虽不默契，但不相悖，不加不减；相悖，包括不回答或模棱两可，应减分。第一部分问题（2）纳入本项评估，原则同上。

根据经理管理绩效评估结果，按A、B、C三级为经理能力定级，C级经理将不得参评酒店与集团优秀经理；极差将影响当事人的年终奖评定，影响下一期聘任以及薪资待遇；三次评估均为C级者，可能被调岗、降职或降薪。

二、员工满意度评估

员工满意，是酒店管理的核心目标之一，是各部门管理人员的共同责任，人力资源部承担专业指导、协助与检查责任。这项评估主要包括四方面。

1. 员工培训状况评估，具体包括：

（1）三月期员工完整地参加了入店培训，掌握了酒店基本服务常识；观摩了电视连续剧《大饭店》并在内训师引导下进行了研讨，理解了酒店文化；通过了部门岗位基本操作考核，获得了上岗资格。前述事项做到了吗？做得如何？

（2）半年期员工完整地观摩了电视连续剧《福丸旅馆1》并在内训师引导下进行了研讨，深化了对酒店文化的理解。前述事项做到了吗？做得如何？

（3）一年期员工完整地观摩了电视连续剧《福丸旅馆2》或《哥伦比亚大饭店》并在内训师引导下进行了研讨，进一步把握了酒店文化。前述事项做到了吗？做得如何？

（4）管理人员每月都进行一次主题公共培训（使用统一教材，如电视连续剧《士兵突击》等）。前述事项做到了吗？做得如何？

（5）酒店为每一位领班以上级管理人员设计年度培训课程，书面通知当事人，并有效协助、推进。前述事项做到了吗？做得如何？

（6）部门或岗位每个工作日都有一次形式多样的岗位短训。这点做到了吗？做得如何？

2. 管理沟通状况评估，具体包括：

（1）能站着做的，就不坐下来办。做到了吗？

（2）能到现场解决的问题，不要到办公室或会议室。做到了吗？

（3）上级不要等到了时限再问“做完没有”，而要不断“跟催”，要管过程。做到了吗？

（4）不断调整各类审批流程，以适合以上（1）到（3）的节奏。做到了吗？

（5）作为员工，每三个月都能跟直接上级有一次深入的沟通。做到了吗？

（6）作为领班，每三个月都能跟现场经理或部门经理有一次深入的沟通。做到了吗？

（7）作为现场经理，每三个月都能跟部门经理或副经理有一次深入的沟通。做到了吗？

（8）作为部门经理或副经理，每三个月都能跟总经理或副总经理有一次深入沟通。做到了吗？

（9）写出酒店目前的三个主要危机，并应有人在管这些事。做到了吗？

（10）酒店应为每一位员工提供自己的发展机会。做到了吗？

3. 员工活动状况评估，具体包括：

（1）酒店对员工生日给予足够的重视。做到了吗？

（2）部门经理班子善于组织员工活动，并关注文化氛围。做到了吗？

（3）酒店每季度组织一次员工活动，收到较好反响并强化了文化内涵。做到了吗？

4. 福利待遇状况评估，具体包括：

（1）在本地同行中，薪资水平至少应处于中上层面。做到了吗？

（2）更衣室应整洁、安全、够用。做到了吗？

（3）宿舍环境应整洁、安全、舒适。做到了吗？

（4）员工餐厅应卫生，餐点充裕、适口，员工得到良好服务。做到了吗？

（5）制服整洁、舒适、无破损。做到了吗？

本项评估按季度，由酒店评估小组与工会联合进行评估，可通过问卷、访谈等形式，分门别类地收集意见、打分。评估需确定每一项目的负责人。原则上，单项满意度应达到85%（含），每低0.5分，相关部门第一、第二负责人记5个黑点；整体分数每低0.5分，各部门第一负责人至总经理记10个黑点。单项满意度高于85%者，奖励标准与原则同上；整体分数高于85%者暂不奖励。

三、服务质量月度评估

1. 前厅部、客房部、餐饮部—中餐岗、餐饮部—西餐岗、餐饮部—宴会与会议岗、前厅部—外租商场与票务岗、餐饮部—天心阁等七部门或岗位宾客满意调查问卷月度加权得分为92（含）分，每低0.5分，部门或岗位第一负责人记5个黑点，四级经理及以上其他人员各记3个黑点。其中，外租商场与票务责任人为前厅部正副经理，天心阁责任人为餐饮总监与部门经理。每高0.5分，按相同标准奖励上述人员；同时，奖励上述部门或岗位50元，依此类推。

2. 凡得分低于92分的部门或岗位，第一负责人应同时提交整改报告，并限期整改。

3. 宾客满意度调查中提及个性问题（如服务意识、职业操守等）属营销、企划、工程、安保、人力、财务等其他部门或岗位的管理责任，则每项次记部门或岗位第一负责人5个黑点，四级经理及以上其他人员各记3个黑点。

4. 专家暗访加权平均得分为86分，在暗访结果公布的月度给予奖罚，标准与原则同上。

5. 三次以上未达标的部门经理将失去参评酒店、集团优秀经理资格。

四、GOP管理评估

控制成本、拓展市场、提升收益率（GOP），是各部门管理人员的共同责任，尤其是房口、餐口，而财务部（含采购供应）承担专业指导、协助与检查责任。

1. 餐饮经营利润率季度评估指标为27%（不含月饼等非常规项目），每超出1%，奖励部门2000元；每低1%，部门经理、副经理、现场经理、厨师长、副厨师长记10个黑点。

2. 房口（含客房、前厅）经营利润率季度评估指标为70%，每超出1%，奖励客房部1000元，前厅部500元；每低1%，部门经理、副经理、现场经理记10个黑点。

3. 上述奖金可由部门经理根据岗位、个人业绩确定分配额度，名单提供给财务部审核，交人力部与工资一并发放；也可作为岗位活动经费，凭正式发票报销，活动经费报销单须有二级部副经理级以上两人签字；或可两种形式并用。

4. 在本项评估中，酒店总经理签免房、促销房、贵宾卡房券及婚宴用房均以每间天100元标准冲减客房费用和40元冲减餐饮成本并相应计入各部门费用。

5. 房餐均超标1%或以上，奖励营销部、财务部经理、采购供应部经理各5个红点，奖励副经理、现场经理3个红点；任一方面未达标，按相同标准扣罚上述人员；房餐均达标或超标不足1%，不奖不罚；同时，财务部经理应对此提交分析报告。

五、营销绩效专项评估

根据市场形势，设2008年度专项营销奖，用于奖励营销部－销售岗、餐饮部－宴会会议预订岗、前厅部－预订与总台岗在提升住房率、宴会会议收入两方面的表现。

1. 在标准房价基础上，客房月出租率（不含免费房、促销房及金贵卡房券）指标为75%，月均超出5%（含）以内，每点奖励营销部800元，前厅部200元；超出5%至10%（含），每点奖励营销部1200元，前厅部300元；超出10%以上，每点奖励营销部2000元，前厅部400元。未完成指标，不享受营销奖，暂不扣罚，但可能影响经理人员聘任、薪资等。

2. 10人以上宴会与会议月营业收入指标为5800万元／月，如当月实际收入超出预算指标，以超出部分的1%给予奖励，营销部支配60%，餐饮部支配40%。未完成指标，不享受营销奖，暂不扣罚，但可能影响经理人员聘任、薪资等。

3. 非以上岗位人员订房、订餐前三名（合计六名），将获得年终专项嘉奖。

4. 上述奖金可由部门经理根据岗位、个人业绩确定分配额度，报总监批准，名单提交财务部审核，交人力部与工资一并发放；也可作为岗位活动经费，凭正式发票报销，活动经费报销单须有二级部副经理级以上两人签字；或可两种形式并用。

六、员工流动状况评估

1. 酒店全月可允许流动三月期或以上员工（含管理人员）9人次（含），每超出1人次，所在部门（餐饮部可按中餐厅、西餐厅、其他分计）第一、第二负责人记5个黑点，以下管理人员分别记2个黑点，类推。

2. 总监（含餐饮部经理）分管部门合计流动超出3位三月期或以上员工（含管理人员），每人次记5个黑点，类推。

3. 酒店全月流动人数超出15人次（含），每人次分别记人力资源部第一、第二负责人5个黑点，类推。

4. 实习生正常交替、外聘人员合同期满、集团内部正常流动、因违规被辞退员工除外。

七、安全、卫生管理状况评估

安全管理是酒店管理的核心之一，是每一位经理、员工共同的责任。

1. 任一辖区发生造成经济损失5000元以上的火灾事故，分管部门经理、分管副经理记300个黑点，现场经理记100个黑点。直接责任人的处罚参照《员工手册》另定。

2. 任一辖区发生宾客或员工在店用餐后出现3人以上中毒症状，分管部门经理、分管副经理记300个黑点，现场经理记100个黑点。直接责任人的处罚参照《员工手册》另定。

3. 任一辖区（含宿舍）发生案值5000元以上或同类累计案值超过10000元以上的案件，分管部门经理、分管副经理记300个黑点，现场经理记100个黑点。直接责任人的处罚参照《员工手册》另定。

4. 任一辖区发生客人或员工因设施故障、标志不完善、操作不当等原因，导致人员受伤（如跌倒、刀伤等）需要就医，或受困惊吓（如困在电梯5分钟以上）引发投诉，或损坏设施财物（如洒水不当引发报警器故障等）等，每发生一项次，辖区负责人记5个黑点。

5. 例行安全卫生检查过程中发现消防通道受阻、消防设施被违规妨碍，每次分管部门经理、现场经理各记5个黑点。直接责任人的处罚参照《员工手册》另定。

6. 例行安全卫生检查过程中发现违规操作，可能造成安全隐患，或可能损坏设施设备，部门经理、分管副经理、现场经理各记5个黑点。直接责任人的处罚参照《员工手册》另定。

7. 例行安全卫生检查过程中发现脏、乱、不规范现象，每一项次部门经理、分管副经理、现场经理各记5个黑点。直接责任人的处罚参照《员工手册》另定。

8. 酒店定期公布检查与处罚结果。

八、月奖、年奖差异分配制

1. 根据“责任”（包括风险控制、成本控制、指导监督、内部协调、外部协调、工作结果、组织人事、法律、决策层次）、“知识与技能”要求（包括最低学历要求、知识多样性、熟练期、工作复杂性、工作灵活性、工作经验、语文知识、数学知识、综合能力）因素差异，不同岗位、级别人员应在《员工晋级与薪资安排规范》下，套定不同月奖额，作为分配基础。

2. 根据不同岗位的“劳力强度”（包括工作压力、精力集中程度、体力要求、创新与开拓要求、工作紧张程度、工作均衡性）与“工作环境”（包括工作时间特征、工作危险性、职业病、环境舒适性）因素差异，同级人员均可分A、B、C三档。其中，A档，指部门人员经常须根据客人要求、业务安排来调整个人作息，主要为餐饮部、营销部－销售岗。B 档，指部门人员须在重要接待、大型接待、有特殊客情时，根据客人要求、业务安排来调整个人作息，主要为前厅部、客房部、工程－网络部、营销－美工岗。C 档，指部门管理人员在大部分情况下能按时作息，主要为财务部、人力资源部、安保部、工程部－工程岗、企划部－企划岗等。据此，应实施月奖差异分配制。

3. 月奖、年奖差异体现在分配系数上，标准：A ∶ B ∶ C=1.05 ∶ 1 ∶ 0.95

本办法自 2008 年第三季度（7 月）起执行。

特此通知。

附件：各级管理人员 2008 年度考绩要点

厦门国际会展酒店

2008 年 6 月 8 日

附件：各级管理人员 2008 年度考绩要点

注：以下所列管理人员可能增加或减少，考绩要点也可能因岗位变化而调整。

一、营销口管理人员

市场营销总监

1. 你的第一工作点：客户办公室、酒店餐厅、会议中心；第二办公点：营销部办公室；第三办公点：餐饮部、宴会预订、前厅部。

2. 你应协助总经理，主持酒店营销业务，包括市场企划部、销售部、金贵俱乐部工作，跨部门协调宴会会议岗、客房预订岗的业务，深入了解国内国际市场动态，实现收益长期化、最大化。

3. 你应充分理解酒店“给人方便，给人自信，给人欢喜”的理念内涵，做指挥员也作战斗员，成为酒店文化的弘扬者。同时，导入合理的营销评估机制，拓展新的营销渠道，走在同行前列。

4. 你应紧紧围绕酒店“厦门休闲式会议主题酒店”这一市场定位，做好市场调查、分析，至少每月提交一次报告，支持总经理决策，并在此基础上，做好促销项目企划工作，组织落实，提升酒店知名度、美誉度。

5. 你应抓好部门员工纪律，组织员工活动，增强向心力；尤其注意内部的专业培训，培养营销管理与服务骨干，增强后劲。

6. 你应拓展酒店收益管理的道路，力争形成一套可行的操作方案，并取得实际突破。

市场营销部经理

1. 你应协助市场营销总监，主持营销部日常工作，带领销售团队开展对外营销工作，跨岗位协调住房、用餐、会议事宜，追求收益的长期化、最大化。

2. 你应于每个工作日具体把握每一位销售人员的销售方向、进展、客户状况等，协调内外部资源，解决问题，促成项目达成。

3. 你应安排好每个工作日例会、每半月一次的会议市场专题会、每月一度的市场分析会，使之成为内部培训的一个基本平台，从最贴近客人的角度为酒店经营决策提供依据。

4. 你应关注并制订好晋江、福州、上海、北京、广东等主要目标市场的营销计划，一一组织落实，坚持做牢做实。

市场营销部副经理、企划部经理

1. 你应协助市场营销总监，主持企划部日常工作，做好对外对内公关、海外市场开发、美工制作等三项基本工作。

2. 你应深入采集酒店客房、餐饮经营信息，与主要竞争对手建立联系并实现互动，进行市场调研、分析，为前厅、餐饮等部门营销，为总经理班子以及各后勤保障部门经理进行经营决策，提供依据。

3. 你应通过海内外营销、企划管理信息分析、导入，组织营销部内部培训、研讨，或扩大到与营销相关的前厅预订、餐饮预订岗，提升酒店综合营销水平。

4. 你应负责酒店海外网络订房及市场拓展业务，争取使这项业务成为未来三年的一个增长点。

金贵卡俱乐部经理

1. 你应协助市场营销总监，主持金贵卡俱乐部的日常工作，合理整合酒店资源，多元拓展适销对路的贵宾卡市场。

2. 你应进一步完善为现有持卡客人服务的内涵，如消费券与储值卡并重等，为客人提供更多的服务选择。

3. 你应适时调整销售团队的发展定位，由相对单纯的电话销售模式转向对外销售与现场服务并重，通过与各部门经理协调，提升俱乐部现场服务质量，使贵宾享受到贵宾待遇，为未来国际会议中心酒店贵宾卡服务体系建设奠定基础。

4. 你应充分利用金贵卡信息，为酒店餐饮、营销两部组织的市场促销活动提供客源平台。

二、房口管理人员

房务总监、云海度假村驻店经理

1. 你的第一工作点：云海度假村；第二工作点：酒店客房、前厅等服务现场；第三工作点：总监室。

2. 你应协助总经理，主持云海度假村的日常经营与管理工作，尽最大限度做到业主、客户、员工三方面满意。

3. 你应跨部门负责酒店各部门、岗位服务质量管理，通过对调查问卷等的分析，发现倾向性、关键细节方面的问题，提出整改建议，并推进酒店服务质量决策的落实。

4. 你应协调前厅、客房、自助餐厅（早餐）等服务资源，不断推出客户维护办法，实现回头客的增长。

5. 你应牵头落实酒店升五星的决策，做好周全的安排。

前厅部经理

1. 你应协助房务总监，负责前厅部、外包商场的日常运作与服务质量管理工作。

2. 你应每月与客房部经理、营销部经理、主持工作的餐饮部副经理、财务部经理进行面对面沟通，做好跨部门业务协调。

3. 你应对部门员工满意度负责，进行人才梯队的培养。

4. 组织好现场服务接待，维护酒店重要客户并自主开发潜在客户。

5. 做好柜台营销与预订营销，提升住房率，争取客房利润最大化。

前厅部副经理

1. 你应协助部门经理，全面做好跨部门业务协调，抓好员工满意度与现场服务质量工作。

2. 你应协助房务总监组织好酒店服务质量调查、宾客满意度调查、暗访分析等工作，每月至少分析与反馈一次，为各部门经理、总经理班子提供管理决策依据。

3. 你应负责大堂礼宾岗业务，全面做好接待工作，提升酒店服务的第一印象。

4. 你应负责客户关系岗业务，落实重要客户接待与长期客户维护。

客房部经理

1. 你应协助房务总监，主持部门工作，主动向前厅、营销、宴会会议等部征询客人对客房服务的意见，调整工作流程，提升服务满意度。

2. 你应关注客房硬件老化带来的新问题，加大维护管理力度，注意通过人性化服务、室内外（露台）绿化、被子与洗漱用品微调、备品配置（如插线板、蚊香等）四项，提升客房服务质量。

3. 你应在保持档次与服务需要的前提下，严格控制服务成本，并通过开发房内售品，补充部分服务支出。

4. 你应注意培养客房培训与客户关系管理方面的人才，同时拓展新的用工方式。

5. 作为工会主席，你应通过工会委员会，跨部门、岗位征询员工、经理对酒店工作、员工福利、活动等诸方面的意见与建议，促成并不断完善酒店与员工之间的第二条沟通渠道。

客房部副经理

1. 你应协助部门经理，抓好部门新员工上岗培训、老员工服务意识、新知识补充与考核的工作，使客房部成为一个独具服务文化的集体。

2. 你应根据订单，提前做好 VIP 房间、团队用房等的准备、检查工作，积极听取用房单位人员的意见、建议，及时解决问题。

3. 你应做好在住客房、OK 房的卫生抽查及员工工作状态的评估。

4. 你应主动成为客人投诉处理的直接责任人，并对各部门的服务需求给予配合。

三、餐饮口管理人员

餐饮总监

1. 你的第一办公点：餐厅、会场、厨房、宴会预订处；第二办公点：餐饮与营销企划办公室；第三办公点：总监室、建行会所、同行与客户办公室。

2. 你应向分管副总负责，主持餐饮部工作，召集制订、审核部门月度工作计划、政策，督促、检查餐饮部经理、副经理及各岗经理履行职责，发现问题及时协调、处理，并提供最大限度的服务。

3. 你应跨部门协调餐饮各岗，尤其是宴会会议岗与酒店营销部的业务联系，调动本部资源，专业地支持、配合重要营销项目，争取收益最大化。

4. 你应对厨房出品计划、质量标准把关，并督促、检查餐饮部经理、管事部经理如期落实。

5. 你必须跨酒店（建行会所）、跨部门、岗位、级别做好人事工作，排除干扰，通过恳谈、晋降级、调整岗位等手段，呵护、培养、使用人才。

餐饮部经理

1. 你的第一办公点：餐厅、会场、厨房、宴会预订处；第二办公点：餐饮、营销企划部、工程网络部、人力资源部办公室；第三办公点：同行、客户办公室。

2. 你应协助餐饮总监，主持餐饮部日常经营业务，授权各岗直属经理、厨师长开展工作，主动、热情地为他们服务，并协助总监，督导、检查他们履行岗位职责的情况。

3. 你应深入了解市场动态，直接调查客源需求，鼓励并通过市场销售部收集市场信息，与采购供应部合作进行原料调查，每月至少召开一次餐饮促销专题会，提出厨房出品、价格、促销活动建议，经总监审定后直接推动落实。

4. 你应协调宴会会议部与营销人员做好店内互动、外出拜访等工作，力促建立稳定的基础客源。

5. 你应抓好各类 VIP 客户、大型与重要接待活动的安排以及回款工作，并对服务质量、卫生安全负责。

餐饮部副经理、管事部经理

1. 你的第一办公室：中厨房、水台等现场；第二办公室：中餐厅；第三办公室：餐饮部办公室。

2. 你应协助部门经理主持管事部、中厨房行政业务，最大限度地提供餐饮部的后勤保障，重点协助中厨房开好两个会——日常服务例会、每月一次的出品研发会，并直接落实会议决定。

3. 你应做好餐饮部的物资管控，在各个环节中开源节流，发现浪费问题及时解决，同时，高度关注材料与出品的卫生质量。

4. 亲自或带领厨师长到客人中间去征求意见，建立与客人的联系。

餐饮部副经理、西餐部经理

1. 你应协助部门经理，主持西餐部日常工作，重点抓培训、纪律、员工活动，增强向心力。

2. 你应合理授权，调动、发挥下属经理、领班的工作积极性，在提高服务质量口碑的同时，维护和谐的工作氛围。

3. 你应协调西餐厨师长，执行新菜开发规范，按时令、客源性质调整菜品，提升出品质量。

4. 你应考虑如何多方位地开发旭湾资源，使之成为 2008 年度的一个经营增长点。

餐饮部副经理、中餐部经理

1. 你应协助部门经理，主持西餐部日常工作，重点抓培训、纪律、员工活动，增强向心力。

2. 你应协调中餐厨师长，执行新菜开发规范，做好新菜培训，提高出品质量，并以此为2008年度经营增长点。

3. 你应合理授权，调动、发挥下属经理、领班的工作积极性，尤其关注优秀点菜员的培养或引进，并提升现场服务质量。

4. 全力配合宴会会议部大型接待、日常培训工作。

餐饮—宴会会议部副经理

1. 你应协助部门经理（宴会会议部经理）与副经理，检查现场的准备状况，做好宴会会议部日常服务与管理工作。

2. 你应重点负责宴会预订、VIP档案建设、外部客户业务洽谈，接受营销部订单并从专业角度协调落实餐饮业务细节，实现客人满意与收益最大化。

3. 你应主动协调营销、企划、美工、中西餐、安保、工程人员，运用部门与酒店一切资源，做好客户维护与管理工作，时时把握现场状态，处理应急事项，确保宾客满意。

4. 你应关注来自各种渠道的宾客对会议与宴会服务质量的建议与意见，协助副经理开展内部培训工作。

餐饮—宴会会议部副经理

1. 你应协助部门经理（宴会会议部经理），配合副经理，检查现场的准备状况，做好宴会会议部日常管理工作。

2. 你应牵头抓好宴会与会议服务人员的纪律，组织员工活动，提升专业化程度，增强向心力。

3. 你应根据各类宴会订单要求，主动与中西餐、人力资源及其他各部门协调资源调配，为宴会准备好一切设施设备、物资材料、人员，并协助部门经理做好宴会服务组织，确保宴会服务质量。

4. 你应针对宾客建议与意见，牵头做好内部培训工作。

餐饮—中餐厨师长

1. 你应协助餐饮部副经理，主持中厨房日常工作，关注每位成员的纪律与成长，协调副厨师长和各岗负责人的工作，提升部门专业化程度，增强向心力。

2. 你应执行新菜开发及奖励制度，每月召开一次出品研发会，对日常出品质量负责，并根据决定落实各项指令。

3. 你应与西餐部经理做好配合，到客人中听取意见，积极改善出品质量与服务效率，争取最大限度的宾客满意。

4. 你应每月至少与西餐厨师长交流一次，观摩菜品，实现资源互动。

5. 你应抓好进货验收、出品成本控制、卫生、现场设备安全与规范操作工作。

餐饮—中餐副厨师长

1. 你应协助中餐厨师长，在完成本职出品操作的同时，做好内务管理，包括员工考勤、纪律、物耗控制、进货验收、仓储、卫生、现场工作安全、设备规范操作等工作。

2. 你应在执行新菜开发、奖励制度及出品研发中，关注成本、费用，提出建议或要求。

3. 你应关注员工生活，努力建设和谐、专业、向上的团队。

餐饮—西餐厨师长

1. 你应协助餐饮部经理，主持西厨房日常工作，关注每位成员的纪律与成长，协调各岗负责人的工作，增强部门的专业化程度与向心力。

2. 你应执行新菜开发及奖励制度，每月召开一次出品研发会，对日常出品质量负责，并根据决定落实各项指令。

3. 你应与西餐部经理做好配合，到客人中听取意见，积极改善出品质量与服务效率，争取最大限度的宾客满意。

4. 你应每月至少与中餐厨师长交流一次，观摩菜品，实现资源互动。

5. 你应抓好进货验收、出品成本控制、卫生、现场设备安全与规范操作等的督导、检查工作。

餐饮—建行会所负责人

1. 向餐饮总监负责，主持建行会所项目的日常管理与服务工作，重点抓培训、纪律、员工活动，增强向心力。

2. 与建行各级管理人员建立良好互动，提供优质服务。

3. 协调会所厨师长的工作，提升出品质量。

餐饮—中餐副厨师长、建行会所厨师长

1. 你应协助建行会所负责人，主持会所厨房业务，关注每位成员的纪律与成长，协调各岗负责人的工作，增强部门的专业化程度与向心力。

2. 你应执行新菜开发及奖励制度，每月参加一次中餐部出品研发会，对日常出品质量负责，并根据决定落实各项指令。

3. 你应与会所负责人做好配合，到客人中听取意见，积极改善出品质量与服务效率，争取最大限度的宾客满意。

4. 你应每月至少与酒店中餐、西餐厨师长交流一次，观摩菜品，实现资源互动。

5. 你应抓好进货验收、出品成本控制、卫生、现场设备安全与规范操作工作。

四、保障口（一）管理人员

人力资源部经理

1. 你应协助总经理，主持人力资源部的日常业务，抓好部门员工纪律，组织员工活动，增强向心力，尤其注意培养部门管理人员与技术骨干。

2. 你应与副经理、各部门经理充分协调，做好各类培训与考核计划的核定、组织工作，检查和督导落实情况，提升酒店与各岗位的培训实效。

3. 你应抓好员工餐厅的供应与服务，尤其关注周末、节假日的菜肴质量，让员工满意。

4. 你应根据各部门业务需要，主动做好人力资源配置，按部就班地完成招聘、发展工作。同时，深入各岗工作现场，观察、检查员工工作状态，发现问题及时处理。每月至少一次向总经理、部门经理提供倾向性问题建议，以提升人力资源开发能力。

5. 你应根据国际会议中心项目的进展，协助总经理做好人力资源计划，并组织落实。

人力资源部副经理、培训部经理

1. 你应协助部门经理，制订酒店常规培训计划，并组织落实，确保培训效果。

2. 你应在各岗位完善内训师培养制，并使其在培训中发挥最大作用。

3. 你应与非常规用人部门（主要是餐饮部）管理人员充分沟通、协调，做好大型活动、特别项目外聘人员的服务与管理工作，并关注人力成本。

4. 你应深入现场发现员工培训、日常管理是否到位，发现问题，及时通报。

财务部副经理（主持工作）

1. 你的第一办公点：财务部办公室；第二办公点：各收银现场。

2. 你应协助分管副总，主持财务部日常工作，为各客人以及部门提供专业的财务服务。应坚持到现场、客户、员工中，扮演倾听者角色，调查研究，了解情况，跨部门协调财务政策与经营需要、合同约款与现场执行之间的矛盾，鼓励并切实为现场人员出谋划策，或启动风险小组机制，集思广益，迅速、果断，在促成生意的前提下，最大限度地规避风险。

3. 你应关注酒店市场状况，并在此基础上跟进各项营收与成本支出数字的变动，关注、及时分析、发现各要素之间的变量关系，提出改进报告，为酒店决策提供依据。

4. 你应检查、督促采供、信用审核、会计成本、收银各岗管理人员履行岗位职责情况，发现问题及时处理。同时，做好部门人才梯队建设，带动、培养或引进人才，重点落实采供、信用审核、会计成本三岗管理人员的AB角。

5. 你应学习国内外先进的财务管理方法，与酒店财务同行建立交流渠道，不断改进流程，提升工作效率。

财务—采购供应部经理

1. 你应协助财务部经理，主持采购供应部日常业务，抓好下属业务培训、纪律，组织员工活动，增强向心力。

2. 你应主动到各部门去，每月至少一次，了解部门需要，敏锐把握季节性强、价格敏感、特殊或有特色的原材料，收集资料，再到使用部门去“推销”。重点服务对象是餐饮、工程两部。

3. 做好跨部门采购供应链协调，提供准确的统计数字，分析得失，为酒店决策提供依据。

五、保障口（二）管理人员

工程总监

1. 你的第一工作点：酒店各工程、安保值班点、设施与设备间、国际会议中心施工现场；第二工作点：工程、安保各办公室；第三办公点：客房、餐饮办公室。

2. 你应协助总经理，主持工程、安保部的全面工作，并通过两部经理，具体推动、落实酒店工程、安保等方面的工作计划。

3. 你应根据集团安排，参与国际会议中心酒店的筹建及前期准备工作。

4. 你应花大力气培养、引进工程专业人才，培养后备管理人员，建立良性的工程管理机制，使每一个专业岗位都能有AB角。

5. 你应关注各类工程、安保、通信等方面的先进技术，协调各技术岗位力量，提供最好的工程、网络、会议服务。

工程部经理

1. 你应协助工程总监，主持酒店工程部的日常工作，抓好纪律，组织员工活动，增强向心力，尤其注意培养、用好技术骨干。

2. 你应协调内外各方面技术资源，确保各类设施设备使用有效、规范，保养到位。

3. 你应根据服务订单，到现场检查对客服务的质量，尤其是会议、餐饮、客房、大堂等场所服务，确保工作效率、态度、效果。

4. 你应在确保客人满意的前提下，制订全面节能控耗计划，并有效推动，取得成效。

工程部副经理

1. 你应协助部门经理，落实下属业务培训、考核、督导工作。

2. 你应根据工作计划，督导、检查设备维护及维修质量。

3. 你应检查各设施使用部门的操作规范，发现问题及时处理并提供培训方案。

4. 你应做好日常巡视工作，发现问题，提出建议，及时解决。

安保部经理

1. 你应接受工程总监的领导，主持安保部日常工作，对酒店、员工和客人的人身与财物安全负责，同时，抓好员工专业训练、纪律、员工活动，增强向心力。

2. 你应与辖区国安、公安、消防部门保持良性互动，配合、协调有关工作，重点是派出所和消防中队。

3. 你应根据酒店应急预案，做好各项灾害的预防工作，具体推动日常演习，确保危机时刻能迅速动员，确保设施、人员、材料三到位。

4. 你应加强员工通道与大堂出入口的执法规范，外柔内刚，给客人和员工留下良好的服务印象。同时，严格巡视每一角落，对安全事项，不放过任何隐患，不留任何死角。

六、候补评估对象

客房部副经理、云海度假村房务部经理：黄 ××

财务－审计经理：钟 ××

财务－会计经理：吕 ××

第十一章

饭店业“优质服务管理”评估

一、服务品质的四个等级界定

饭店星级标准与服务管理品质

中国饭店星级评定标准实施二十年来，为我们乃至世界的饭店业都树立了一面旗帜。它促成中国饭店业迅速与国际接轨，成为中国当代最具代表性的国际化典范。

然而，这个标准在今天的作用，已经远远不如从前了，为什么？

因为当年所面对的，是“硬件标准”——饭店功能性服务（俗称“硬件服务”）那一部分，而情绪性服务（俗称“软件服务”）这一部分，虽有提及，但实际上远没有落实办法，比如宾客调查等项目，既不够严密，也没有操作性保障。

现在的情况完全不同，中国饭店的功能性服务大大提升，总体硬件品质甚至超过了部分西方先进国家，但同时，也出现了情绪性服务评估滞后的问题，以至于“同样的星级，不一样的服务”现象比比皆是，引发了旅游市场的极大困惑。

未来的饭店星级评定标准，应“硬件标准”（现行）与“软件标准”并行，内功、外功兼修，以确保服务的长期稳定，要从“内功”上重新奠定中国式服务的新纪元。

这已势在必行。

不过，由于服务质量品质不同于硬件，具有极大的模糊性，所以，对“软件标准”的评估有一定的难度，也需要更强的专业性，为此，需要饭店顾问们做出更大的努力。

服务的四个等级：“差”、“一般”、“好”、“优质”

首先，服务品质管理的表象，必然要显示于饭店的服务状态，而此状态，无非“差的”、“一般的”、“好的”、“优质的”四个等级。

当然，这些形容词所代表的内涵，却千差万别，因此，我们将对此给予界定，以为饭店服务管理品质体系评估的建立奠定基础。

1.“差的服务”与“一般服务”的概念

与“好的服务”相对应的是“差的服务”，而实际上，此二者都不普遍。所以，我们必须要把目标集中在最广泛的“一般服务”方面。

对于与“好的服务”相反的状况，我们往往不直说是“差的服务”，而只说“算不上好”，或“不太好”。同样，对“差的服务”之外的情形，也不直说“好的服务"，而只是讲"不坏"、"不错"等。这些状态，可以理解为"一般服务"。

"一般服务"的表现形态,从"没有什么不满,不过也难夸它怎样好",到"虽然不满意，却也不能是说它坏"，差别很多。并且，这种评价还因行业工种、经营状况、价格等的不同而呈现出百态千姿。

不过,一般而言,当我们所接受的服务中包含了这样两种因素：一是最普通、最普遍的功能性满足；二是最低限的情绪性满足。当服务实现了这两种功能性的满足，就可以称其为"一般服务"。达到了"一般服务"的水准，通常，人们对服务的不满就不会很多。

然而，当我们所接受（或感觉到接受了）的服务连这种"一般服务"的水准都达不到，都没有，或没被感觉到，那么，评价就只能是"差的"了。

2．"一般服务"有时也会被认为是"好的服务"

"一般服务"的标准不仅会因工种、经营状况等条件的不同而不同，还会随时代变迁、因社会差异而有种种变化。

尽管如此，其中，仍然存在着相当程度的普遍性和具有共性的条件。比如，服务水准目标的制定，服务方针政策的贯彻，培训，服务活动的评估检查，客人评价分析等，都是我们进行服务管理所需的共同项目。如果这些项目不能得以恰到好处的实施，则任何意义上的"一般服务"便都将无力维持，更谈不上持之以恒地保持服务水准了。

当然，也不可否认，有些时候，即使"一般服务"缺乏稳定性，客人也可能因某种环境条件而"意外"地做出"好的服务"的评价,但必须注意,这是"意外"，应归偶然，而决非管理的成果。

3."好的服务"：个性化服务的代名词

所谓"好的服务"，即我们对服务快感感觉的评价。

这种服务，包含着我们所希望、所期待着的功能性服务内容，而又与情绪性服务相叠合，作为一个温馨的整体被引向自己，当这种方向性为人所认可或感觉到时，心中便会油然而生一种"快感"。

它高于"一般服务"之处，在于有较强的方向意识，即个性化。

因为是对感觉的评价,所以,就本质而言,是"个性的"、"个体的"、"个人的"。

实际上，这种"好的服务"，正意味着它必须以"一般服务"的存在为条件，当我们所提供的"一般服务"具备了稳定性、连续性等特征之后,作为结果的"好的服务"的大前提即已奠定。

进一步讲,"一般服务"的水准越高,获得"好的服务"评价的机会也就越多。

4．"优质服务"：对饭店组织化服务管理的评语

当"一般服务"达到更高标准，就是说，促成"好的服务"的条件相当充分，并为大多数客人所认可，则"优质服务"的基础就已经奠定了。

在此基础上，进一步实现管理的组织化、计划性，“优质服务”便成为一种必然结果。

“好的服务”与“优质服务”之间并没有明显的界限，但后者更强调组织性、计划性。这或许算得上“优质服务”的特征之一。

同时，我们还强调，“优质服务”并非关于“个别性感觉”的评价，也不意味着服务提供者的个人技巧和努力。“优质服务”概念的要点，在于它是饭店、事业部门对单位的“管理状况”的评语，是一种全面提高服务品质的状态。

这个概念将有助于我们开拓各个饭店的服务经营，提高服务水准，并促成高品质服务的普及化，促成有关评价标准的一致性。

二、开展“提高服务品质”活动

“优质服务”产生于“提高服务品质”活动

“一般服务”的稳定提供，是“好的服务”生成的基本条件，但要获得“优质服务”就不能仅仅停留于此了。

要不断地对“一般服务”进行检查、改善，保持并提高服务水准，朝更高的目标努力，展开“管理活动”。可以断言，这种活动需要持续不懈的努力方可奏效，如果无法保证这种持续性，那么，今天它是“一般服务”，明天是否仍能这样便成了问题。

因此，“优质服务”只能在“提高服务品质”活动广泛开展的基础上才可能实现，才可能获得这种评价。

“提高服务品质”活动的三大意义

“提高服务品质”，是一种以“好的服务”为努力方向，依饭店服务者自行设定的基准和目标，积极地、坚持不懈地创造更加令人满意的服务的长期活动。

在此意义上开展提高服务品质的活动，因此而具有三重意义：

1．它能够促使各服务工种的从业者，加深对其正在从事的工作意义的理解，在提高工作热情、使命感、责任心及认识自己的生命意义方面，发挥作用。

2．从业者劳动积极性的提高，将促成他们向客人提供满意的服务，对确保在增加客源量、完善事业整体经营的过程中发挥作用。

3．创造更美好、更丰富的服务产品，以便在质上，推进全社会的服务化进程。

提高服务品质，必须认识到“组织整体”的意义，要依靠整体共同努力。

因此，该组织的各成员，便极有必要，对各自的服务特性、经营课题等，有一个共同理解。这是提高服务品质的大前提和出发点。同时，也是“优质服务”不可缺少的条件。

三、“优评委”与“优质服务管理奖”

组建服务品质管理评估审核机构：“优评委”

1．饭店服务管理品质的评估，不面对个人，而以饭店组织为对象，故应自成体系。

2．该体系所面向的，也不仅为一个饭店组织，而是饭店集团乃至行业整体。因此，建立起这样的体系还需要大环境、大气候的配合，需要全社会的合作。

3．该体系必须具有权威性、指导性和批评功能，并经过努力具备社会性影响力。因此，应为此建立一个专门的审核机构，并拥有足质足量的专业饭店顾问。

4．该机构可以设在“中国饭店星级评定委员会”内，并以“中国饭店业优质服务评审委员会”或“中国饭店服务品质管理协会”等名义为饭店业提供服务。如需要，再另设分支机构相衔接。若饭店集团自行设立此项评估机构，也可参照此名称或办法。

5．为方便起见，这里取“饭店优质服务评审委员会”一名称，简称“优评委”。

“优评委”工作的五个基本目标

“优评委”的工作目标，即通过专业饭店顾问考察、评估、表彰那些为社会提供了优质服务的饭店、饭店集团，来实现——

1．促进饭店消费者对优质服务的认识，由此开发更高品质的服务。

2．促进饭店从业人员服务意识的提高。

3．为中国饭店星级评定标准，增加品质的内涵，使之更具价值。

4．促进、强化良好的服务风气，提高饭店行业的社会地位。

5．为提高社会整体的服务品质做出贡献。

服务品质等级评估与饭店星级评定标准之间的关系

根据饭店服务品质“差”、“一般”、“好”、“优质”四个等级来划分，应以“优质”为基本目标，此项评估才具有更大的社会意义。

此项评估可以用于饭店星级评定的加分项目。

可以考虑按品质等级，设定不同分数，而“差”将遭淘汰；“一般”则应限期整改；四、五星级饭店应至少达成“好”的标准；白金五星或更高星级饭店，则应达到“优质”标准。

设立“饭店优质服务管理奖”

为建树“优质服务”的社会价值，应针对“优质服务”设立奖项以资鼓励。这也有助于将“饭店优质服务”理念推向更加广泛的领域，即超越星级评定与星级饭店本身，而辐射到非星级饭店（不参与评星的饭店有增长趋势，应予关注），甚至可以跨越饭店业，成为整个服务业品质评估的标准，创造一个社会服务品牌。

设该项奖励名称为“饭店优质服务管理奖”，由“优评委”组织评审。

“优质服务管理奖”的标准，将不限于客人好评或行业等级评价（包括饭店星级评定），而更关注如何从根本上解决服务品质问题，即考察两个问题：

1．饭店实施提高服务品质活动的计划、实施、检查情况如何？

2．最后评估的成绩怎样？

显然，“优质服务管理奖”评估，完全不同于“择优录取”式的评估，因为被“择优”者，可能只是“相较而言优质”的饭店，因此，会造成误荐或滥竽充数的情形，令人产生“山中无虎，猴子称大”的担忧。而“优质服务管理奖”规避了这一点：

对照既定标准，根据其达标程度来选择授奖对象。这样的方法，我们命名为“资格评估审查法”。

获“优质服务管理奖”饭店的四个基本条件

1．饭店必须有计划、有组织、持续地展开优质服务活动。

2．“优评委”应按标准进行考察、评估，评判出“差”、“一般”、“好”、“优质”四个等级。然后，淘汰“差”、“一般”、“好”三个等级，关注提供“优质服务”的对象。

3．获评“优质服务”饭店将成为同业榜样。

4．评估结果，将具有技术转移的可能，并成为同业借鉴、参照的标准。

四、“优质服务管理奖”设计概要

设奖种类

1．名称：优质服务管理奖。

2．英文：Distinguished Excellence of Management and Service Award

(简称 DMSA)。

3. 设“金星奖”与“银星奖”，以示“优质服务”等级范围内的差异。

“金星奖”颁发给那些被“优评委”认定：

1. 服务品质管理已促成服务水准提高、服务内容丰富、服务环境改善的机制已在饭店整体中确立。

2. 已取得经济与社会效益双丰收。

3. 评估成果可供同业同工种、在同等经营状况下借鉴。

4. 对其他服务行业或工种，也有参考价值。

“银星奖”颁发给那些被“优评委”认定：

1. 超过“好的服务”标准的饭店，但与“金星奖”标准尚有一定差距。

2. 在促进区域服务业发展过程中发挥独特作用。

3. 在开发该区域前所未有或尚未被广泛利用的服务业务方面，做出卓越贡献。

“专审委”

评估事宜由“优评委”负责实施，但同时，应内设“优质服务管理奖专业审核委员会”(简称“专审委”)，该中心将依“优评委”标准，通过书面材料评审及现场评审，确定入选饭店或部门。

颁奖及表彰

1. 经“优评委”严格考察、评估，推荐出入选饭店或部门名单，由“审核中心”决定。

2. 入选饭店或部门将获得奖状和纪念品，以示表彰。

3. 入选饭店或部门将派代表参加相应级别的“饭店优质服务奖”表彰大会，并进行演讲，以宣传推广经验。

参评饭店的条件

1. 参加星级饭店评定饭店。

2. 非星级饭店，以饭店为单位参评者，正式员工必须在 25 人以上。

3. 以饭店部门为单位参评者，该部门员工必须在 10 人以上。

五、"优质服务管理奖"的评估与审查

评估与审查的五项标准

评估与审查的标准应该相同，并致力于更加客观地反映饭店服务管理水准的真实。这样的标准，应至少包括五点：

1．提升服务品质活动的组织与计划性。

2．饭店经营绩效。

3．饭店组织效率。

4．优质服务的持续性。

5．优质服务技术转移的可能性。

通过这样五点服务标准，来缜密分析其间的平衡程度，并依此评定出达到"优质服务管理奖"标准的对象。

此处要注意，"优质服务管理奖"的评估审查一定要严格保密，不得公开任何未能达标饭店的情况，也不得记录任何属于饭店秘密的内容。

五项标准的内涵

1．有组织、有计划地提升饭店服务品质

指该项以提供更加优质服务为方向的活动，必须有完整的实施计划。计划对象应面向社会（客源市场）而非具体客人。活动必须依托饭店组织整体或饭店集团的部门，而非局部或个人。

2．饭店经营绩效

指作为"有组织、有计划地提升饭店服务品质"（标准 1）的结果，能促成饭店经营效益上升，并受到客人和社会好评的综合状况。

3．饭店组织效率

指作为"有组织、有计划地提升饭店服务品质"（标准 1）与"饭店经营绩效"（标准 2）的结果，能充分建设有效的服务机制——员工服务愿望高，工作积极主动，能保证向客人提供"满意服务"的状况。

4．优质服务的持续性

指饭店能将"饭店经营绩效"（标准 2）和"饭店组织效率"（标准 3）作为一种"客观结果"加以把握，则能促成"有组织、有计划地提升饭店服务品质"（标准 1）成为其必须条件。此外，我们还需附加规定：保证饭店在至少三年时间里，

都能提供同样服务，并以此为重要评定依据。

5. 优质服务技术转移可能性

指“有组织、有计划地提升饭店服务品质”活动的各项宗旨、思想、方法体系等，可以为饭店业同行共享。

实现五项标准是一项长期任务

通过评估、审查，均满足以上标准的饭店，即可被认定为“优质服务管理奖”得主。而其中的难点，应在于计划性（标准 1）达标情况，能否与其余四项标准取得平衡，以实现真正意义上的“PDCA”。这也是饭店顾问要下大功夫来做的事情。

换言之，任何时候，有计划、有组织地开展提高服务品质活动（标准 1），并力争在这方面取得成就，都是先决条件，无此努力，后续的所有工作将一事无成。但同时，饭店经营业绩的不断提高（标准 2）也十分重要，因为饭店必须以收益对业主（股东）、员工负责，而且，这也是饭店开展有组织、有计划的优质服务活动的目的之一，更是全员努力追求的必要结果，是所提供的服务得到社会充分肯定的第一物证。

不过，后面的问题仍很复杂——虽然饭店经营绩效看好（标准 2），却也可能出现员工对工作满意度降低（标准 3），致使员工流失率过高。如此，则为“连续不断地向客人提供好的服务”（标准 4）机制留下病根。故需特别警惕。

此外，“优质服务管理奖”的最大亮点，还在于使提高服务品质的管理思想、方法的一部分或全部，能成为其他饭店或饭店集团部门的样板或工作参考（标准 5），以打破传统式的行业封锁以及“同行即冤家”的狭隘心态，否则，其意义将减半。

显然，推行五项标准必是一个体系化工程，其中任何一个环节的问题都可能影响到整体，而且，单单一家饭店或一个饭店集团的进步也不足以达成目标，必是饭店业整体均能通过持续不断地提升现有服务品质的努力，才有实现的可能。

六、“优质服务管理奖”评审实施方案

“优评委”项目小组的组成

“优评委”是实施“优质服务管理奖”的主体，在推动服务品质提升的事业中，发挥着举足轻重的作用。因此，其成员必须具备专家资格，是名副其实的

饭店顾问，精通饭店部分部门岗位或全部业务。进一步，他们还要掌握关于服务的专业知识。

这也是饭店顾问以及一切专家应具备的基本条件。

"优评委"人数不宜过多，以十人为佳。一般应由行业行政主管部门或行业协会指定负责人，并设常务管理办公室。

成员中至少要有三至四成女性。同时，必须有一半以上成员掌握深厚的饭店诊断及经营分析知识，并有顾问经验。

这样组合起来的机构，才可能具有极高的权威性。

在操作具体某一饭店的评估时，应参照以上人员成分(结构)组成"项目小组"来实施。

入围者

"优质服务管理奖"参评饭店，须提交"优评委"指定的各类文件、材料，以为申请的基本条件。凡在指定期间提交所需文件、材料者，均可认定为"入围饭店"。

评审的三个阶段

1. 初评

初评指文件、材料评估阶段。

初评，主要以饭店或饭店集团部门提交的文件、材料为基础材料，围绕着"计划性"标准这一核心，并兼顾其余标准，对报告所指的达标程度，进行评判。

如果提交的文件、材料显示该饭店已充分达标，甚至超过标准，便可以认定其已经达到"文件评估合格"水准。

这些单位，即可以成为下一阶段评估的对象。

2. 复评

复评指"优评委"项目小组成员到服务现场进行评估的阶段。

复评，是现场评审。"优评委"项目小组成员深入饭店现场，与有关人员直接接触，通过面谈、面试，进一步确认书面材料中展示的各项内容的真实性。同时，也在于通过对有关事项的直接询问，对达标情况进行重新审核。

在方法上，有必要数管齐下，同时与多位从业者进行个别面谈、面试，从而检验饭店方针、政策的"组织渗透"情况。

3. 再评

再评，一般以暗访为主，深入现场核实前两个阶段的相关结论。

再评的意义，在于通过暗访，再一次对饭店所提供的服务加以评判。

这项工作，可以由"优评委"项目小组成员担当，也可以由他们委托的人员来代替。一般情况下，他们将作为一位普通客人，到饭店消费服务设施，或了解组织状况。暗访全过程中不通报姓名与活动计划。相关费用由另外的渠道获得返回。

再评过程中，饭店顾问须以客人身份体验住宿、餐饮、休闲娱乐、购物等服务。必要时，还应变换时间、变换要求提供服务的方式，做多次、反复检查。

汇总《评估报告》并上交“专审委”

1．“优评委”项目小组成员分别编写各阶段评估报告，作为未来《评估报告》的附件。

2．项目小组成员对阶段性报告进行会议汇总，详细分析，多角度探讨，形成综合意见。

3．项目小组或由“优评委”指定书记员记录并将终结意见归纳为《评估报告》，提交“专审委”。

“专业审核委员会”的组成及其后续作业

“优评委”与“专审委”分立，是基于公平原则设置的。

“专审委”成员必须由那些热衷于提升饭店服务品质活动，并掌握渊博知识的各界人士组成，包括吸收相关行业、团体、消费者团体负责人、媒体人士参加。

“专审委”——“优评委”系统内的“专业审核委员会”的简称，负责对评估过程进行逐步检查，以确定其评审方法的“可信性”。同时，还要对入围饭店获取“优质服务管理奖”的资格进行合议，确定“妥否”。

只有通过“优评委”与“专审委”的审议者，饭店业行政主管部门方可授奖。

“优质服务管理奖”授奖活动，可以通过“服务品质表彰大会”等形式来进行，并由获奖饭店代表登场进行演讲，介绍工作经验，以此来实现“技术转移”，使评估审核标准得以为提升全社会的服务水准做出具体贡献，并取得实效。

这期间，“服务品质表彰大会组委会”要就会中有关演讲内容、形式等，与“优评委”进行磋商，并提出要求，再与当选饭店代表协商，加以确定，并明确饭店代表在整个活动中的角色。

原则上，饭店作为受奖者——服务技术传播者，其所提供的服务特点等，是必讲内容。此演讲内容要组委会与代表事先确认。

“优质服务管理奖”评审的十三个主要步骤

1．“优评委”组织发布征集广告或活动通知。

2．饭店报名。

3．“优评委”向报名饭店发送有关文件、材料的空白表单及说明书。

4．饭店提交书面文件、材料。

5．“优评委”根据材料确定“入围”对象。

6．组建“优评委”项目小组。

7．初评：第一次书面文件、材料评估。

8．复评：第二次现场评估。

9．再评：第三次暗访评估。

10．综合评定，提交《评估报告》。

11．“专审委”审议。

12．确定“优质服务管理奖”获奖饭店。

13．颁奖仪式及获奖饭店的管理技术传播。

七、初评（文件评审）要点

评估必备的两类文件、材料

1．饭店概况。可设计为两类，一类为单体饭店用，一类为饭店集团用。

2．关于保持、改善、提升服务品质管理水准的方针、政策及其实施情况的报告。

饭店概况（1）：总说明

饭店概况可以《饭店简介》或《饭店服务指南》等既有资料代替，如果不够充分，则可以补充书面材料。其中，以下内容必不可少：

1．开业时间。

2．行业（这里主要指饭店业，后期可以延伸到餐饮业、零售业等）。

3．主要服务内容。

饭店概况（2）：设施规模

必须是与评估对象相关的部分，如：

1．饭店集团或饭店的连锁店总数、客房数、定员、客房的平均面积（公式：客房总面积 ÷ 客房数）等。

2．餐饮桌数、会场面积、宴会厅面积等。

3．其他服务设施的营业面积、设备台数等。

饭店概况（3）：财务及经营状况

主要指包括最近结算期在内的两年间的经营状况。可以年度结算报告代替。内容不能少于结算期、营业额、营业成本、总利润、销售及日常管理费用、经营利润、银行利息及其他营业外收入、固定资本、资金总额等等。

具体项目可参照标准结算报告安排。

饭店概况（4）：饭店从业者人数

从业者人数（总数及其作为本项评估对象的各岗位人数），包括：

1. 正式员工人数——年末至今的总数。
2. 计时工人数——以每八小时工作计算，最近一个月份的平均人数。
3. 合同员工平均年龄——年末至今的平均年龄，以00.0岁的形式表现。
4. 合同员工的平均工资收入（年度）——年末至今。
5. 计时工计时工资平均额——年末至今。
6. 合同员工平均工龄——年度末至现在的平均年龄数，以00.0年的形式加以表现。

《饭店保持、改善、提升服务品质管理水准方针、政策及其实施情况的报告》

本报告应全面反映饭店为提升服务品质而进行的种种努力，包括所开展的各项活动及其取得的成果。

注意从多角度、多层次进行详细介绍。

本报告的内容，可基本说明“设计‘提升服务品质活动的组织与计划性’的软性指标”中的九个核心问题。每个核心问题又都由若干小问题组成，部分内容，还要更详细地阐释，给出例证，必要时也可以加附件。编制报告时，可以充分参考。

初评操作（1）：设计“提升服务品质活动的组织与计划性”的软性指标

以《饭店保持、改善、提升服务品质管理水准方针、政策及其实施情况的报告》为依据，全体评审员共同为各自的对象饭店打分，然后，综合结果，确认评定分数。各评定事项以10分为限。为此，必须设定相应的评估指标。

鉴于组织与计划性难以量化的特点，我们可以围绕九个核心问题展开审查：

1. 为保持、改善、提升服务品质及管理水准，饭店制定了怎样的经营方针与实施计划？

2．为确保上述计划的实施，在组织或机构设置方面，做了哪些具体保障？

3．为确保上述计划的实施，在政策、职责、流程等规范文件及培训教材方面，做了哪些工作？成果有哪些？成绩如何？

4．如何开展管理与服务培训工作的？分别做了哪些具体工作？

5．人力资源开发与管理工作有哪些独特的政策与做法？效果怎样？

6．饭店内部如何认识饭店当前的服务品质？有哪些独到之处？在未来一年有哪些改进打算？

7．饭店客人如何评价饭店当前的服务品质？哪些广受赞誉？哪些曾受投诉？饭店处理宾客投诉的机制是怎样的？效果如何？

8．客人一般需求（满意状况）反馈体系的建设情况怎样？怎样做的？实施效果如何？

9．饭店保持、改善、提升服务品质与管理的总成果如何？具体表现在哪方面？有无向社会公开？通过什么渠道传播的？

初评操作（2）："提升服务品质活动的组织与计划性"的评分标准

作为软性指标，我们通常可以这样规定：

1．优质分数，记10分。指软性指标所包括的核心问题或全部问题，获得了"完美"解答，并可初步认定为计划得以"全面"实施，达到同等经营状况下的饭店的"最高"水准。

2．优秀分数，记9分。指该核心问题或全部问题，获得了"充分"解答，并可初步认定为计划得以"全面"实施，达到同等经营状况下的饭店的"优秀"水准。

3．良好分数，记8分。指该核心问题或全部问题，获得了"较好"解答，并可初步认定为计划得以"普遍"实施，达到同等经营状况下的饭店的"良好"水准。

4．标准分数，记7分。指该核心问题或全部问题，获得了"完整"解答，并可初步认定为计划得以"普遍"实施，没有明显缺欠，达到同等经营状况下的饭店的"标准"水准。

5．合格分数，记6分。指该核心问题或全部问题，获得了"基本"解答，但存在必须改善、改进的缺欠，尚无法达到"良好"水准。

6．不合格分数，记5分以下。指该核心问题或全部计划的实施情况无法认定。

初评操作（3）：“提升服务品质活动的组织与计划性”的评分记录表

组织与计划性评分记录表

评定项目（No.）	分数（满分10分）	问　　题
（01）经营政策与计划		
（02）组织保障		
（03）规范化建设		
（04）培训		
（05）人力资源开发		
（06）服务品质		
（07）客人需求反馈体系		
（08）社会评价		
综合评价		
意　　见		

初评操作（4）：“提升服务品质活动的组织与计划性”的评分方法

在评分开始以前，“优评委”应组织评估小组成员就核心问题的认识、评分标准等，交换意见，统一认识。这里要注意六点：

1．在不同饭店星级及经营状态下，客人需求的水准有差异。

2．饭店规模大小，会影响经营方针的传达方式、培训方法。

3．仅凭书面材料无法判定的部分，要细心记入备注栏，以便现场评估时明确。

4．如有需要，软性指标的“核心问题9”可不纳入评估中。

5．评估活动必须由各评审员在限定期间、场所中完成。

6．评估过程中，任何人不得以任何理由将已被确定入围的饭店文件、材料携出室外。

各项评分工作结束后，召集“优评委”项目小组全体会议，对该结果作综合审定。即将各评委的评分结果转抄入汇总表内，在就此予以讨论，各抒已见，去掉一个最高分和一个最低分，将参评人数减2、相除算出平均值即可。这里另要注意两点：

7．如果评分中出现9分（判定已经达到优质标准）以上或6分（认为有缺欠）以下情况时，应要求当事人对判断依据加以说明。

8．当评委间的评分出现2分以上差异，如9分和7分时，则应要求说明理由。

可以说，这个讨论、审议过程，对进一步统一评审员关于评审标准的认识，有着重要作用，不可忽略。

组织与计划性评估汇总表

评委编号	评定项目 分数 1	2	3	4	5	6	7	8	组织与计划性综合评语
01									
02									
03									
04									
05									
06									
07									
08									
09									
10									
11									
12									
评定									

注：评定值=〔Σ_x－（H+L）〕÷（N-2），评定项目1～8项。

H-最高分；L-最低分；N-评委人数；Σ_x-评分总和。

初评操作（5）：“优质服务技术转移可能性”的评分标准

该项评分的依据，是“核心问题9”及其相关内容，如附加资料等。基本方式同于初评操作的（1）至（4）。不过，由于其具有较强的概括性，应由“优评委”负责人亲自抓组织落实。

初评操作（6）：“经营绩效指标”设计

接下来，应根据上述参评饭店概况中提供的数据，编制硬性指标列表，重点关注“饭店经营绩效”、“饭店组织效率”、“优质服务的持续性”达标情况。

其中，饭店“经营绩效指标”可以包括：

1．营业收入。计算方式是主营业务（客房、餐饮等）收入扣除营业成本、经营费用（含人工成本、能源燃料、广告宣传、培训、交际应酬、物料易耗品、清洁洗涤、维修、行政支出、绿化、卫星收视、信用卡手续费等）、主营业务税金。

2．经营利润及利润率。计算方式是利润额扣除非经营性费用（含固定资产折旧、保险、房产税、其他税费、长期待摊费用、场地租金、财务利息支出等）。

3．营业利润。计算方式是上述经营利润加上其他业务利润、营业外收入，减去营业外支出，加上上年度损益。

4. 利润总额及利润率。计算方式是利润总额加上财务费用等。

5. 饭店开房率。

6. 平均房价。

7. 单位客房产值。计算方式是饭店客房总收入（含服务费、但必须扣除早餐收入）除以饭店可供出租的所有客房总数（总房间数扣除饭店自用房）之值。

8. 单位餐桌产值（参考）。计算方式参照“单位客房产值”。

9. 所有者权益。

通过对这些指标的评估，我们大体上能把握饭店目前的基本经营状况，以及中近期的发展可能性。

初评操作（7）：“组织效率指标”设计

1. 员工平均薪资与福利。

2. 饭店人工费用率。

3. 员工（领班及以下级别）平均年龄与工龄。

4. 管理人员（主管及以上级别）平均年龄与工龄。

5. 管理人员学历分布。

6. 员工平均创利与创利率。

7. 宾客满意率。

8. 员工满意率。

9. 饭店安全达标率。

10. 饭店卫生达标率。

初评操作（8）：“优质服务持续性指标”设计

优质服务能否持续，不取决于优质服务分数（核心问题1～9）本身，而在于其背后的支持力量是否坚实。这些支持力量，至少应包括以下11条：

1. 近三年每年营业收入持续状况。

2. 近三年每年经营利润及其利润率持续状况。

3. 近三年每年利润总额及其利润率持续状况。

4. 近三年每年饭店开房率持续状况。

5. 近三年每年平均房价持续状况。

6. 近三年每年单位客房产值持续状况。

7. 近三年每年单位餐桌产值持续状况。

8. 近三年每年所有者权益持续状况。

9. 近三年每年人工费用率持续状况。

10．近三年每年宾客满意率持续状况。

11．近三年每年员工满意率持续状况。

初评操作（9）：“饭店经营绩效”、“饭店组织效率”、“优质服务的持续性”的评定方法

1．“饭店经营绩效”、“饭店组织效率”、“优质服务的持续性”等三项指标的设定均以量化的数字为主，所以，判断依据——参评饭店提供的文件、资料等，应充分、准确。

2．该作业为专业作业，因此，应由“优评委”或专项小组中最具饭店财务、人力资源诊断能力、经营分析能力和经验的顾问（若干位）会同“优评委”负责人来实施。

3．评估过程中的每一个节点，都必须参考经营状况统计及相关调研报告的数据，同时，致力于对标准更加充分的理解。

4．评分标准设定与基本执行，可以参照上述初评操作的（2）与（3）的相关内容。

初评操作（10）：做出结论

以上五项指标（含核心问题等）的分组评估完成后，还要对达标结果进行最后综述，进而完成初评业务，做出结论。

获准通过初评的基本条件有三点：

1．达成或超过标准。其中，“组织与计划性”达标总分数应不低于8分（良好），最好以9分（优秀）为条件。

2．五项指标间取得平衡。由于这部分内容只能通过书面材料进行考察，不能避免其中的“包装”成分，所以，一般应取8分以上者为入围复评的对象。

3．考虑到书面材料一定存在一些无法做出完全判断的情况，所以，“组织与计划性”之外的项目，也可视情况取7分或以上者继续入围。

4．填制下表，报“专审委”核定。

初评小结表

评定项目	分数	问题指要
1．提升服务品质活动的组织与计划性		
2．饭店经营绩效		
3．饭店组织效率		
4．优质服务的持续性		
5．优质服务技术转移可能性		

八、复评（现场考查）要点

复评饭店的目的

复评目的，在于对有关初评达标的情况，进行重新核查与评价，以认定其准确无误。在这里，“优评委”项目小组要对饭店提供的所有书面材料的内容，进行逐项确认、评定，并要求饭店方对那些在书面材料中无法充分体现的事项进行说明或证实。

同时，评估人与服务从业人员（包括各级管理人员）广泛而直接接触，通过面试考察、面谈等方式，形成更加明确的评估结论。

评估人、形式与对象

1．参与现场评估的人员，应至少两人，一人为主，一人为辅。所有成员人选均须通过“优评委”集体协议并由负责人定夺。注意，凡曾在应选饭店任职或参与过培训的成员不得委派现场参加评估。

2．现场评估的方法以面谈（或面试）为主。

3．面谈对象主要分两部分。其一，是饭店方面联络人，即与“优质服务管理奖”相关的饭店参评活动组织者、负责人，及其直接负责饭店服务品质管理、实施人力资源开发等部门的管理人员。其二，是直接向客人提供主营业务服务、与客人接触最频繁岗位的员工多名，包括现场管理人员及入岗不满两年的新员工。评估人要直接听取、问询有关情况。

现场评估的细节安排

面谈（面试）前，要由联络人引领，对饭店服务设施进行逐项的、全面的参观、了解，具体行程可以这样安排：

11:00～12:00：饭店概况及设施参观。

13:00～14:00：与联络人及服务管理部门负责人面谈。

14:05～15:35：与直接从事服务的员工面谈。

在此过程中，其余各部门各现场负责人及入岗不足两年的新员工（除当事人之处）都暂时回避。

15:35～16:00：现场评估意见座谈。由联络人及服务管理部门负责人出席。

现场评估期间，评估顾问一般不得在对象饭店内用餐。如果对象饭店距离较远，比如由北京到广州去，那么，就要考虑提前在其他饭店落脚之后，再开展工作。

特别补充报告：五项指标背后力量的状况

作为饭店持续优质服务活动开展的基本力量，其实，大都藏在背后，所以，每一个细节的安排，都应有一个关联结论，即除了复评指标涉及到的问题之外，还要深挖其背后的东西，这正是饭店顾问的用武之地。

首先，关于饭店概况及设施考察的结论，要专门列出来，因为只有当硬件保障完全具备时，才能奠定优质服务持续的基础。在这里，可以参照国家饭店星级评定标准，对服务设施进行考察，以获得第一印象。当然，不必一一打分，但应详细记录主要设备的情况，并与饭店提交的有关资料对照，如：

1．主要设备（机电及能源系统、安全消防系统、自动化管理系统）的品牌是什么？

2．它们主要属于尖端、高端、中端、一般之中的哪个档次？

3．设备在当地的维护商级别怎样？

4．对操作者而言，设备的售后服务状况如何？

5．饭店有没有完整的设备操作流程？

6．流程的培训与执行状况如何？

7．大堂、客房、餐厅、会议室等服务设施的专业程度怎样？

8．这些服务设施的特点如何？

9．设备、设施情况能确保饭店的优质服务长期持续吗？

其次，是面谈的内容要仔细斟酌，对管理人员的面谈，要有一定高度，如：

10．饭店的经营氛围怎样？

11．跟随你的上级已经学到了什么？还能继续学到什么吗？

12．饭店的文化理念是什么？如何执行的？

13．饭店的市场定位是什么？如何执行的？

14．作为经理，是怎样开展培训工作的？有专门预算吗？

15．怎样看待自己的团队？部门有多少成员？主要同事的特点是什么？

16．主要参与饭店中的哪些决策工作？

17．用于饭店员工活动的预算与投入各是多少？

18．同时，要一一访谈“饭店组织效率”中的各个指标项目，并得出自己的结论：饭店管理团队，有能力确保优质服务长期持续、稳定吗？

而对现场服务的员工的访谈，则应注重实际感受，如：

19．客人的素质怎样？

20．工作中遇到过哪些非常开心的事？

21．遇到过哪些特别不开心的事？

22．员工活动开展得如何？定期还是不定期？由谁来组织？记忆中最近一次的活动是什么？效果怎样？

23．饭店的服务团队，有能力确保优质服务长期持续、稳定吗？

当然，以上列举出的问题，可能只是一部分，但作为方向，应遵循于指标设计，同时，也应超越设计的指标，以在面谈中获得饭店顾问所需要的东西。这更是饭店顾问的职责所在。

评审结论

现场评估的结果，须由现场评估负责人以调查报告的形式提交“优评委”。

该报告要包括如下七方面内容：

1．评估起止时间、采用的方法，具体文件至少包括“现场评估日程”、“面谈对象”、“询问项目”等。

2．对饭店提交相关文件、材料中提示的各项内容，做出的确认报告。

3．就“提升服务品质活动的组织与计划性”目标达成的实际情况，做出复评结论，阐述理由，描述特点，介绍具体表现。

4．就“组织效率”指标达成实际情况，做出复评结论，阐述理由，描述特点，介绍具体表现。重点关注该指标的达成与“组织与计划性”的设想、培训、员工活动等组织渗透工作、各级管理人员的渗透能力、从业人员对提升服务品质活动的热情程度等之间的关联及其互动。

5．就“饭店经营业绩”、“优质服务持续性表现”、“优质服务的技术转移可能性”等标准的实际达成情况，进行补充、修正。

6．上述五项指标没有直接提及，但作为支持、维护、保障饭店优质服务长期稳定的一些“背后力量”，应特别提出。恰是这些因素，可能改变上述指标未来的方向。

7．做出全面复评的综合结论，提出复评意见或建议。

九、再评（暗访）要点

再评（暗访）的对象与目标

参加并通过复评的饭店或饭店集团的部门，获准再评——参加第三次暗访评估。

暗访，要求考评人员作为一个普通客人，实际接触、接受服务单位提供的服务，并对此进行分析、评价，最终达到确认书面材料真实性的目的。

暗访报告与书面文件、材料评估、现场评估一同构成综合评估的有效素材。

暗访要注意四点

暗访人员，应由“优评委”成员承担，当然，也可委托就近的饭店顾问来执行。但曾经担当过现场评估工作的人员不可以继任暗访员之职，这是一般常识。

暗访应确保四点：

1. 普通客人的身份。
2. 普通客人的消费手段。
3. 支付标准费用。
4. 根据初评的资料（不是复评资料），进行再评分。

以此来获得暗访饭店提供的服务，通过细心体会、观察，来掌握、确认其实际水准。如果他们能够尽全力提供更好的“一般服务”，便说明其“优质服务”的条件已在形成。

关注细节

暗访所做的，只能是“抽样调查”，因此，对做了什么和没做什么的考察便自然要成为其中最重要的环节了。

在形式上，以夫妇方式为佳，尤其注意自始至终都不能向对方曝露身份，同时，又要尽量选择曾作为复评对象被评估过的地方，以便结论有针对性。应避免另起炉灶，这只会事倍功半。

比如评估预订服务，饭店顾问可以通过相关机构，如旅行社、订房中心或114服务台订房，也可以直接打电话或通过互联网预订。

对饭店中的饮食等服务状态的暗访，要多次、反复、不断改变时间、设置种种消费形式、不同量的金额。如是连锁饭店或餐饮联号，还可以进行延伸暗访或组合评估。

此外，暗访与现场复评工作，也可以双管齐下，但要分别进行，一明一暗，除当事人之外，不得通知任何人。

暗访报告

暗访的结果，也要以评审报告的形式，提交给“优评委”。

如果为多次反复评审，则需要制成多份报告提交。

该报告的过程描述，应力求依实际考察的时间、场所移动为序，如实记录，而非刻意加工、整理，要使之呈现实况，以便于后期分析。这是因为在饭店暗访中，项目可能多达五六十种，无序操作会造成印象混乱。

暗访报告的内容，至少要包括以下七项：

1．暗访时间、当时天气、当天的客人状况等。

2．消费过程中的实际支出。

3．提出针对各暗访项目的个人见解。

4．暗访要附评分表。

评分标准要与初评的书面材料评估保持一致，使用的表格等也应相同。同时，也要对评分为8分以上和6分以下的情形，提交理由说明。

5．对饭店所提供的服务特色，要进行有建设性的评价。

6．描述市场（客人）感受，分析客源状况。

通过对现场服务的感受与观察，分析饭店服务水准（与星级匹配状况），指出哪些服务最易让客人满意，哪些服务形式最易获得客人的欢迎，哪些服务相反，最可能招致客人的不满，或客人难以接受；同时，详解理由。

7．综合评价及意见。

终审

完成以上所有流程之后，“优评委”即可组织最终的综合评审。

这期间，对各参评饭店情况、评审经过等均须进行再次整理，形成完整的书面报告，明确入围理由、评价结论和饭店顾问（评委）最终意见，提交“专审委”审核。审核过程应有严格的程序，并必须是集体审议，以有效确定“优质服务管理奖”的颁奖对象。

附录

饭店经营者不可或缺的六把金钥匙

饭店经营一向简单。我不赞成将这个课题复杂化。因为大凡饭店经营遭遇复杂化，多是因为有几个基本（简单）工作没做好。我把这几个基本（简单）工作，归纳为六把金钥匙，供大家把握、应用。

第一把金钥匙：“人财”观

无论对一个团队，还是对一个饭店来说，最大的财富都在于“人才”，但我更愿称此为“人财”。饭店的“人财”机制，即如体育场上的运动员队伍，有领队，有教练，有上场队员，有替补队员，有队医，他们各司其职，通过有效的机制运作，最大限度地发挥各自能力，进而创造出好成绩——实现“赢利”目标——“人才”，因“赢利”而转为“人财”。

实现这个转变的关键，是饭店各环节间“人际沟通”质量的高下，而保持长期、稳定的内部宾客（员工）、外部宾客（消费者）满意度，是这个沟通成功的唯一标志。这就要求我们要不遗余力地建设人际沟通的平台——共识。为什么全世界的人都可以通过当地的时间，推断出地球另一面某一区域的时间？是因为大家对格林尼治时间有一个共识。共识是如何产生的？合作。

显然，“人财”是合作的成果。当然，这绝难一蹴而就，而一定是经上一年奠定，并在今年进一步巩固、培育而成的，这叫“以终为始”，是一个由关联细节组成的系统工程。工作流程设计、权责规范、人力资源政策、服务理念等都在其中。“人际沟通”的实质，正在于创造一个促成饭店成员集中精力创造内部宾客（员工）、外部宾客（消费者）满意，进而实现赢利的环境——环境有了，“人财”随之生成了；赢利环境没有造就，“人才”仍然只是“人才”，只能等待进一步的开发。由此，我们还可以得出另一个结论：“人财”开发问题，从来不是饭店人力资源部门能独立解决的，而必须集饭店整体（系统）之力才可以。

第二把金钥匙：“赢利”意识

不赢利的经营没有意义，实质上，也不成其为经营。我过去常常提“经营”意识，但现在发现那不够明确，没有直击要害，要害是“赢利”，即要树立强烈的“赢利”意识。

中国国民经济增长速度在今年仍将保持在7%以上，这是个很可能“赢利”的大环境，也是我们建立“赢利”信心的基础。当然，我们也不能否认，区域投资结构与竞争的不匹配性、不平衡性可能愈演愈烈，并将带来实际的经营困境（这是更加具体而现实的“赢利”空间，应予重视），但越是在这样的环境下，越应有“今年事今年毕”的决心和信念，然后，紧紧抓住今年的“赢利”空间。

作为一家新饭店，往往因初期投资巨大，而无法在当年实现赢利。但即使如此，也绝不可以认为赤字是理所当然的。赤字念头，是一个大陷阱，如果坠入，必然造成资金无法回收、流动资金周转不灵等万劫不复的局面，甚至可能由此而被赶出市场。

正确的做法，应是在此时致力于建设、强化一种可以创造“赢利”的强势饭店机制；或者，把握“赢利”的方向，进行运作机制的种种改革，围绕折旧进程，不断寻求新的、有效的“赢利”路径；或者，通过不断促成固定费用转化为变化费用等手段，达成更加高效的赢利目标。

经验法则告诉我们，这个“赢利”的决心和信念，常常是最终实现赢利的重要前提。

第三把金钥匙：打破“固定概念”

进入新世纪，社会人生观、价值观的变化愈来愈快，旧生代与新生代之间的理念冲突增多，饭店经营者不能不以变应变，不仅要应变，还应大胆地参与，直至主导变革，而绝不可拘泥于既有的工作方法、思维框框，要超脱出来，时时打破固定、僵化的概念——使每一个工作的起点都处于零点状态。比如，关于经营淡旺季的分法，就是一个固定概念，它顽固地影响我们的年度经营计划。为什么不打破？根本就没有淡旺季之分！如此，则成员们的力量便将被激发，找到新的成功路径，便不是难事了。

还有，在日常运作，特别是在办公室政治环境里，我认为，饭店更需要建立一个以“贯彻一致的目的”为宗旨的、约法三章式的政策、原则或精神“指南”，而不需要一本“厚厚的流程手册（书）”或“绵延不绝的红头文件”，那些东西常常在不自觉中，凝固成固定概念，而经营者尚不以为危机已迫在眉睫，还奉为成果，怎能不成为“煮熟的青蛙”呢！

其他应打破的固定概念还有很多，如对一家已经进入成熟期的公司而言，“用评估等级的方式进行考绩”，实质是打击员工工作荣誉感；“制造恐惧感”，实质是造一堆“放在柜子里的尸骸”来压制员工的创造力；“张贴空洞的标语和口号”，实质上可能延误行动；“货比三家取其下”的做法，无疑是让自己的眼力不断退步；“期末数字说话”，会引导短期利益观，看后视镜开车；僵化的“模式化运作”，将是不断持续改善的天敌；“压力出成果”，不过是一相情愿的自我安慰；强调“控制预算”的思路不对，应该相反，是用好预算；“竞争可以解决问题”，实际上常常适得其反，造成更多问题。

第四把金钥匙：宾客第一主义

从系统论的角度讲，“赢利”乃是内部宾客（员工）、外部宾客（消费者）满意的一个“副产品”，两者一末一本，不能颠倒。

实践宾客第一主义，是一个由细节而至系统的过程。换个角度讲，这也是一个成就“明星”的大事业——饭店赢利的原动力，正在于广大宾客的“追星族”般的声援、扶持，以及由此造就的经营者的责任与义务。我们要通过提供“明星服务”，将每一位宾客都造就成“追星族”，并强化服务人员（演职人员）与宾客（追星族）之间的紧密沟通、互动。理解了这一点，则我们的行为标准，就不言而喻了。

这些“明星”，不仅包括我们自己，还要包括我们不断扩大的“外援”。我常常从内心感谢那些为我们提供赢利机会的各种活动发起人、会议组织者、婚礼主持人等，他们都是我们最伟大的服务与赢利设计师（“明星”）。

无疑，现在是信息时代，但这个时代的特征，绝不是电脑或互联网络的发展，而一定是人脑，是人与人之间结成的人际关系网。不能本末倒置。换言之，这个网，才是信息时代的真正意义所在。

第五把金钥匙：为地方社会作贡献

任何饭店的生存，都是地方社会“生物链”中的一环，永远不能孤立。所以，凡做脱离地方社会的独立之想者，一定是短见的。从这个角度讲，与社会、社区建立良性互动，如提供就业机会，获取人力资源保障，与原材料、物资、能源供应商，与各类社会服务机构实现协作增效等，都应是饭店经营者的分内之事。不仅应在分内，而且应具备自觉地促进地方经济发展的强烈愿望、责任心和义务意识，并切实地贡献于地方经济。如此，才可以实现自身的可持续成长。

当然，现在的经营环境越来越严酷，但如果因此而只考虑一己的利益，而一味地压制关联产业的赢利空间，那么，你将在自以为得利的时候，付出品质的、社会合作力上的沉重代价，最后失去应得的财富份额。换言之，那些拒绝服务社会、贡献社区的做法，绝不是自力更生，更非经营者能力的表现，而是自断进路，自掘坟墓。

第六把金钥匙：现场第一主义

无论是“人财”观、“赢利”意识、打破“固定概念”，还是“宾客第一”、“为地方社会作贡献”，都要落实在执行上，没有执行，一百把金钥匙都是废铁。在哪里执行？在现场，舍此无他。因为只有在现场，才能发现问题真相。真相永远不会在总结性的数字、报告或几通电话里，解决问题的方法也不在那里。

所以，第六把金钥匙，是成就前五把金钥匙的关键。当然，仅在现场而没有掌握前五把钥匙也不行，那等于缘木求鱼，白花力气。

我相信，如果我们都能掌握，并有效地运用好这六把金钥匙，将成功在握。失掉了，饭店经营就可能复杂化。所以，这六把金钥匙，应是我们实践饭店经营成功之路的基础，更是每一个饭店经营者都应致力做好的基本（简单）工作。

（摘自厦门国际会展酒店 2003 年 4 月《海风报》，有删节）

结语

归于“营销绩效”与“财务数字”

一、饭店的“内外”双修

二、早会：“日业日清”状况的考察

三、月度经营会：看市场与营销绩效

四、月结会：看“后视镜”——财务数字

五、承前启后：年终总结与计划大会

一、饭店的“内外”双修

外乎，营销绩效；内乎，财务数字

咨询顾问的角色是帮助饭店解决专业问题，而解决问题的最终目标，无非是达成企业运作成果。

成果显示在哪里？

内乎，财务数字；外乎，营销绩效。

此两者不彰，则说明饭店顾问还没有完全尽到责任。

营销绩效

营销绩效的考核指标，包括经营规模、接待人数、不同区域或行业市场占有率、城市排行、行业地位、单位客房投资回报率、住房率、房价、人均消费、组织客户活动或项目策划量及其盈亏、各类经营指标及其指标完成情况等等。

营销绩效不仅在于回顾历史经营业绩，更在于展望未来的市场发展，因此，具有“瞻前”的性质。

财务数字

财务统计，包括当前的客房收入、餐饮收入、租金、利润、税金、费用、成本以及各类由经营行为产生的盈亏统计结果，也包括反映企业运营水准的内容，如现金流量、投资与资产负债、折旧、贷款等方面盈亏统计的结果。

财务数字具有强烈的“顾后”性质，如开车所看的“后视镜”。该项分析，能帮我们冷静地发现饭店运作的最实际情况，有助于未来决策。此外，也可成为饭店进行表彰或其他评估，如增薪减薪的依据。

饭店顾问要做什么

1. 确定目标，分析咨询工作有没有在饭店实际绩效方面发挥作用，或还应该做哪些事。

2. 先看财务与营销资料或各类饭店简报，以发现自己将关注的问题。有些时候，问题甚至就在这些结果报告里。然后，从第三方角度分析其前因后果。

3. 提出进一步考察问题的申请。一般渠道为参加部分饭店内部会议。

4. 作为旁观者，列席饭店经营与管理的主要会议，亲耳闻，亲眼见，以切近了解实际情况。

5．将所见所闻记录下来，并根据综合调查，整理出解决有关问题的报告，再反过来，去分析并找出问题症结，以指导饭店业务实践，拾遗补缺，修正过失。

这些报告将供饭店方面参考，而且一般都非常有效，至少非常受欢迎。因为这里提出的建议，都与饭店经营者的工作目标直接相关。当然，更多的工作还要回到前边的章节，回到“幕后”工作里。

饭店顾问怎样做

以下，我们将围绕或通过列席各类会议，来开展这方面的咨询工作。这是一个最简捷而又最有效的方法。当然，是在饭店当局允许的情况下。

注意，是列席，不是参与。参与的身份，只在应邀做咨询报告时才成立。

二、早会：“日业日清”状况的考察

早会

每个工作日早上，由饭店总经理或执行经理主持，并召集部门经理级以上管理人员，利用15分钟左右的时间，聚一聚，就前一天的服务、管理等各方面进行小结，再就当天的重要工作进行布置。

大家记下来，立即返回各自的岗位上去做事。

实现沟通：早会的第一意义

不要赋予早会太多的意义，否则将增加会议的负担，会使之失去作用。

早会的第一意义，应在于实现沟通，故氛围要“团结、紧张、严肃、活泼”。这是第一位的。顾问要观察这个会议是否标志着一天的工作被开启。

大家通过小聚，对一个或一些问题达成共识，非常关键。

如此，以少聚多，集腋成裘，将成为饭店发展的最重要的文化动力。

日业日清：早会的第二意义

实现沟通是一件长期的事情，但解决问题则需即时，我们称此为“日业日清”——当天的事情当天完成。

这正是早会的现实意义。

通过早会，还能引发大家对问题的思考，进而提升工作意愿与技巧。

当然，早会上所要解决的问题，应该是简单问题，即当天必办的问题，如VIP接待、大型宴会、采购问题、宾客投诉及其处理等等，而系统的、复杂的问题，则要在早会上安排好会后的其他时间，来另行解决。

有限时间里的有限内容

早会的时间不宜太长，一般以15分钟为限，有话则长，无话则短。在这样有限的时间里，一般由总经理或其他主持人宣布会议开始。当然，要问好。接下来，可以这样安排：

1．营销部经理：近期客户接待情况、问题；当天的重要谈判、活动；关于客人与员工问题的建议。

2．前厅部经理：前一天接待的量、质，发生的问题及其解决结果；当天的重要客户、团队、会议等接待要点；关于客人与员工问题的建议。

3．客房部经理：前一天接待的量、质，客人对客房及其用品的反应，发生的问题及其解决结果；当天的接待要点；关于客人与员工问题的建议。

4．餐饮部经理：前一天接待的量、质，发生的问题及其解决结果；当天的重要客户、团队、会议等接待要点；关于客人与员工问题的建议。

5．企划部经理：近期项目策划、宣传的效果、问题；当前或当天的策划、广告、美工制作以及其他饭店的动向；关于客人与员工问题的建议。

6．工程部经理：近期设备、设施运行状况、问题；当天的重要维修与制作；关于客人与员工问题的建议。

7．采供部经理：近期市场货品行情、供应问题；当天的重要采购、难点；关于客人与员工问题的建议。

8．安保部经理：近期安全情况、问题；当天的重要接待与安全布置；关于客人与员工问题的建议。

9．财务部经理：近期财务制度执行情况、问题；当前的重要文件、任务及其安排；关于客人与员工问题的建议。

10．人力资源部经理：近期员工事务，如宿舍、餐厅等状态、问题；当天的重要经营活动与员工安排、员工活动、文件执行及其相关安排；关于客人与员工问题的建议。

11．其他经理：同上。

12．各岗位总监、副总：就上述经理的问题、建议进行协调，做出安排，提出指导建议。

13．总经理：小结前日工作，再根据前日的《会议纪要》，询问完成情况，以期提升执行力。然后，就各部门经理、总监的讲话进行最终决策，宣布会议结束。必要时，应安排研讨，以得出尽量合适的决定。另一些问题，应安排负责人、完成时间、督办人等，以便有效执行。

会议纪要

会议要有记录，称为“会议纪要”。一般由会议秘书完成。《纪要》要通过办公网络或员工宣传栏公布给各级经理及员工，以便于日后跟进，并作为周期性评估执行力的依据。

特别早会的安排及其要点

每周一的早会，可以扩大一些，要求二级部门或部分重要部门的管理人员参加。除了上述内容外，还要包括上一周工作的小结以及下一周主要工作的布置。我们称此为“特别早会”。

当然，实现沟通、共识仍是重要目的。其次，才是解决具体问题。

不过，要注意，会议不是解决问题的最好办法，因此，不要让大家养成依赖会议解决问题的习惯，那会耽搁时间，影响效率。就是说，大部分问题应该在会议之下解决，会上只讲重要的——必须周知的，以及必要的——要大家在一起拍板、决策，或急于协调解决的，或对大家都有影响的。

饭店顾问的视点

列席早会，饭店顾问的目的在于考察以下各点：

1．饭店经理的执行意识与执行力。

2．团队氛围与饭店文化。

3．专业度。

4．经理对市场与经营结果的关注点。

5．经理的表达力与协调意识。

6．决策的科学性与民主性。

7．经理的视野高度。

由此顾问可判断饭店当前发展所处的成长阶段，找出饭店的长项与缺欠，给出拾遗补缺的建议。

三、月度经营会：看市场与营销绩效

月末最后或月初最早的工作日

饭店工作是要有节奏感的，一周要有，一个月、半年、一年都要有。很多问题，都是在这样一个个节点里发现的。节奏，也是停顿，相当于文章的逗号、句号、感叹号或省略号。平时，人们太忙了，没有时间坐下来思考、盘点、计划，月度经营会就是要给大家找一个这样的机会，“强制”大家坐下来。

月度经营会的最佳时机是月末最后或月初最早的一个工作日，有承上启下的关联，又能紧扣月度的观念。会议时间控制在两个小时，如上午10:00～12:00。

饭店顾问应考察这类会议，并从中发现问题——或通过会议，观察管理团队的能力水准；或通过对经理所说与日常所做或员工反映相比较，找出实际差距。

内容与流程

会议应由总经理或分管经营的副总经理主持。

按先“统”后“分”的原则进行。“统”，概括月度营业的总体状况，介绍工作做到了什么程度，如：

1. 月度营业状况分析。
2. 月度服务质量状况分析。

然后是“分”，即作为上述两项分析的内容，要说明是怎样做的，如：

3. 市场销售部工作报告。
4. 餐饮部工作报告。
5. 前厅部工作报告。
6. 客房部工作报告。
7. 其他（经营部门报告）。

各部门经理做分析报告，以PPT的形式，边演示边讲解，既可表达明确，又能节省时间。

月度经营状况分析的六个基本内容

1. 本地同星级饭店营业情况

包括本地主要客源、住房率、本集团内部饭店房餐收入对比、各竞争对手饭店客房与餐饮营业状况。

2. 营业概述

包括客房收入、餐饮收入；客房收入较去年同期增量、餐饮收入较去年同期增量；与饭店市场定位相关的主要产品，如会议的量等等。

3. 饭店客房营业收入分析

包括住房率、平均房价、客房收入；客房收入占总收入的比例、本年各月对比（图表）；平均房价与间夜数、住房率、客房收入较去年同期增量；散客与会议比例、本年各月对比（图表）；回头客率等。

4. 饭店餐饮营业收入分析

包括餐饮收入、本年收入较往年同期增量、本年各月对比（图表）；各餐厅收入、用餐人数、消费人数、消费金额、客源比例（图表）；各餐厅之间的人均消费比较（图表）。

5. 饭店会议、宴席预订渠道分析

包括会议接待量（图表）、规模较大会议公司名单、会源地；宴会接待量（图表）、规模较大宴会公司名单。

会议预订渠道可分为四类：

(1) 公司预订（公司与营销部洽谈会议的预订）。

(2) 旅行社预订（旅行社与营销部洽谈会议的预订）。

(3) 会务公司预订（会务公司与营销部洽谈会议的预订）。

(4) 政府／社团预订（政府／社团与营销部洽谈会议的预订）。

宴会预订可分为七类：

(5) 来电预订（客户直接来电预订）。

(6) 内部预订（饭店管理层或员工代客户的预订）。

(7) 定期预订（公司在我店的固定消费的预订）。

(8) 营销部预订（营销人员代客户的预订）。

(9) 上门预订（客户直接来饭店的预订）。

(10) 会议预订（由于会议在饭店的举行而带来的餐饮预订）。

(11) 政府预订（由接待办所预订的政府接待）。

6. 公关企划活动的效果评估

(1) 当期媒体广告、店内外公关活动的实施情况。

(2) 跟进经营活动（如拍照、文案设计等）的情况。

(3) 产品设计与制作，如贺年卡、婚宴包装等。

(4) 饭店同行主题活动情况。

(5) 各饭店平面媒体信息统计。

饭店顾问的视点（1）：发现饭店市场定位

首先，饭店顾问应针对以上分析做出简单的判断并给予指导：

1．没有数据与分析

说明饭店的经营还停留在凭经验指挥的阶段，或相关人员素质尚未达标，或高层管理者缺乏市场分析意识。此状况对饭店的长期市场运作而言，是危险的，顾问应协助饭店建立经营分析体系，以求知己知彼。

2．数据不完整，导致分析缺乏依据

数据收集体系不健全，说明日常对客服务档案尚未建立，或即使建立了也没有形成每日运用的机制。这样的分析，很容易误导决策。

3．有数据没有分析

专业人员未到位，或有理论而没经验。

4．有数据有分析，且有见地和指导性。

顾问可以进一步听取分析报告对饭店决策的影响，从而得出关于经营绩效实际情况的结论。

以上四点的判断能形成饭店顾问对饭店市场管理现状的基本分析与指导方向。但针对“有数据有分析，且有见地和指导性”的分析报告，饭店顾问又该看什么呢？——看市场定位。

5．发现饭店的市场定位

如果从报告中不能发现饭店的市场定位，则要更深入地了解其定位与目前发展之间的关系。找准市场等于饭店有了“命根子”，很多软硬件的投入、市场活动等都要围绕着这个核心进行。

饭店顾问的视点（2）：客户管理

客户管理的成果就是饭店的经营绩效，但其表现则不是一组数字，而是一系列服务行为。饭店顾问应从此入手，深入研究经营绩效的实际情况：

1．饭店有没有进行宾客分类并明确其定义？

下面是某饭店的例子，可以参考。

某饭店的宾客定义

序号	类别	宾客定义
1	柜台散客	WALK-IN、自订、机场代表带来的订房及订餐宾客。
2	协议宾客	与饭店签订用房或用餐协议（含年度协议及单独项目协议两类）的公司客户。
3	持卡宾客	持海风卡、金贵宾卡、建发卡、中华儿女卡、悦华卡及金钥匙金领卡的宾客。

续表

4	订房／餐主管	在饭店有稳定消费且信用良好的宾客及公司订房／餐主管(限个人)。
5	公司大户	年均订房量在20间夜／月或宴会2场／月以上的公司（含订房中心及各类团体）。
6	常客	每年入住饭店5次或用餐12次以上的宾客。
7	特殊宾客	饭店指定重点开发客户（含年度客户与项目客户两类）。
8	网络订户	通过饭店网站订房系统订房／餐的宾客。

2．如何进行宾客分类统计及其维护?

主要明确每一类客人由谁（部门）来统计、怎样维护两点（参照下例）：

宾客分类统计与维护

类别	统　计	维　护	参照指标
网络订户	由饭店网站系统生成报表，前厅部负责统计。	1．鼓励上述宾客的订房及订餐活动通过饭店网站进行，并给予适当的优惠政策。 2．利用淡季及促销时段可采取双倍积分的奖励政策以鼓励宾客通过饭店网站的个人账户进行订房及订餐活动。	总住房率的2%

3．有没有制定宾客维护的统一馈赠标准?

一般，可以考虑按以下指标进行分类，并制定相应的馈赠标准：

公司或个人用房20、30、40、50、80间天／月（含）以上，代理商一次用房50间天／月(含)以上，本地大公司及重点公司领导或订房／餐人员年度拜访，外地会议订房／餐人年度拜访，用房量120间天（散客）／年或餐饮消费累计50万元／年以上，等等。

4．有没有明确的客户奖励及其会议／宴会佣金标准?

一般饭店都能对已经核准的目标特殊客户的年度用房、用餐价格，进行适当灵活的掌握。如，100间客房以上并至少含一次宴会的会议佣金按消费总额2%～5%提取，形式可采取酒店消费券，直接鼓励活动承办人、预订人、决策人。再就是邀请参加年度客户奖励活动。

饭店顾问的视点（3）：接待项目（以会议为例）过程管理

抓住饭店的一个接待项目（应为该饭店的核心产品），深潜下去，了解其执行流程与管理办法。以下，我们以会议接待为例，进行考察：

1．事先准备工作有怎样的要求？谁来检查到位情况？

2．谁负责了解并传达当日的会议信息？怎样做的？

是否实施了会议项目经理制度？如果不是，应明确是否由部门经理来统筹会议接待项目安排；落实了会议项目经理的，顾问要考察饭店通过怎样的渠道详细了解客户需求并做详细记录，包括抵离时间、用房数、房型、参加人数、会场要求、用餐安排等。

3．谁负责会议客户的前期参观、考察？如何安排的？

如：项目经理应根据客户的会议要求，有针对性地安排参观路线。前台排房，应尽量安排同一区域。引领参观时，应详细向客户介绍饭店客房设施、会议场地设施及容纳人数和座椅摆放、饭店餐饮场地及特色。顾问要了解这些事项都做到了没有。

如果项目经理另有业务，应按怎样的顺序安排同事到场迎候并引领参观？应是营销秘书。参观完毕后，当事人如何向项目经理通报情况？

未经预约的客户临时参观怎样安排？信息如何传达？

4．会议洽谈是怎样进行的？

下面是某饭店的规定，可以参考：

……

（一）项目经理负责查看酒店客房、餐厅、会场占用情况，结合会议客户要求，先行口头简单报价并告知客户将为其制作报价单，约定书面报价提交的时间。

（二）涉及餐饮会议场所时，应邀餐饮客户经理参加洽谈。如客户不在现场，应及时向餐饮客户岗转达客人要求及相关信息，以便制定菜单及其他细节方案。

（三）涉及较复杂的会议布置及美工布置时，项目经理应通知美工组派人参加。一般布置由餐饮客户岗代行安排。

（四）餐饮客户岗应随时准备好场地信息资料。现场人手不足时，应及时报告部门经理。经理应立即安排其他责任人或亲自参加洽谈。

（五）会议洽谈以项目经理为主，其他人员配合。发生任何歧义，应在促成生意的前提下，以“利润最大化”为原则离场协商。歧义较大时，报营销部经理请上级协调。

5．会议报价及合同签订的过程都把握了哪些细节与要点？

仍以某饭店的例子为范本来看：

……

（一）项目经理负责预留客人所需要的客房、会场、用餐场所，餐饮客户岗配合并落实细节。

（二）项目经理负责于半天内依客户要求制作报价单，重点含抵离时间，用房数量，房型，会议场所及场租，会议时间，用餐时间、地点、预计人数和标准，付款方式等，交由营销秘书或亲自以传真、电子邮件或当面送至客户，同时告知客户。营销秘书负责此项目工作时，应向客户询问报价单是否收到，并向项目经理通报。

（三）项目经理主动与客户联系，推进成交。同时，迅速将客户信息，如用房、VIP 接待、餐饮安排及特殊要求等，向有关岗位通报，及时发现、解决新出现的问题。涉及超越权限的要求，应及时向上级报告，并根据指示行事。上级应给予明确指示，做好后台服务。现场涉及财务的应急事项可直接请示财务部经理或总经理，并根据指示行事。

（四）项目经理负责制作会议协议，餐饮客户岗及美工岗根据客户要求提供菜单、美工制作等相关附件，给予协助。营销部经理确认协议，并签字盖章后，以传真、电子邮件或当面送至客户，请客户签字、盖公章（合同专用章）、回传。

6．会议定金收取是怎样操作的？

7．分发会议通知单是怎样操作的？

8．会议接待的流程是否完备？

9．会议结账的原则是什么？

10．会议结束有哪些事情要做？

这个环节很关键。各接待岗位负责人有没有主动征求客人对会议接待的意见？有没有向客户发出感谢信？有没有整理会议档案资料，以备后查？对用房 40 间以上项目，有没有小结接待得失，现场研讨，增进技能？都值得思考。

11．后续追款如何进行？

服务质量报告的六个基本层面

1．整体情况分析（参见下例）

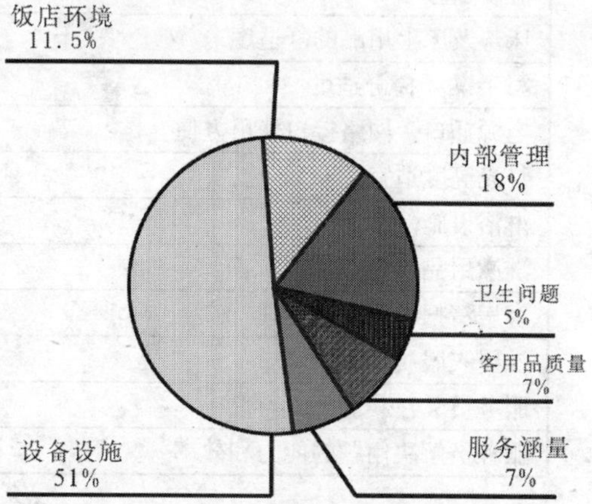

分析本月问题所在及与上月的对比情况；问题的具体表现；主要问题集中在哪些方面（上例问题集中在设备设施方面）。

2．客人意见及建议

3．各服务场所宾客满意度调查结果

(1)前厅／大堂服务。评价标准分为："急需改善"、"有待改善"、"可以接受"、"比较好"、"非常好"。

大堂氛围和布置
灯光亮度适宜
温度适宜
预订准确
迎宾人员迎送礼貌、热情
接待人员主动致意／问候
接待人员办理入住的速度／效率
行李运送及时
总机服务及时、准确
商务中心服务热情、准确
票务服务热情、准确
商场服务主动、热情
服务员解决问题的能力和效率

(2) 客房服务。评价标准分为："急需改善"、"有待改善"、"可以接受"、"比较好"、"非常好"。

空气清新
温度适宜
床垫及床上用品的舒适度
写字桌／椅舒适度
电源插口、网络接口使用方便
灯光亮度适宜
淋浴设施舒适
洗漱用品质量
客房清扫时间安排合理
洗熨衣服质量
服务员关注我的个人习惯
服务员解决问题的能力和效率

(3) 早餐服务。评价标准分为:"急需改善"、"有待改善"、"可以接受"、"比较好"、"非常好"。

餐厅空气清新
餐厅灯光亮度适宜
餐厅温度舒适
餐厅服务质量
食品补充及时
饮品质量
食品温度适宜
菜肴口味
菜肴选择多样性
服务员解决问题的能力和效率

(4) 午餐或晚餐服务。评价标准分为:"急需改善"、"有待改善"、"可以接受"、"比较好"、"非常好"。

餐厅空气清新
餐厅灯光亮度适宜
餐厅温度舒适
餐厅服务质量
排菜合理合意
上菜速度适宜
菜肴色泽和摆盘
餐具档次
食品温度适宜
菜肴口味
菜肴选择多样性
服务员解决问题的能力和效率

(5) 会议服务。评价标准分为:"急需改善"、"有待改善"、"可以接受"、"比较好"、"非常好"。

空气清新
温度舒适
灯光亮度适宜

续表

隔音效果
音响效果
多媒体投影质量
指示牌清晰、明确
会场布置效果
茶水服务及时
茶歇点心品种和质量
会议设施的操作服务配合
服务员解决问题的能力和效率

(6) 休闲服务。评价标准分为:“急需改善”、“有待改善”、“可以接受”、“比较好”、“非常好”。

健身房设施
游泳池设施
安全保障和教练服务
营业时间合理程度
服务质量和效率

5. 各类型客人选择饭店的原因

客人类别	地点	景观	设施	服务	价格	星级	品牌	公司指定	其他
商务									
会议									
休闲									
观光									
其他									

6. 宾客对饭店的总评(参见下例)

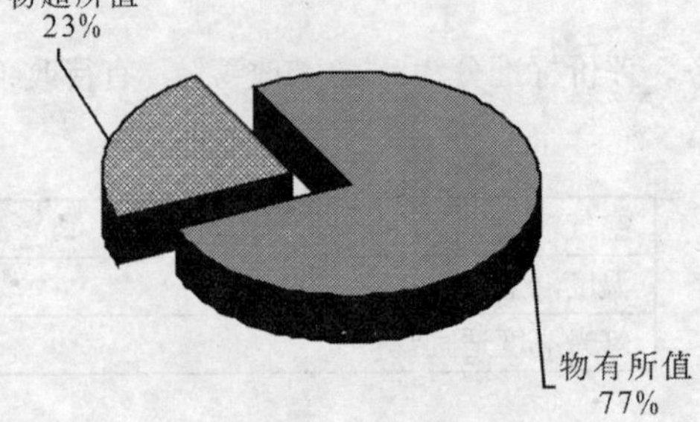

饭店顾问的视点（4）

关注主要问题的解决状况，细心观察相关人员对待正在发生的问题的态度，从而判断问题将在怎样程度上能够得以解决。

关注宾客满意度中客人态度“急需改善”、“有待改善”、“可以接受”、“比较好”、“非常好”的比例怎样，解决重点问题；对“月平均分”、“同比上月”进行分析，得出有关服务质量管理的综合素质与效率的结论，以进一步指导工作。

服务质量是饭店经营绩效的重要组成部分。

各经营部门的报告与总经理发言

前厅部、客房部、餐饮部等经营执行部门的报告，成为接下来的主题。此类报告应强调为了执行计划所做的努力及收到的成效等。具体可以包括以下各点：

1. 上月服务与经营计划完成情况。
2. 上月服务质量整改任务的完成情况。
3. 本月现场服务的亮点描述与质量问题改进状况。
4. 员工纪律、士气、流动倾向以及部门开展员工活动的情况。
5. 下月度部门的工作计划。
6. 提请饭店管理层协助的问题要点。

一般，总经理或分管经营的副总经理会发言，但应提纲挈领，重点推动上月计划完成情况的评估，并提醒下月计划要点。

一切都应围绕执行力开展工作。这是基调。

饭店顾问的视点（5）

通过经营部门报告总结，饭店顾问可考察部门经理的工作概括能力、分析能力、表达能力、执行能力等，发现其强项与弱点，以便向饭店方面提供人力资源发展方向的建议，或提供相关培训。

顾问还要关注什么人参加会议，如后台的人力资源、工程、保安、财务等部门的经理有没有参加。他们应该列席，但不必发表意见。而他们在这个会上的态度很重要。

会议要形成纪要，以便执行与评估。当然，饭店顾问以及与会人员都应有上月的纪要。

这样才能形成一个循环周期。

四、月结会：看“后视镜”——财务数字

何以每月10号

饭店经营者应牢牢把握达成目标的“方向”，但对“目标”本身，则不应有丝毫的执著。一旦执著了，则当达成时，就会高兴，达不成时，就会沮丧，最终，工作与生活都将了无乐趣，有违饭店必须秉承的持久经营之道。

财务数字，通常可能说明过去，但绝对无法完全预测未来。有时，我们以为预测的市场数字或设定的经营指标很有意义，实际不然，因为那些数字本身从来都不是我们能把握得了的。而且，取数的基础也局限于“经验”与“分析”。

但在管理与激励上，这个数字是有意义也是必要的。它可以成为衡量饭店激励支出的一个限度表，成为饭店宏观管理的一个工具，成为一个评价短期成败的比较标尺。但应仅限于此。

换言之，我们应从这些数字里边找出原因，推出办法，把握好饭店运行的方向。

办法与方向的结合，就是做到“做足因缘”、“埋头拉车”、“无心插柳”，而财务数字，应视为“水到渠成”、“功到自然成”、“无心插柳柳成荫”。

看“后视镜”的意义就在于此。“后视镜”，顾名思义，就是回顾饭店已经达成的那些财务数字，并据此以重新明确方向。同时，也在于破除对财务数字（目标）本身的执著、迷信，而强调其背后的功力。亦如开车一样，找差距、车道、问题、危险时，可以看“后视镜”，但应一直向前时看“后视镜”，就危险大了。

所以，如何用好财务数字，这既是饭店的技术能力，也是经营心态的问题。饭店顾问要从这样两个角度来仔细推敲。

为什么建议月结会放在10号？

因为大部分饭店的财务数字、人力资源等后台业务盘点，都需要至少一周左右时间，有些饭店甚至需要15天时间，故设定为每月10号。

内容与流程

会议应由总经理主持。

会议的性质应是回顾性的，所以，要以数字，尤其是财务数字为核心展开，表述应简洁明了。

会议报告应包括人、财、物三个基本内容，顺序应为：

1．财务分析。

2．人力资源状况分析。

3．能耗状况分析。

4．采购供应状况分析。

财务经理（或总监）报告中应体现的内容

1．月度营业收入、相对上一年度同期收入的增减量。

2．本年度营业收入累计、相对上一年度同期收入的增减量。

3．月利润额、相对上一年度同期利润的增减量。

4．本年度利润累计、相对上一年度同期利润的增减量。

5．年度、月度预算完成情况。

6．影响收入、利润的主要因素分析。要点包括物价、人工、清洁、物耗、水、电、燃料费用、租金及其同期增减，营业成本、账务成本率、还原成本率、标准成本率对照表等，以及重点经营项目或活动用料（如某一海鲜品种等）的影响。

7．外租外包营收状况。

8．月经营费用、相对上一年度同期开支增减量。应进行详细说明与比较（列出明细表），项目包括人工、能源燃料、宣传广告、培训、园艺、维修及其他。

9．非经营费用分析。

10．应收账款情况分析。

11．相关财务指标，如GOP率等。

12．边缘产品收入情况。这是很多饭店容易忽略的“小项目”，但实际上，这类产品开发，对于一个成熟（经营相对饱和）的饭店而言，非常重要。这个重要性不仅在于营收，更在于服务产品的创新与对细节的关注（参照下例）：

项　目	1–12月		
	收入	利润	利润率
上网费	167，621		
复印传真打字租赁等	74,632	63,106	84.56%
售书	30,925	7,731	25.00%
佛典	47,044	36,322	77.21%
自行车	12,115	3,115	25.71%
高尔夫	6,280	6,280	100.00%
瓷猪	9,377	6,230	66.44%
出售客用品	11,792	6,002	50.90%
迷你吧饮品	128,292	75,095	58.53%

续表

洗衣	187,481	107,939	57.57%
冰激凌	84,586	36,328	42.95%
西点糕点	113,122	101,716	89.92%
宴会桌牌	7,078	7,078	100.00%
会议条幅	47,424	41,104	86.67%
会议鲜花	23,049	22,369	97.05%
会议设备租赁	23,900	17,916	74.96%
培训	1,975	1,975	
卖纸皮收入	35,587	35,587	100.00%
处理报废物品	8,030	8,030	100.00%
合 计	1,020,309	583,924	57.23%

饭店顾问的视点(1)：多听多问，以求印象全面

以上每一条都不能缺少，当然，也可以更加全面。听过之后，饭店顾问要对一些不明确的地方进一步询问，以对经营有一个比较准确的认识。

不过，只有这些还不够，还要深入到以下若干细节里，如：饭店应收款风险评估与到账管理状况、会议接待合同管理等。这两点将帮助我们判断饭店的财务管理的实际能力。

换言之，财务数字的真实性与真实意义，在于应收款变为到账款，否则，一切白费；同时，也有赖于过程管理的严密与有效，而不要“花架子”。

饭店顾问的视点(2)：应收款的风险评估

应收款回收比例的大小，直接反映企业的经营运作水平，并直接影响企业效益。为此，应有效控制应收款及各种应收风险，尽可能避免呆、坏账的发生，这就必须进行风险评估。

饭店顾问要就此进行深入调研，并考察饭店的实际运作情况：

1. 饭店有规范的风险评估体系，还是凭借个人担保或总经理一人说了算？
2. 有没有根据应收风险确定下一年度的挂账单位？
3. 评估对象有没有涵盖当年度所有挂账单位、非挂账但经常签单挂账者？
4. 有没有设定评估等级？

一般可以分 A、B、C、D 四个级别。

A 级：及时付款，配合良好，付款周期（指超过约定付款日的期间，下同）在 1 个月以内；B 级：在财务应收人员的 3 次催收下，方能付款，合作态度一般，付款周期在 3 个月以内，基本无风险；C 级：付款周期较长，通常在 3 个月以上，

且需3次以上登门催款，无主动付款意识，风险较大；D级：付款周期在6个月以上，配合程度差，建议停止签单挂账，风险极大。

5. 评估时间与信息跟踪情况如何？

通常，可以在每年的一月份，作上一年度应收风险总评，以后每个季度进行一次评估调整。期间，各运营部门、财务部还将严密跟踪客户公司的业绩、业务及其发展状况，以确保信用信息的准确性。

6. 评估流程是否规范、有效？

一般应该这样：

(1) 销售人员填写被评对象的相关信息。

(2) 应收人员填写本年度挂账、催款、付款、逾期付款次数、平均付款周期。

(3) 销售人员、销售经理填写年度总评。

(4) 财务信用主管填写年度总评。

(5) 经理填写年度总评。

(6) 总经理批示。

季度评估、日常评估参照上述反馈流程进行。

7. 相关信息有没有反馈给执行部门？

财务不应以列表的形式提供给相关部门下一年度挂账单位及建议不再予以挂账的名单，而应根据客户具体变化的情况，随时发布信用通报，以利于各经营岗位执行。

8. 有没有对本年度A级单位进行拜访？

倾听最终客户意见，有利于饭店成长。这不能因为饭店财务部是后线岗就忽略。同时，访客要有纪要，尤其是问题，应该提出来。供各口参考。

饭店顾问的视点(3)：应收款的到账管理

应收款的回收状况，也直接反映了饭店管理水平，因为这个数字将影响资金回笼和企业效益。为此，饭店顾问应就如下各点，进行详细考察：

1. 各营业部门有没有切实做好营业挂账控制？

就是说，对信誉良好、消费潜力大的单位允许签单挂账，但事前必须经过有关营业部门和饭店财务部的严格审核，相关挂账协议必须加盖饭店合同专用章。在实际运作中，要具备完整的书面手续，如传真件、订房单、合同和经有效签单人签字的账单等，以便为催讨应收款提供合法依据。在挂账单位发生内部变动或可能出现支付危机时，相关营业部门能立即通告财务部并共同采取控制或取消挂账以及催讨欠款的措施。

2. 应收款挂账期限管理的内控工作做得如何？

通常，旅行社（订房中心）为两个月，其他客户，包括政府接待办、外办等为一个月，超过此期限均为逾期欠款，每月应按欠款总额的10%从发生欠款的营业部门的奖金总额中逐步扣回，直至扣完为止。凡超过一年期限的欠款，财务部均作冲减相关营业部门收入的账务处理。

3．运用法律手段追索欠款的程序是否健全？

凡满一年的应收款，即应由饭店常规操作转入法律程序追讨，财务部为主办部门，相关业务部门和办公室为协办部门。

发生逾期欠款的营业部门，应及时提供完整的有效资料，通力合作争取胜诉并收回欠款。

4．防止金融诈骗的意识与手段是否具备？

慎重接受空白支票抵押，避免空头支票消费给饭店造成损失。对本地信誉良好、有实力的大企业，在充分把握风险的情况下允许其用支票作抵押。外地企业（客户）以汇票支付的，财务部应采取即时全额解款的方式，尽快确认入账。

5．对政府接待办和外办有什么特别政策？

应建立专管制度，重点在于即时确认，抓紧清理，对久拖不清的款项应分析原因，及时协调结清。

6．与客户相互抵账的规范化操作有没有到位？

不论广告或是工程款抵账，都要按合同或协议办理（合同和协议须事先经财务部审核）；相抵部分，双方都要开出收据，财务部要经常核对相抵款项，将相抵额度情况通告相关业务人员，谨防超抵。

7．呆、坏账的确认规则是怎样的？

尽管呆、坏账是难以完全避免的，但饭店不能不竭尽所能，加以避免。在一般饭店，凡有下列情况之一，经法律程序或无法通过法律程序追索的，即可确认为呆、坏账：

(1) 因不能掌握客户信用同意客人以空白支票抵账，在一年之内无法追回的账款。

(2) 未按饭店规定程序审批擅自同意客户挂账，一年之内无法追回的账款。

(3) 因账单遗失，无法提供原始消费记录而被客人拒付的账款。

(4) 对客人在客房内消费的物品，服务员没有及时、准确通知录入消费账单，导致少收、漏收的款项。

(5) 因未签合同或签单的有效手续不完备，被客户全部或部分拒付的账款。

(6) 因工作疏忽或失误，没有及时上报账单超过向客户收款的期限，而被客户拒付的账款。

(7) 因个人操作失误，向客户少收、漏收款项而又无法追回的账款。

8．对呆、坏账的发生，饭店采取怎样的后续处理办法？

这是大家都不愿意面对的事情，但如果发生，则应根据结果，以惩前毖后的态度，进行处理。这是一个规则。当然，此种可能有种种饭店无法控制的缘由，但都应有一个结果。下例是某饭店的规定，可供参考：

（1）原则上属部门造成的呆、坏账由部门赔偿，按呆、坏账额的1／2扣罚部门奖金（赔偿额超过2000元的由饭店根据情节轻重决定扣罚数额），差额部分冲减收入并相应列入部门费用。

（2）呆、坏账责任者涉及多个部门，相关责任部门按饭店裁定的处罚额度赔偿。

（3）属个人违反规定直接造成的呆、坏账由个人赔偿，按呆、坏账额扣减个人的奖金、月薪及其他收入。赔偿额超过1000元的由饭店视情节轻重决定扣罚数额及给予相应的行政处罚，差额部分冲减收入并相应列入部门费用。

（4）索赔时由财务部填制《呆、坏账索赔单》，并落实款项回收。

（5）财务部对索赔的项目要及时进行冲账等账务处理；

（6）本索赔扣罚办法与饭店奖惩规定中的经济处罚不重复计罚（按照最高处罚额一次计罚）。

（7）呆、坏账责任的确认由财务总监裁决，若有争议交由总经理办公会最后裁定。

饭店顾问的视点（4）：接待项目（以会议为例）风险管理

饭店顾问还要就饭店的某一主要市场项目进行专项考察。

这里以会议接待合同为例，因为这类活动有特别的风险，因此，应有特别的规则，而且，情况往往很复杂。如有一个百万的会议项目处于激烈的争夺中，营销人员希望速战速决，财务人员则要仔细审核，最后，财务人员认为不能接，营销人员认为能接，怎么办？这就需要一个特急审批机构和相应的办法。

那么，饭店顾问应该看哪些呢？

1．有没有一个应急审核机构？

一般，可以成立一个信用评估小组。组长由总经理担任，市场总监、财务总监、财务部审计经理为成员，有时还要征求法律顾问的意见。

2．有没有建立起一个可行的会议接待审批与管理跟进流程？

至少，应对会议接待项目的九个环节给予高度关注：

(1) 营销项目经理签订合同、盖章。

(2) 签合同当天，有关文件书面送至各财务部

(3) 财务、项目经理跟进定金付款到账情况。

(4) 会议人员入住时前台建账。

(5) 产生消费时，前台应妥善保管各种消费单据。

(6) 前台与客人核对账务。
(7) 退房。
(8) 结账。
(9) 合同约定离店后付清的，财务、项目经理跟进尾款支付情况。

3. 有没有对会议客户进行分类管理?

下例是某饭店的设计，可以参考：

……

根据会议风险，饭店将会议客户分为五类，并设计不同的管理方法。

(一) 会议客户分类

1. 长期信用合作伙伴

本集团内企业、著名跨国公司、国内著名企业及上一年度的消费挂账（含会议）中未出现逾期付款记录以及年度各类A级信用挂账单位。

风险等级：A。

2. 国家机关及事业单位

国家机关指国家为行使其职能而设立的各种机构，包括各级权力机关、行政机关、审判机关、检察机关。如法院、检察院、公安局、旅游局等；事业单位,是指为了社会公益目的,由国家机关主办或者其他组织利用国有资产主办的,从事教育、科技、文化、卫生等活动的社会服务组织。例如学校、医院等。

风险等级：A。

3. 一般公司

指按照公司法成立的，以营利为目的的法人企业，并以制造业、生产业、销售业等实业体为主要对象。

风险等级：B。

4. 军警及相关企业

指军队、警察、消防、边防等及其关联企业。

风险等级：C。

5. 代理商

以承办会议，提供咨询、中介等服务为经营内容的公司，公司的资产较少，偿债能力较弱。如会议公司、中介公司、代理商、咨询公司、顾问公司、服务公司、小贸易公司、旅行社、会展公司等等。

风险等级：D。

(二) 风险等级描述

A级：及时付款，配合良好，付款周期在1个月以内，无潜在风险。

B级：付款周期通常在2个月以内，基本无风险。

C级：付款周期较长，通常在2个月以上，催讨难度大，风险高。

D 级：无固定付款周期，固定资产少，一旦发生经济纠纷，偿债能力弱，风险较大。

（三）合同风险分级管理要点

单位类别	风险等级	定 金	到账日	预付款	到账日	尾款到账日
信用良好单位	A	0% ~ 20%	合同签订后 5 天内	0% ~ 20%	入住前 5 天	离店后 15 日内
国家机关事业单位	A	0% ~ 20%	合同签订后 5 天内	0% ~ 20%	入住前 5 天	离店后 15 日内
一般公司	B	20% ~ 30%	签订合同后 3 天内	30 ~ 40%	入住前 5 天	离店后一周内
军警	C	30% ~ 40%	合同签订后 3 天内	30% ~ 60%	入住前 7 天	离店后一周内
代理商	D	30% ~ 50%	合同签订当天	30% ~ 50%	入住前 7 天	入住前

（四）风险处理流程

风 险	处理办法	责任人	完成时间
定金未到账	项目经理与对方联系，确认原因。若为恶意的，则书面报评估小组评审，决定是否取消此次预订。	项目经理	约定定金付款次日
预付款未付	与对方确认原因，无理由拖延者，营销经办员报评估小组评审。	项目经理	约定预付款的次日
约定在总台刷卡或交押金，实际未交	前厅及时通报各相关部门	前厅 项目经理	入住时
约定离店前结清，实际未结	由评估小组决定，同意是否先离店。若同意对方先离店，则应要求对方出具付款承诺，并说明理由	前厅 项目经理	离店前
洽谈合同时无法按规定支付定金或预付款	由项目经理书面报评估小组审批。	项目经理	签合同前
合同约定离店后几日内付清，但迟迟未付的	财务与项目经理登门拜访，核实原因，原则上逾期一个月的，经评估小组同意后发律师函；逾期二个月的，经评估小组同意后走法律程序。特殊情况另行报批。	财务应收 项目经理	约定最后的付款日后一周内

人力资源经理（或总监）报告应体现的内容

1. 人员编制及其现状分析

(1) 在岗总数、比前一个月增减；正式员工、实习生、试用期员工数；当月流动率，其中，正式员工与管理人员的比例是多少，并与上一年度同期情况作比较；截止到本月的年度流动率状况。

(2) 流动人员分布情况及流动原因。

(3) 试用期员工离职率以及离职原因。

(4) 实习生分布及其在岗情况。

(5) 目前饭店员工学历构成及其分布。

(6) 借用人员统计及其表现。

(7) 不同服务年限员工的分布情况。

2. 薪资发放情况分析

薪资总额、同比上一个月的增减额、增减原因（精确到细项，如基本工资、岗位工资、经营系数影响、外借人员费用、店龄工资、外语补贴、技能补贴、加班工资、质检奖罚等)、同比上一年增减额、增减原因等。

3. 培训计划执行情况分析

(1) 完成计划内培训与计划外培训的课程与课时数。

(2) 培训效果评估。

(3) 员工培训需求调查。

(4) 本地与外地培训信息。

4. 部门员工服务质量奖罚状况分析

(1) 倾向性问题。

(2) 宾客投诉与表扬。

(3) 内部投诉与表扬。

5. 管理执行力分析

(1) 完成月度计划情况（参见下例）。

分类	提报量	完成量	完成率	进行中	评语
建议	1件	1件	100%	0	略
问题	32件	32件	100%	0	略
新任务	24件	24件	100%	0	略

(2) 制度执行情况。

(3) 良好表现与主要问题。

6．未来人员动态预测

(1) 本饭店情况。

(2) 本地或本集团倾向。

(3) 要求与建议。

饭店顾问的视点（5）：饭店文化的"痕迹"

饭店的"市场定位"与"经营理念"是软硬件的灵魂和标志。它们的组合，即表现为饭店人的共同行为习惯。这个习惯，通常被称为"饭店文化"。

那么，饭店顾问能否从饭店人力资源的盘点中发现这个"痕迹"呢？报告丝毫不体现饭店文化？抑或似有似无？关系十分重大。

这两点，将在很大程度上决定饭店人力资源政策在具体部门的落实。

此外，饭店顾问还要致力于了解饭店评估（考核）的内容，以明确其所引导的方向，是否符合市场定位与经营理念。一般而言，考核的影响力量都是很大的。

同时，关注并发现饭店现在存在的问题，指明改进方向。

采购供应经理（或总监）报告应体现的内容

1．当月采购与供应的总体情况。说明各项物品的采购量，包括食品类、酒水烟草类、燃料类、维修用品与配件类、低值易耗品类、一次性用品类、印刷品类、洗涤消毒用品类、福利用品类等的耗用量、金额。

同时，要与上一年度、上月情况进行对比，分析原因。

2．当前市场价格浮动状况分析。

3．食品价格专项分析。

4．饭店食品结构与成本分析。

5．库存状况报告。

6．目前采购渠道的建设及其供应商状况分析。

7．采购与供应内控制度执行情况。

8．采购供应建议与要求。

饭店顾问的视点（6）：采购管理的规则与执行

饭店顾问应该关注以下若干细节：

1．饭店有没有设成本管理小组？

应设一个专门小组。一般由总经理或分管财务的副总经理担任组长，成员应包括餐饮、工程、财务、采购、供应、客房、中西厨师长等人员。

2. 成本管理的职责有没有明确?

比如，组长应定期、不定期召开成本分析控制会议；制定、调整成本管理政策，明确签批职责并组织实施；确定进货渠道拓展方案和降低采购成本方案，确定合理节约能耗方案和创新改造方案。

又如具体成员，谁负责理顺和完善餐饮部食品、物品管理流程，减少浪费及充分利用闲置物品？谁负责指导和监督厨房的食品成本控制，在满足对客服务的基础上合理降低食品成本率？谁负责制定饭店各营业区域的照明、用水、用气和各种营业设施的分管责任人并明确分管的具体工作内容及节能降耗工作方法的指导，确保节约用水、用电、用气，减少各营业设施的损耗？谁负责饭店所有动力设备的维护和保养，规范日常巡查制度，根据具体情况制定空调主机出水温度和锅炉出水温度，确保在不影响对客服务的基础上努力降低能耗?

3. 有没有按照"PDCA"原则对工作执行情况进行检查?

要检查财务部经理有没有编制好各种成本分析报表，科学、准确地统计各部门成本、费用情况并作好各项数据的分析，为各部门及时提供经营信息。

要检查采供部经理有没有完成拓展采购渠道，真正做到货比三家，努力降低采购成本；负责及时与厨师长作好沟通，了解厨房对原材料和物品的使用情况，及时作好采购服务工作。

要检查客房部经理有没有做好客房一次性物品和其他客用品的保管和领用工作，完善工作流程，努力降低客房物耗。

要检查餐饮部经理有没有对餐饮部低值易耗品管理落实和优化五常管理法，为努力降低物品的损耗发挥直接作用。

要检查中、西厨师长能否合理控制食品成本率，努力优化运作流程，确保在不影响出品质量的前提下努力降低食品成本率。

工程经理（或总监）报告应体现的内容

1. 年度（到本月止）能耗费用占营业额的比例，与上一年度做比较、分析。

2. 本月具体耗用量及其金额。如，耗水量，其中，热水是多少、冷水是多少，每万元收入耗水多少，比去年同期增减多少；耗电量，每万元收入耗电多少，比去年同期增减多少；耗油量，每万元收入耗油多少，比去年同期增减多少；耗燃气量，每万元收入耗燃气多少，比去年同期增减多少。

3. 各类设备的维护维修耗材量。

4. 问题分析与建议。

饭店顾问的视点（7）：细节与创新

饭店不仅是一座楼，更是一套每天都在运行的"设施"，呼吸之间必然耗能，而耗能本身有两种情况，一是正常的"体耗"，一是"病耗"，前者的重点是如何通过细节维护和减耗管理，达成饭店经营延年益寿的效果。

后者非常复杂，饭店顾问应协同相关专家进行能耗专项诊断，并做出财务报告，以决定是维持，还是更新，同时明确维持方案。

当然，饭店的创新意识也很关键，饭店顾问应就此进行认真了解，并提出建议。

五、承前启后：年终总结与计划大会

春节之前

俗语说，"编筐编篓全在收口"，春节是大部分饭店"收口"的节点。所以，很多节奏都可以在这里打上一个"休止符"，然后，再开始下一个年度的工作。

而实际上，下一年度的工作已经开始，因为新历旧历有一个时间差，一个月甚至更久。所以，如何处理好这个时间差，非常关键。同时，这也是一个文化问题，更是一个展现饭店文化的最佳时机。

无论是中国人还是外国人，都不能忽略这一点。

饭店顾问也可以在这个过程中找到自己想要的诊断与评估素材。

附录

参考问卷

一、饭店投资者与经营者能力测试

二、人才考核与发展

三、饭店管理状况

四、饭店管理人员状况调查表

五、饭店管理常识问卷

六、饭店管理者自查表

七、饭店宾客满意度调查表

一、饭店投资者与经营者能力测试

诊断饭店投资者的经营能力，或一位投资者、经营者在决定是否聘请饭店顾问时，都可以参考这个问卷。

请你对每一个问题诚实回答，这里没有记分标准，但可作为自我思考的提纲，然后，在□内标出“✓”（是）或“×”（否）

第一部分　你是否适合经营企业？

□ 你是否曾评估自己在领导、组织能力、毅力与体能方面的特点？

□ 你的朋友是否曾就上述项目对你有所评价？

□ 你是否曾考虑找一个伙伴，俾以他之长补你之短？

第二部分　你成功的机会有多大？

□ 你是否有饭店经营管理的实际经验？

□ 你是否掌握了所辖部门，诸如前厅、客房、工程等所需的一项或多项专门技能？

□ 你在进入饭店之前的工作中，是否获得一些管理上的经验？

□ 你是否分析过最近的饭店趋势？

□ 你是否分析过你所在城市及其附近地区的饭店情况？

□ 你是否对你所管理（或计划管理）的饭店作过诊断性分析？

□ 你曾打算管理一个怎样规模的饭店？

□ 你是否曾就建设饭店所需的资金列出各种详细数字并加以分析？

□ 你是否估算过饭店的收支相抵需要多久？

□ 你是否计划过饭店应得的净利润？

□ 你是否比较过饭店所得之净利润比在其他方面投资更大？

第三部分　你需要多少资本？

□ 你是否估算过在开业最初的六个月、一年、二年内饭店的合理收入？

□ 你是否知道预计的营业能力会带来多少利润？

□ 你是否对各项费用做过预测（包括自己的薪金）？

□ 你是否曾将这项工作收入与为其他单位工作的收入做过比较？

□ 你是否愿意承担今后一年、二年内收入不确定性的风险？
□ 你是否计算过对饭店应做多少投资？
□ 你是否有可能出售或抵押其他财产？
□ 你是否有其他可贷款的地方？
□ 你是否曾与银行商谈？
□ 银行是否对你的计划予以优先的考虑？
□ 你是否有可应急的储蓄？
□ 你由各方面筹集的资金是否与你所需要的资金相符？

第四部分 你是否与他人合伙经营？

□ 你是否在技术或管理方面欠熟练？如有一个或数个伙伴，此问题能否解决？
□ 你是否需要一个或数个伙伴给予财务上的协助？
□ 你是否讨论过各类型饭店形式或组织架构的特点，以明了哪一种对你最有利？

第五部分 你的企业应设在何处？

□ 你是否知道需要多大建设空间？
□ 你是否知道需要选择哪种形式的建筑？
□ 你是否知道饭店建设在灯光、暖气、通风、空调以及停车场方面有何特殊要求？
□ 你是否考虑过所需空间的设施具体配置？
□ 如果预定的地点与你的要求不合，是否有可能继续寻找更理想的地址？
□ 你是否曾查核统计部门掌握的与饭店运营相关的人口数字资料？

第六部分 你应否购置一个现成的饭店？

□ 你是否曾考虑购置现成饭店的利弊？
□ 你是否计算过新建一个饭店所需费用与购置一个现成企业之间有多大差别？
□ 你是否知道你准备购买的那家饭店为什么要出售？
□ 你是否曾请专业会计师对你购买饭店的计划进行审评？
□ 你是否了解该饭店主要客户对其价值的看法？
□ 客户及各方人士是否认为该饭店很有前途？
□ 该饭店设备是否陈旧或欠佳，是否估价过高？
□ 能否肯定可以收回的账目能抵偿所花出的？
□ 该饭店方面的善意是否值得重视？
□ 你现在是否准备承担该饭店的债务？债主是否同意？

☐ 你的律师或你从法人角度看，对该饭店的产权是否清楚，是否有人对饭店财产握有扣押权？

☐ 该饭店是否有欠税未付？

☐ 有利于销售量增加的环境会否继续存在？

第七部分 你是否适合指导日常经营事宜？

☐ 你是否知晓你的后勤进货总需求？

☐ 你是否知道你的服务需达到何种品质才能为客人所购买？而这些与货源品质又有怎样的关系？

☐ 你是否知道客人购买你的服务的频率？或者回头客状况如何？

☐ 你是否曾对服务品质状况加以分析，以确定所要遵循或调整的经营路线？

☐ 你是否知道你的服务和菜品需要具备哪些特点？

☐ 在采购饮食原材料或餐具方面，你是否已建立分类存取标本以作为进货的依据？

☐ 你是否亲自调查、比较过一次大量进货与经常少量进货，哪种方式对饭店更有利？

☐ 你是否根据资金与空间的限制，权衡大量进货的价格差？

☐ 你是否直接自厂家购进一些饭店用品？

☐ 你是否将要向少数几家供应商购货，这种做法是否更为有利？

☐ 你是否拟订过进货管理计划，以确保进货的品质？

第八部分 怎样决定你饭店服务的价格？

☐ 包括成本与利润的售价如何？

☐ 这些价格与其他饭店的价格比较是否有利？

第九部分 你采用哪些销售方法？

☐ 你是否研究过同行用以提高客房销售量的方法？

☐ 你是否已制定你自己用以提高客户销售量的预算？

☐ 你是否研究过客人为什么会购买你的服务（基于价格、品质、形式或其他）？

☐ 你是否将在报刊上登饭店推销广告？

☐ 你是否利用直接通信方式（手机短信、传真、电子邮件等）作饭店广告？

☐ 你是否将张贴饭店广告或发送传单？

☐ 你是否将作广播或电视广告？

第十部分 你将怎样管理饭店的人力资源?

□ 你能否在当地聘到令你满意的人员以补充你在服务人手方面的不足?
□ 你是否知道需要哪些招聘技巧?
□ 你是否调查过现行的薪资标准?
□ 关于如何付工资，你是否明确?
□ 你是否考虑过雇用若干现在为同行工作的人员?
□ 你是否调查过这样做的利弊所在?
□ 你是否已拟订饭店培训计划?

第十一部分 你将保留哪些饭店档案?

□ 你是否已经建立了适当的簿记制度?
□ 你是否拟定了服务管理办法?
□ 你是否已存有标准作业规范以作为饭店的参考?
□ 你是否还需要其他档案记录?
□ 你是否有审查销售成本的办法?
□ 你是否需要设计特别的报表?
□ 你是否已拟定保存档案文书的适当办法?

第十二部分 哪些法律与你有关?

□ 你是否了解饭店经营需要哪些执照?
□ 你是否了解饭店劳保规定?
□ 你的业务是否涉及商业法规?
□ 你是否请有关人员提供如何履行法律责任的建议?

第十三部分 你将遇到哪些其他问题?

□ 你是否已建立相关制度以处理税务要求?
□ 你是否已安排适当额度的饭店保险?
□ 你是否已拟定一项建立服务品质管理小组的办法?
□ 你的家人是否认为你应从事饭店工作?
□ 你是否有足够的资金让可信的客户继续记账?
□ 你是否曾采用赊账的方式?
□ 你是否考虑过必须建立哪些管理政策?
□ 你是否已计划如何给部门员工进行编组及分配工作?
□ 你是否为自己拟订了工作计划?

第十四部分 你能否适应时代发展?

☐ 你是否有使饭店与新发展相配合的计划?

☐ 你是否有一个有资格的饭店咨询顾问小组，他们能否协助你解决新的问题?

☐ 你能否很好地与饭店咨询顾问合作?

☐ 你是否认为饭店业者应该有相当广的知识面?

☐ 你是否同意饭店应体现出一种人格的观点?

二、人才考核与发展

单位 ________________ 姓名 ____________________

职称 ________________ 考核日期 ______________

请按本表所列项目考核现职人员，在适当方格内作✓标记，并请将理由或事实填入说明栏内。

每个项目分五级评定，“良好”为一般水准，低于一般为“尚可”，高于一般为“甚佳”，特低为“欠佳”，特高为“特优”。这部分表格上栏由直接主管填写，下栏由上级主管填写。

考核项目		欠佳	尚可	良好	甚佳	特优	说明
学识	1．基本知识 本职所须具备之基本学识及一般常识						
	2．专业知识 学有专长，对本职有关业务知识丰富						
才能	1．智力 学习、理解、吸收新事物之能力						
	2．领导能力 知人善用，领导有方，以身作则，奖优罚劣，促进团队工作精神						
	3．创造能力 具有思考、创造力，对于所任工作能研究新途径，发展新概念，建立新制度						

续表

	4．计划能力 对本职有关业务，能预先计划，安排工作，把握时间，如期完成						
	5．组织能力 有效应用组织的力量，分层负责，调配好人力物力，提高工作效能						
	6．分析能力 抓准问题，分析事实，了解症结所在，做出正确结论						
	7．判断能力 对于重要事务总是能周详考虑，适时做出妥善决定，并采取适当措施						
	8．表达能力 口头表述简明扼要，言辞中肯，能充分表达意见及说服他人；文字表述畅达有条理，能够明确地表达思想，可撰写报告						
	9．适应能力 能把握时机，适应环境，遇有紧急情况机警果断，能镇定处理						
能力	人际关系 与上级及下属关系和谐，并能应用人际关系原则激发属员之潜能						
工作	1．工作的量 工作量能否合乎要求						
	2．工作的质 工作品质能否合乎要求						
	3．成本控制 节省人工物料控制成本，稽核经费开支，防止浪费						
	4．建议改进 对本职有关业务有正确见解，并能提出建议力求改进						
品德	1．诚实 说实话，做实事，勇于实践，以诚待人，不投机取巧						
	2．负责 勇于负责，贯彻上级指示，任劳任怨，遇有困难能自行设法克服						

续表

	3．公正						
	大公无私，正直不阿，明辨是非，考核严正						
	4．廉洁						
	公私分明，取予不苟，律己清廉，涓滴归公						
体态	1．体能						
	身体健康，精力充沛，能耐劳苦，胜任艰难工作						
	2．仪表						
	仪表端正，态度沉着，衣着整洁，举止大方						

在以上的评定工作之后，结合平日的考察，对受评者做出鉴定。第一项“发展判断”，在四种工作中选1—2种；第二项“任用意见”中选定一种。在方格内作✓记号，直接主管填写左边方格，上级主管填右边方格，最后做出总评。

发展判断	适任状况	卓越成就	优异表现	良好表现	勉可胜任	非其所长	任用意见	项目	直接主管	上级主管
	管理工作							不适现职应予调动		
	技术工作							适任现职成绩尚佳		
	研究工作							极适现职成绩优异		
	主管工作							可升任更高职位		
总评	直接主管 签章 年 月 日						上级主管 签章 年 月 日			

三、饭店管理状况

请您细心阅读各项问题所描述的情况，将您认为最接近个人意见的答案，在方框内勾选出来。

回答所有问题，您不必写一个字，在五个答案中，勾选一个，以数字标注，就可以了。

1．非常同意。

2．有点同意。

3．很难说。

4．不太同意。

5．极不同意。

例如："多数时间，我都感到上班是一件津津有味的事"。如果您自己确有这种感觉，就选"1"（非常同意）；稍有这种感觉，就选"2"（有点同意）；似乎没有这种感觉，就选"4"（不太同意）；丝毫没有这种感觉，就选"5"（极不同意）；如果觉得以上四个答案都不合适，就选"3"（很难说），依此类推。

第一部分

□ 1. 在本饭店，大家只要认为他的做法是正确的，多数时候都可放手去做，不必通过上司的认可。

□ 2. 我的上司，通常只为每位同事制定工作指导原则，然后，放手由部下执行任务，担负实际工作责任。

□ 3. 在本饭店中尽可能地利用组织图、工作说明书、员工手册、操作程序单、政策手册、职位说明书、工作规章、分层负责办法或其他内部规章、制度等来详细描述每个人或职位的工作内容、工作程序、方法和责任。

□ 4. 我大部分的工作都有规范的工作程序和方法。

□ 5. 本饭店不同部门间或上下级的意见交流能上能下，通常都依照明文规定或程序来办理。

□ 6. 本饭店常以公文抽查、标准成本及其他数量化的方式来衡量员工的来效绩。

□ 7. 当我的工作发生错误时，上司通常都会发现。

□ 8. 本饭店常利用定期或不定期报表的方式，随时掌握员工的工作进度和成绩。

□ 9. 本饭店常用数量化的管理技术，来改进员工的作业方式和安排工作进度。

□ 10. 我对于分内工作的成果，多数时候都可以负完全的责任。

□ 11. 个人所负责的工作或只是一件工作的一小部分，或是全部，但我觉得我负责的工作，就始末与范围来说，可以算很完整。

□ 12. 我常要用到多种技术和能力来处理工作。

□ 13. 我常可以由上司、同事的反应或自己工作的完成，来获知自己的工作成果，并获得心理满足。

□ 14. 工作过程中，我必须常与他人联系或合作，才能圆满完成任务。

□ 15. 在工作环境中，我常有和他人做非公务交谈的机会。

第二部分

□ 1. 本饭店对于员工福利与利润颇为关切。

□ 2. 本饭店有改善工作环境的诚意。

□ 3. 本饭店对于工作的安排颇为适当。

□ 4. 我常与同事讨论工作上的问题。

□ 5. 从其他同事那里获得的资料，大致上能满足我工作上的需要。

□ 6. 我常与同事谈论公务上的事情。

□ 7. 与同事聊天，不仅能增进彼此的感情，也有助于我消除工作上的烦闷与压力。

□ 8. 我的上司颇能接纳同事们的观念和建议。

□ 9. 我的上司经常对我的工作提出建议或指示。

□ 10. 在本饭店中，多数决策都由对资料和情况最了解的人来决定。

□ 11. 饭店在进行决策时，可能被此决策影响的人，常会参与意见。

□ 12. 为提高本饭店决策的质量，大家经常交换资料，共享信息。

13. 本饭店的目标通常是这样制定的（六选一）：

□ 先提交有关人员讨论，再由最高当局与有关人员商讨后决定。

□ 先由最高当局选定各种目标方案，再交由有关人员讨论并提出建议。

□ 目标发布前通常会与员工讨论，并加以修改。

□ 目标发布时，通常会加以解释，并提供发问的机会。

□ 目标由最高当局发布时，没有提供发问和表示意见的机会。

□ 上级并未告诉我们目标是什么。

14. 当饭店或部门内个人与上司的意见相左时，通常是如何处理的（四选一）？

□ 不一致的意见经常被认为是必要的，因此常被接受。

□ 有时候不一致的意见会被接受，有时候则被否决。

□ 不一致的意见常被否决、压制。

□ 不一致的意见几乎全都被否决、压制了。

15. 在本饭店内，员工若努力工作，则最主要的原因是（请选最重要的一点）：

□ 对工作很有兴趣，可由工作中得到快乐。

□ 为将来的升迁。

□ 为博取上司的欣赏和同事的赞美。

□ 为如期完成上级所交付的任务，以减轻来自上级的压力。

□ 为得到更多的待遇。

□ 其他（请说明）。

16. 大多数员工留在本饭店工作，而不另谋高就的最主要原因是（请选最重要的一项）：

□ 这里的工作很安全，很有保障。

□ 这里同事间相处得颇为愉快。

□ 就工作的时间和投入的努力而言，我们的待遇颇不错。

□ 这里的工作环境颇不错。

☐ 不容易找到比这里更轻松的工作。

☐ 其他（请说明）。

第三部分

☐ 1. 我的上司遭遇工作上的困难时，经常召开会议，征求同事们的意见。

☐ 2. 我的上司在专业知识上的学养，足以应付他工作上的需要。

☐ 3. 我的上司很友善，乐于与人接近。

☐ 4. 我的上司与我们交谈时，通常会专心倾听。

☐ 5. 我的上司很愿意听我们的问题和困难。

☐ 6. 我的上司总是鼓励我们尽全力工作。

☐ 7. 我的上司对于我们的工作成果要求很高。

☐ 8. 我的上司以身作则，努力工作。

☐ 9. 我的上司常常指导我们如何改进工作。

☐ 10. 我的上司常常帮助我们预先排定工作程序。

☐ 11. 我的上司常提供新的意见，帮助我们解决工作问题。

☐ 12. 我的上司常常鼓励我们工作时要团结一致。

☐ 13. 我的上司常鼓励我们，彼此要多交换意见和观点。

☐ 14. 我的上司对我们很有信心，而且信赖我们。

☐ 15. 我对我的上司颇有信心，信赖他。

16. 我的上司为了使同事们能互相沟通，真诚地讨论问题，而举办各类专题会议：

☐ 大约每月一次。

☐ 每年一或二次。

☐ 每月多于一次。

☐ 每年三至六次。

☐ 从来没有。

17. 您觉得，您的上司若要成为更好的管理者，有必要进一步加强下列条件的培养？

☐ 他需要多了解我们的看法和想法。

☐ 他需要多了解一些管理的原理和原则。

☐ 他需要改变他主观上固执的想法。

☐ 他需要加强处理行政管理工作的能力。

☐ 虽然我的上司了解我们的看法，他也知道应如何才能成为好管理者，但他仍需要多练习沟通技巧。

☐ 他需要更多的实际机会去磨炼，才能表现他的才能。

☐ 他需要更加关心我们这些部下。

第四部分

□ 1. 本饭店的同事，彼此都很友善，容易相处。
□ 2. 我与同事交谈时，大多数人都能听进我的意见。
□ 3. 我们饭店的同事，大多数都愿意听我的问题与困难。
□ 4. 我们饭店的同事，大多数都会互相鼓励，尽全力工作。
□ 5. 我们饭店的同事，大多数对于工作成果要求很高。
□ 6. 同事常帮我想办法，使我的工作做得更好。
□ 7. 同事们常帮我预先排定工作程序或计划。
□ 8. 同事们常彼此提供新意见，互相帮忙解决工作中的问题。
□ 9. 同事们常互相勉励，注重工作时彼此的团结与一致性。
□ 10. 同事很强调团队目标。
□ 11. 同事间常彼此交换意见和观点。

第五部分

□ 1. 本饭店较有能力计划和协调彼此的工作。
□ 2. 本饭店多数时候都能制定良好的新政策，来尽量圆满地解决问题。
□ 3. 本饭店内，大多数同事都能了解自身工作，并且知道如何去完成任务。
□ 4. 重要信息在我们单位内部能相互传递，互通有无。
□ 5. 本饭店多数时候都希望能圆满地完成部门目标。
□ 6. 本饭店具有应付不寻常工作要求的能力。
□ 7. 我对同事的能力很有信心，也很信赖他们。

第六部分

本部分回答方式仍与前面各部分相同，若本饭店并无问题中所提到的制度、办法或措施，则请勾选△。

□△ 1. 本饭店遴选新进人员的方式，往往可以有效地得到适当的人才。
□△ 2. 本饭店岗前训练可以帮助新进人员了解饭店的规定与文化。
□△ 3. 本饭店的岗前培训可以帮助新进人员了解工作内容、责任及职权。
□△ 4. 本饭店的其他各种培训大多在于帮助受训员工改善工作效绩。
□△ 5. 本饭店或部门经理对员工的受训成绩相当重视。
□△ 6. 本饭店的新进人员大多能依照个人志愿而被分配工作。
□△ 7. 本饭店大多数员工都能依照个人专长而被调整职务。
□△ 8. 本饭店大多数员工都能依个人期望而被调整职务。
□△ 9. 本饭店或部门中同一层级员工之间的工作量分配相当平均。
□△ 10. 本饭店或部门的效绩考核制度能真实反映员工的工作表现。
□△ 11. 本饭店或部门经理的个人印象对于员工考绩影响很小。

□△ 12. 本饭店人事晋升主要考虑个人能力及工作表现。
□△ 13. 决定本饭店员工工资，主要视个人能力及工作表现。
□△ 14. 本饭店的请假规定相当合乎情理。
□△ 15. 本饭店主管对于员工请假都依照规定办理，不会故意为难。
□△ 16. 因请假而扣除的全勤奖金或工资金额不算少。
□△ 17. 本饭店大多数员工都确实享用假期，不会因职务关系而无法休假。
□△ 18. 本饭店的效绩奖金，完全依员工个人的工作表现而定。
□△ 19. 在本饭店大多数员工的收入中，效绩奖金占不小的比例。
□△ 20. 本饭店员工的意见大多能通过正式的途径（如会议、意见箱等）向上级反映。
□△ 21. 本饭店员工大多可以随时直接向部门经理、总经理反映意见。
□△ 22. 本饭店对于员工反映的意见大多给予答复。
□△ 23. 本饭店的各种补贴对大多数员工经济上颇有帮助。
□△ 24. 本饭店的各种补贴规定对每位员工都很公平。
□△ 25. 本饭店的福利措施对大多数员工经济上颇有帮助。
□△ 26. 本饭店的福利措施相当能增加员工的生活情趣。
□△ 27. 本饭店的退休办法可使员工退休后的生活得到很好的保障。

第七部分

□ 1. 就整体而言，我对我们饭店的同事很满意。
□ 2. 就整体而言，我对我的上司很满意。
□ 3. 就整体而言，我满意我的工作。
□ 4. 就整体而言，并与其他同事相比较，我对本饭店很满意。
□ 5. 就我的技术和我对工作所付出的努力，我所得到的待遇还是合理的。
□ 6. 到目前为止，我觉得我在本饭店的进步状况还算不错。
□ 7. 我对我将来在本饭店发展的机会抱有信心。

四、饭店管理人员状况调查表

SURVEY FOR HOTEL MANAGEMENT PERSONNEL

PART ONE

第一部分

1. PLEASE CHOOSE THE APPOSITION BOX FROM FOLLOWING

请在下面适合你情况的方框内打上√标记

Your age 年龄 □ 20—30 岁

☐ 31—40 岁
☐ 41—50 岁
☐ 50—60 岁
☐ 60 above 60 岁以上

Your sex 性别
☐ male 男
☐ female 女

Your marriage Status 婚姻状况
☐ single 未婚
☐ married 已婚

2. HOW LONG HAVE YOU BEEN WORKING IN THE HOTEL INDUSTRY？
你在饭店行业工作了多长时间？

__________ years as operative in __________ department
在 __________ 部门做了 __________ 年的操作性的工作

__________ years as supervisor in __________ department
在 __________ 部门做了 __________ 年的主管工作

__________ years as manager in __________ department
在 __________ 部门做了 __________ 年的经理工作

__________ years as general manager in __________ star hotel
在 __________ 星级饭店做了 __________ 年的总经理工作

3. HAVE YOU RECEIVED ANY FORMAL MANAGEMENT EDUCATION AND TRAINING BEFORE JOINING THE HOTEL INDESTRY？
在从事饭店工作之前，你是否接受过正规的管理教育和培训？
☐ Yes 是 ☐ No 否

4. IF YES，PLEASE SPECIFY THE SUBJECTS YOU HAVE LEARNED
如果接受过，请写出所学课程

__________ __________
__________ __________
__________ __________

5. WOULE YOU BE PREPARED TO CONTINUE YOUR STUDIES？
你打算继续学习吗？
☐ Yes 是 ☐ No 否

6. IF SO，WOULE IT BE
如果继续学习，你将采用的方式是
☐ Full time 全脱产 ☐ Part time 业余

7. DO YOU THINK THE LANGUAGE LEARNING IS IMPORTANT IN YOUR JOB？
你认为语言学习对你工作的重要程度是
☐ Very important 很重要 ☐ Important 重要

☐ Less important 不太重要 ☐ Not important 不重要

8．WHAT ARE THE FOREIGN LANGUAGE YOU CAN SPEAK？

你会讲哪种外语？程度如何？

☐ English 英语 ☐ excellent 非常好

☐ speak well 讲得很好 ☐ know a little 懂一点

☐ know little 几乎不懂

☐ Japanese 日语 ☐ excellent 非常好

☐ speak well 讲得很好

☐ know a little 懂一点 ☐ know little 几乎不懂

☐ French 法语 ☐ excellent 非常好

☐ speak well 讲得很好

☐ know a little 懂一点 ☐ know little 几乎不懂

☐ German 德语 ☐ excellent 非常好

☐ speak well 讲得很好

☐ know a little 懂一点 ☐ know little 几乎不懂

☐ other Please specify 其他语言，请标明 ☐ excellent 非常好

☐ speak well 讲得很好

☐ know a little 懂一点 ☐ know little 几乎不懂

9．HAVE YOU PARTICIPATED IN ANY IN-HOUSE MANAGEMENT TRAINING OR SEMINARS BEFORE WORKING IN THE HOTEL INDUSTRY？

在从事饭店工作前，你参加过管理培训课程或研讨班吗？

☐ Yes 是 ☐ No 否

10. DO YOU THINK THE EDUCATION AND TRAINING YOU RECEIVED ARE RELEVANT TO THE JOB YOU ARE DOING?

你认为你所接受的教育和培训与你的工作有关吗?

☐ Yes 是　　☐ No 否

11. WHAT WERE YOUR CONMENTS REGARDING HOTEL TRAINING WHICH IS CONDUCTED IN UNIVERSTIES OR HOTELS, WITH REGARD TO:

你在学校或饭店接受的有关饭店培训的内容是

A) Course content
课程内容

B) The teacher's ability
教师水平

C) Others
其他

PART TWO
第二部分

1. WHAT DO YOU LIKE ABOUT YOUR SUPERVISOR?

你喜欢你的主管的哪些方面?

A) Personality
个性

B) Management expertise and skills
管理知识和技能

C) Management experience
管理经验

2. WHICH MANAGER WOULD YOU PREPARE TO WORK FOR?

你愿意为哪一种经理工作?

☐ Chinese 中方经理　　☐ Expatriate 外方经理

3. WHAT DO YOU THINK OF THE EXPATRIATE MANAGER?

你如何看待外方经理?

☐ Better than Chinese manager
比中方经理好

☐ Equal to Chinese manager
和中方经理一样

☐ Not better than Chinese manager
没有中方经理好

4. WHAT ARE THE ADVANTAGES OF EXPATRIATE MANAGER?

外方经理有什么优势?

5. WHAT ARE THE DISADVANTAGES OF EXPATRIATE MANAGER?
外方经理有什么不利?

6. DO YOU THINK IT IS NECESSARY TO HAVE EXPATRIATE MANAGER IN THE HOTEL?
你认为饭店中有必要聘用外方经理吗?
□ Yes 是 □ No 否

7. DO YOU REALLY ACCEPT THE EXPATRIATE MANAGER?
你思想上接受外方经理吗?
□ Yes 是 □ No 否

8. HAVE THE EAPATRIATE MANAGERS CARRIED OUT MANAGEMENT TRAINING PROGRAMES?
外方经理是否实施了管理培训?
□ Yes 是 □ No 否

9. IF SO, WHAT WERE THE CONTENTIS? AND WHO ACTUALLY CONDUCTED THE TRAINING?
如果实施了,是什么内容?谁具体实施培训?
□ Yes 是 □ No 否

PART THREE
第三部分

1. WHAT DO YOU THINK OF THE HOTEL INDUSTRY?
你对饭店业的看法是什么?
Advantages:
优点:
Shortcomings:
缺点:

2. WHAT MAKES YOU WORK IN THE HOTEL INDUSTRY?
你为什么从事饭店业工作?
A)
B)
C)
D)
E)

3. WILL YOU STAY IN THE HOTEL INDUSTRY？

你还想继续在饭店中工作吗？

□ Yes 是　　　　□ No 否

4. WHAT ARE YOUR AMBITIONS IF YOU STAY IN THE HOTEL INDUSTRY？

如果你继续在饭店工作，你想做出些什么成就？

五、饭店管理常识问卷

在下面提出的有关饭店的30道问题后的□内，分别填入“○”(同意)、“×”(不同意)、“？”(其他)。

□ 管理者是决定做什么，然后，找别人去做的人。

□ 他的职责包括指导和检查别人工作。这样的人便可以称之为管理者。

□ 管理者这个名称可以适用于各管理层级的人员，只要他的管理功能包括指导和检查别人工作的内容就行。

□ 管理者的职责可以分为管理和操作两部分。

□ 基层管理者的管理功能内容很多，其中最重要的是指导下属工作。

□ 基层管理者的工作计划通常是由上级管理者制订的。

□ 一个优秀的基层管理者花在计划工作上的时间和上级管理者一样。

□ 基层管理者应多在管理功能中花些时间。

□ 基层管理者是把上级管理者的计划变成实际成果的人。

□ 员工能达到某一工作水准，基层管理者本人也要能够达到。

□ 如果他具有最好的实际操作规程技能和知识，那么他就是基层管理者的最佳人选了。

□ 一个人的年龄和外表对其担当基层管理工作的能力有相当的影响，甚至超过其知识和技能。

□ 成为一位成功的基层管理者，一定要具备某些与生俱来的性格和品质。

□ 基层管理者只要向上级管理者负责，特别是直接管理者。

□ 令下属愉快比完成任务更重要。

□ 基层管理者的言行代表着整个管理体制对其员工的政策。

□ 工作标准是用来检查员工工作的。

□ 工作标准应该由管理者来拟定，因为和下属商讨工作标准会引起意见不合。

□ 一旦成为好的管理者，就永远会是好的管理者。

□ 管理者培训太浪费时间，所以，经验是最好的老师。

□ 管理者的另一个定义是负责运用资源来获得工作成果。

□ 管理功能是指管理者未必去事必躬亲地完成工作。

□ 督导他人是一个基层管理者实务操作的一部分。

□ 管理者的检查职能就是推动他人将工作做好。

□ 高层管理者大部时间要放在计划和检查上。

□ 在一个机构中，并非所有主管、领班都属于管理层级中的人。

□ 基层管理者及其下属的工作是向管理层负责。

□ 性格沉静者，可能不胜任管理工作。

□ 基层管理者与其直接上级相对而言，前者更需具备些实务操作的知识和技巧。

□ 高层管理技巧的核心便是对各种变动效果的预知能力。

六、饭店管理者自查表

先回答“是”、“否”，答完之后，再重新考虑自己的回答（做法）是“对”，还是“错”。

□□ 你对部门每个员工工作外的兴趣是否也知一二？

□□ 你是否经常觉得愉快？

□□ 遇到工作方面无可避免的压力或困难时，你是否仍能保持心平气和？

□□ 你许诺时，是否知道自己一定能够做到？

□□ 你是否常感到不耐烦？

□□ 你对下属的私事，是否随便对人公开？

□□ 你是否致力于当一个“好人”？

□□ 是否在下属的行为值得表扬时才表扬？

□□ 如果你觉得下属的投诉无关紧要，是否会不大理会？

□□ 你是否在对下属督导中表现出时松时紧？

□□ 你有没有参加业余活动？

□□ 你是否对好的工作表现给予表扬，对坏的表现给予批评？

□□ 你授权时，有没有觉得很困难？

□□ 你和其他管理者能否和睦相处？

□□ 你拒绝下属的请求时，有没有使他对你怀有恨意？

□□ 你是否觉得管理者应该首先把下属作为一个人来看待？

□□ 你是否尊重下属意见？

□□ 总体上讲，你下达命令时，对方是否乐意接受？

□□ 你是否叫下属替你做私事？

□□ 你是否与下属谈及改善工作的问题？

□□ 对饭店政策或程序的改变，你是否站在饭店立场上予以解释？

□□ 说话时是否使用嘲笑的口吻或命令语气？
□□ 你认为人的第一印象是否可靠？
□□ 你部门员工的流动率是否相当大？
□□ 你要求下属改变工作表现时，他们是否都虚心接受？
□□ 你有没有给下属晋升的机会？
□□ 你是否曾使新员工局促不安？
□□ 你有没有强迫员工执行任务？
□□ 员工犯了过失，你是否等他犯了三次后，才指出他的错误？
□□ 你下达合理的指令时，是否觉得员工应照做，而无需向其解释原因？
□□ 员工的工作或私事有难处时是否向你求助？
□□ 是否觉得很难令员工自动自觉去做事？
□□ 是否降低了工作标准，以使员工容易达到？
□□ 你在工作方面，是否曾有“怎么也弄不清”的感觉？
□□ 你是否喜欢与下属争辩？
□□ 你对店内的环境、安全措施、卫生问题是否都很留意？
□□ 有没有当众责备员工？
□□ 你常叫下属做些零碎的工作吗？
□□ 你责备员工时有没有动真气？
□□ 对下属或上级的请求、指令，是否采取拖延的办法？
□□ 你是否常觉得自己做任何事都比下属好？
□□ 你认为一个人的坏习惯是否可以慢慢地自动戒除？
□□ 你是否觉得下属在背后说你闲话？
□□ 你是否有时嫌你的下属说话太烦琐？
□□ 你是否曾因助手告假休息而觉得那天的工作不如以往那么顺利？

七、饭店宾客满意度调查表

欢迎您入住某某旅游集团所属酒店
并感谢您接受此次调查

评分标准：
很差（0 分）　差（2 分）　欠佳（4 分）　一般（6 分）　好（8 分）
非常好（10 分）　不了解　●

1．您的第一印象
预订服务　　0 2 4 6 8 10　●

机场代表	0 2 4 6 8 10	●
司机	0 2 4 6 8 10	●
行李员	0 2 4 6 8 10	●
门童服务	0 2 4 6 8 10	●
大堂气氛	0 2 4 6 8 10	●
总台接待员	0 2 4 6 8 10	●

上述选择中，哪项印象最差，请告知原因：

2．酒店设施

对客房的整体感受	0 2 4 6 8 10	●
卫生间设施和用品质量	0 2 4 6 8 10	●
客房布局／空调／灯光的舒适度	0 2 4 6 8 10	●
床、枕、床单的舒适度	0 2 4 6 8 10	●
足够的插座、电话和网络接口	0 2 4 6 8 10	●
保险箱位置	0 2 4 6 8 10	●
商务中心	0 2 4 6 8 10	●
健身俱乐部	0 2 4 6 8 10	●
游泳设施质量	0 2 4 6 8 10	●
桑拿中心	0 2 4 6 8 10	●
酒吧	0 2 4 6 8 10	●
娱乐中心（KTV）	0 2 4 6 8 10	●
美容厅	0 2 4 6 8 10	●
酒店的绿化园艺环境	0 2 4 6 8 10	●

上述选择中，哪项印象最差，请告知原因：

3．客房及其配套服务

客房服务	0 2 4 6 8 10	●
房内清洁程度	0 2 4 6 8 10	●
传送传真、邮件、留言	0 2 4 6 8 10	●
洗熨衣	0 2 4 6 8 10	●
商务中心	0 2 4 6 8 10	●
娱乐中心（KTV）	0 2 4 6 8 10	●
美容厅	0 2 4 6 8 10	●
商场	0 2 4 6 8 10	●
桑拿中心	0 2 4 6 8 10	●
酒吧	0 2 4 6 8 10	●
游泳	0 2 4 6 8 10	●

健身俱乐部　　0 2 4 6 8 10 ●

上述选择中，哪项印象最差，请告知原因：

4. 餐饮服务

整体印象　　0 2 4 6 8 10 ●

餐饮质量　　0 2 4 6 8 10 ●

请您以（□零点　□宴会 □自助 □西餐 □日本料理）为例选择如下：

点菜服务　　0 2 4 6 8 10 ●

出菜速度　　0 2 4 6 8 10 ●

菜肴口味　　0 2 4 6 8 10 ●

饮品质量　　0 2 4 6 8 10 ●

服务热情度　　0 2 4 6 8 10 ●

服务效率　　0 2 4 6 8 10 ●

服务技巧　　0 2 4 6 8 10 ●

餐厅氛围　　0 2 4 6 8 10 ●

菜单选择的多样性　　0 2 4 6 8 10 ●

结账速度及准确性　　0 2 4 6 8 10 ●

物有所值　　0 2 4 6 8 10 ●

上述选择中，哪项印象最差，请告知原因：

5. 客房送餐服务

菜单的多样性　　0 2 4 6 8 10 ●

服务技巧　　0 2 4 6 8 10 ●

服务及时性　　0 2 4 6 8 10 ●

订餐准确性　　0 2 4 6 8 10 ●

物有所值　　0 2 4 6 8 10 ●

上述选择中，哪项印象最差，请告知原因：

6. 员工印象

整体印象　　0 2 4 6 8 10 ●

请选出两个较差的岗位：□机场接送 □前台 □礼宾 □门童 □总机 □商务中心 □客房服务中心 □中餐 □西餐 □咖啡 □自助餐 □客房送餐 □健身中心 □游泳池 □桑拿中心 □美容厅 □酒吧 □ KTV □商场

上述选择中，哪里印象最差，请告知原因：

礼貌程度　　0 2 4 6 8 10 ●

请选出两个较差的岗位：□机场接送 □前台 □礼宾 □门童 □总机 □商务中心 □客房服务中心 □中餐 □西餐 □咖啡 □自助餐 □客房送餐 □健身中心 □游泳池 □桑拿中心 □美容厅 □酒吧 □ KTV □商场

上述选择中，哪里印象最差，请告知原因：

语言表达能力　　0 2 4 6 8 10 ●

请选出两个较差的岗位：□机场接送 □前台 □礼宾 □门童 □总机 □商务中心 □客房服务中心 □中餐 □西餐 □咖啡 □自助餐 □客房送餐 □健身中心 □游泳池 □桑拿中心 □美容厅 □酒吧 □ KTV □商场

上述选择中，哪里印象最差，请告知原因：

主动热情　　0 2 4 6 8 10 ●

请选出两个较差的岗位：□机场接送 □前台 □礼宾 □门童 □总机 □商务中心 □客房服务中心 □中餐 □西餐 □咖啡 □自助餐 □客房送餐 □健身中心 □游泳池 □桑拿中心 □美容厅 □酒吧 □ KTV □商场

上述选择中，哪里印象最差，请告知原因：

服务技巧　　0 2 4 6 8 10 ●

请选出两个较差的岗位：□机场接送 □前台 □礼宾 □门童 □总机 □商务中心 □客房服务中心 □中餐 □西餐 □咖啡 □自助餐 □客房送餐 □健身中心 □游泳池 □桑拿中心 □美容厅 □酒吧 □ KTV □商场

上述选择中，哪里印象最差，请告知原因：

服务知识　　0 2 4 6 8 10 ●

请选出两个较差的岗位：□机场接送 □前台 □礼宾 □门童 □总机 □商务中心 □客房服务中心 □中餐 □西餐 □咖啡 □自助餐 □客房送餐 □健身中心 □游泳池 □桑拿中心 □美容厅 □酒吧 □ KTV □商场

上述选择中，哪里印象最差，请告知原因：

整体效率　　0 2 4 6 8 10 ●

请选出两个较差的岗位：□机场接送 □前台 □礼宾 □门童 □总机

□商务中心 □客房服务中心 □中餐 □西餐 □咖啡 □自助餐 □客房送餐 □健身中心 □游泳池 □桑拿中心 □美容厅 □酒吧 □ KTV □商场

上述选择中，哪里印象最差，请告知原因：

---

7. 总评

此次下榻酒店的经历：○超值 ○等值 ○不值

此次下榻本酒店是否遇到了问题？○是 ○否

您是否向店方反映了您遇到的问题？ ○是 ○否

请简要描述您遇到的问题：

对问题解决的满意程度 0 2 4 6 8 10 ●

此次住店花费物有所值程度 0 2 4 6 8 10 ●

与当地同类酒店的价格对比，您认为本酒店：○太贵 ○较贵 ○价格相当 ○便宜 ○不清楚

是否会再次选择本酒店？○不会 ○有可能 ○一定会

是否会向他人推荐本酒店？○不会 ○有可能 ○一定会

选择本酒店的主要原因（可选择多项）：

□地点 □景观 □设施 □服务 □价格 □星级 □品牌 □公司指定 □其他

对本地您曾经住过的酒店的评价：

马可孛罗 0 2 4 6 8 10 ●

假日海景 0 2 4 6 8 10 ●

悦华酒店 0 2 4 6 8 10 ●

会展酒店 0 2 4 6 8 10 ●

其他（请说明）：

---

8. 有关您的情况（仅用于统计）

您此次订房的途径是：□当地公司 □直接订 □旅行社 □团体 □订房中心 □互联网 □航空公司 □其他

您是我们常客计划成员吗？○是 ○否

您在此次旅行的目的是：○商务 ○休闲 ○会议 ○其他

您过去三年在本酒店住过_______次

您的出生地是

现住地是

两个故事的启迪（代后记）

饭店顾问的用武之地，在于饭店业有层出不穷的问题。因此，他们必须成为饭店业的一部分,而不是“特别阶层”。这个定位很关键。走快的人是“疯子”，不被用；走慢的人是“傻子”，没人用；只有当快则快一点，当慢则慢下来的“正常人”，才好用。

因此，学识、经验固然重要，而心态尤其关键，因为它会影响顾问的现场直觉力，决定你是“疯子”、“傻子”，还是“正常人”。实践也已经证明，任何诊断与评估报告若缺失现场直觉力，其指导性将大打折扣，顶多只能算一篇稚嫩的“毕业论文”或“学术报告”，中看不中用。

一日，大居士苏东坡有所悟，便写了一首偈子，道是：

“稽首天中天，毫光照大千；八风吹不动，端坐紫金莲。”

大意是说，我信仰崇高，深入禅定，故而智慧浩然，影响广泛；任尔利、衰、毁、誉、称、讥、苦、乐，我立足本位，随顺当下，绝无动摇。

交给书童，让他划船过江，递给寺里的佛印禅师印证。

他们是好朋友。

佛印禅师接过来，上下观瞧，然后不假思索，挥笔题书两个小字：放屁！书童被打发回来，将偈子还给苏东坡。苏东坡对自己的偈子本是十分得意，心想必有赞誉。展开时，却是“放屁”，不禁光火，立即登船渡江，直奔寺里与佛印禅师辩理。

佛印禅师见到老朋友，掩口而笑，道：“哈哈，八风吹不动，一屁打过江！”

苏东坡顿时省悟，羞愧难当。

又一日，苏东坡与佛印禅师聊天。

苏东坡忽然问禅师：“你看我像什么？”

禅师道：“像一尊佛！”

苏东坡随后反问一句："你知道我看你像什么吗？"

"……"

"像一堆狗屎！"

禅师含笑不语。

苏东坡大喜，认为自己终于扳回一局。回到家里，就说给苏小妹听，也想得到小妹的印证。不料，小妹大笑起来，说："哥哥又输一局！"

苏东坡忙问缘由。

小妹道："禅师本意是说，他心中有佛，所以，所见皆佛；而你心中只有狗屎，所以，你只能见到狗屎。"

苏东坡大愧。

怎样调整好心态？两个故事讲得很清楚。

先须"稽首天中天"。"天中天"是谁？是"佛"——客户、同行、同事，是周边的每一个人，也就是"心中有佛"——把人人都看作"未来佛"，而不是一堆糊不上墙的"狗屎"。如此，才有机会追求影响力，成为有用的人，成就"毫光照大千"的效果。否则，你只能是"狗屎"。其实，任何影响力都不是你发明的，而是客户、同行、同事给你的。不要本末倒置。

当然，在饭店业务中修炼"八风吹不动"的功夫也非常关键。"吹不动"，就是禅定，就是潜心深入，不急不躁，有条不紊地学习、实践，以至看透标准，找到规律，心中明明白白，故又谓清净。因为唯清净心能生智慧，而顾问的资粮，恰是智慧。这是对饭店顾问的特殊要求，也是基本要求。

最后，"端坐紫金莲"。"紫金莲"是什么？是本职、本分、本位，也是顾问应得的地位。当然，任何本职的努力，又正在于时时"稽首天中天"，那是大方向。也不要本末倒置，否则不仅坐不好，甚至可能栽跟头。

总之，凡事不能自以为是，凡事应"心中有佛（人）"，然后可以管理。何谓"管理"？"管"是"管好事"，"理"是"理好人"，同样不可以倒置。

三个本末，揭示的都是饭店诊断必须以人为本。是为饭店顾问成功的必由之路。

王 伟

2008 年 2 月 6 日

推荐相关阅读图书

《饭店经理人怎样驾驭财务》

宋雪鸣 费志冰

本书既保留了饭店财务管理的体系，又充分考虑到饭店经理人的实际需要，是饭店职业经理人提高财务管理能力的好帮手。

《饭店人力资源开发与管理》

王伟

本书立足于中国的管理文化，借鉴西方的管理制度与规范，阐述在中国文化的背景下，饭店职业经理人如何做好人力资源的开发与管理。

《饭店企业文化塑造》

林璧属 郭艺勋

本书可帮助我国的饭店经理人透过各种芜杂的文化现象把握事物的本质，找到适合本企业文化建设的门径。

《团队建设与有效沟通》

程新友

本书内容实在，方法实用，可以说是一本讲授饭店经理人如何打造高绩效团队的管理作业指导书。

《信息技术与饭店管理——以技术提升饭店的竞争力》

陆均良 杨铭魁

信息技术的快速发展给饭店带来了机会与挑战，把握信息技术应用的战略和战术，化挑战为机会。

《现代饭店餐饮管理创新》

饶勇

剖析餐饮经营管理面临的困境，提出管理创新方案。

《饭店安全管理：制度建设与管理要点》程新友

对饭店安全管理进行系统、深入、切近实际的探讨和研究，提出安全警示，并结合案例指出饭店安全工作的管理重点。本书是抓好饭店安全工作的指导书。

《饭店活动策划与管理》

游上 郭松林

揭示饭店活动策划真谛，指导饭店活动管理实践。

《饭店质量管理》孙晨阳

吸收世界知名饭店质量管理理念，总结国内饭店集团质量管理工作经验，提出细致可学的质量管理方法。

《打造优秀员工的秘诀》李韬

针对“80后”员工的特点，指出提升企业员工效能的人力资源新理念与有效实施方法。

《饭店工程部高效管理》

陆诤岚 王文豪

立足于参与制定浙江省与国家级节能标准的经验累积，以及丰富的饭店管理工作实践基础，阐明饭店节能、降耗、增效的有效途径。